LA FRANCE

EN

1829 ET 1830.

IMPRIMERIE DE H. FOURNIER,
RUE DE SEINE, N° 14

LA FRANCE

EN

1829 ET 1830.

PAR

LADY MORGAN;

TRADUIT DE L'ANGLAIS

PAR M{LLE} A. SOBRY,

TRADUCTEUR DE L'ITALIE DE LADY MORGAN, ET AUTRES OUVRAGES.

> La France connait ses droits
> et sait comment elle doit les
> défendre.
> LAFAYETTE.

TOME PREMIER.

PARIS,
H. FOURNIER JEUNE, LIBRAIRE,
RUE DE SEINE, N.° 14.

1830.

AU GÉNÉRAL LAFAYETTE,

L'ESQUISSE SUIVANTE

DE L'ÉTAT DE LA SOCIÉTÉ EN FRANCE,

RÉSULTANT EN PARTIE

DE SON GRAND EXEMPLE

ET

DE SON INFLUENCE NATIONALE,

ET

AVEC LEQUEL SON NOM ILLUSTRE SERA ASSOCIÉ

JUSQU'A LA POSTÉRITÉ LA PLUS RECULÉE,

EST DÉDIÉE AVEC RESPECT,

PAR SON AMIE

L'AUTEUR.

PRÉFACE.

Les pages suivantes sont transcrites du Journal circonstancié de mon dernier séjour en France. J'ai laissé la plupart de mes articles tels que je les avais tracés dans toute leur fraîcheur et leur intégrité. Pour quelques-uns l'importance du sujet exigeait et a reçu un examen plus réfléchi. Dans tous, les impressions sont conservées telles qu'elles ont été éprouvées, pas un seul mot n'a été changé sur l'inventaire depuis qu'il a été relevé, seulement quelques morceaux ont été polis avant de les présenter au public.

Ayant quitté l'Irlande à cette triste époque qui précéda celle de son heureuse résurrection politique, après avoir attendu jusqu'à l'extinction de toute espérance, nous allâmes chercher sur une terre étrangère des sensations plus douces que celles qui nous étaient offertes par l'état social de notre pays. Il importe peu que quelques projets d'auteur conçus d'avance aient ou non influé sur notre détermination dans ce voyage. Un second ouvrage sur la France ne peut être justifié que par la nouveauté du sujet et le mérite de son exécution.

Je pourrais toutefois excuser ma tentative en disant que des personnes dont l'influence sur l'opinion de cette grande nation est d'un poids considérable m'ont pressée de m'occuper de ce sujet. Elles comptaient sur mon impartialité et mon courage que j'avais déjà suffisamment prouvés aux dépens de ma proscription à l'extérieur et de persécutions intérieures ; et désirant une peinture fidèle de leur pays, elles jugeaient mes faibles talens propres à remplir une tâche exigeant par-dessus tout la candeur qui dit la vérité, toute la vérité, rien que la vérité. C'est là ce que j'ai fait dans toute l'étendue de ma propre conviction et de ma sphère d'observation : je réponds de cela et de rien autre.

Je dois à sir Ch. Morgan les articles sur la philosophie, les journaux, le droit d'aînesse et l'opinion publique.

S. M.

Dublin, juin 1830.

LA FRANCE

EN

1829 ET 1830.

NOTRE-DAME-DE-CALAIS.

Oh! quelle délicieuse inondation de sensations agréables! c'était pour en obtenir de telles qu'un empereur romain dans toute la plénitude de sa puissance offrait des récompenses et les offrait en vain. Si l'on veut avoir une recette sûre pour se les procurer, la voici :

Établissez d'abord votre séjour pendant un temps donné, dans le plus malheureux pays qui existe sous le ciel, dévouez toutes vos affections à ses intérêts, tous vos talens à sa cause; attirez sur vous la persécution d'un parti, sans vous assurer la protection de l'autre; soyez harassés d'inépuisables discours sur des sujets depuis long-temps épuisés; dégoûtés d'entendre appliquer les *mots d'ordre* des partis à l'ambition personnelle, indignés ou scandalisés (suivant l'humeur qui vous domine) des intrigues mesquines, des vues demi-civilisées; — et quand l'horizon sera le plus sombre, quand la tempête grondera avec le plus de fureur, quand le vaisseau que vous aurez vu prêt à entrer dans le port sera subitement rejeté au milieu des écueils, sans espoir d'être sauvé par aucun effort!..— alors, abandonnez la partie, fuyez sur un radeau, sur une planche, gagnez comme vous pourrez une rive étrangère; cherchez une population réunie sous d'autres lois. Que la transition soit rapide, le contraste frappant, le site, la scène, le climat, entièrement nouveaux, opposés. Échangez la bise acerbe, les brouillards d'un printemps du Nord, contre le ciel tout bleu, l'air tout balsamique d'une région méridionale. Enfin quittez l'Irlande, dans sa plus fâcheuse saison et son plus mauvais temps, pour la France à l'époque la plus favorable sous ces deux rapports, quand la nature et le peuple fraîchement régénérés offrent l'aspect le plus heureux : vous jouirez (probatum est) de ce plaisir nouveau pour lequel la magnificence impériale proposait un prix et le proposait en vain.

J'éprouve maintenant ce torrent de sensations agréables dans le premier transport de joie de ma fuite d'Irlande et de mon arrivée à Calais. Quelle délicieuse place que ce Calais ! soit dit en passant. Je ne parle, comme on doit le supposer, que des objets extérieurs. « Après Calais, » dit Walpole dans une lettre datée de l'Italie, « après Calais, rien ne peut me surprendre. » Calais a produit un effet semblable sur le docteur Johnson lui-même. Les gais Yorick, les Smelfungus[1] moroses, paient également leur tribut et brûlent leur cierge à la châsse de Notre-Dame de Calais. Tout voyageur anglais qui, pour la première fois, quitte les boîtes de briques et les visages flegmatiques de son pays, pour voir des maisons qui ne sont pas des boîtes et des visages qui ne sont pas flegmatiques, ne manque jamais d'être étonné, s'il se refuse à être charmé à la vue de Calais. Mais que je puisse, moi, sentir du délice, et pour la cinquième fois, en abordant cette

[1] Personnage du *Voyage sentimental* de Sterne.

ville, ces limbes de l'insolvabilité anglaise soit en argent, soit en sentimens, cet asile des bourses vides et des passions usées, ce dernier refuge des dandies passés de mode et des millionnaires ruinés, le *lascia speranza* des *beaux* et des *beautés*, où les B......s viennent végéter, les Hamilton mourir[1] ! — Mais on ne peut se méprendre en fait de sensations ; j'éprouve bien réellement, en revoyant Calais, la même surprise le même plaisir que j'éprouvai en y débarquant pour la première fois, en 1816, quand je restai *saisie* devant les boucles d'oreilles d'or et les chapeaux retroussés des plus formidables des douaniers. *A propos* de douaniers, ces officiers sont devenus plus polis sans être moins rigides qu'ils ne l'étaient alors. Ils déploient un peu moins de cet appareil sauvage de puissance que les préposés du gouvernement français affectaient de montrer pendant la première réaction de la restauration, pour prouver leur fidélité incertaine, leur adhésion douteuse au nouvel ordre de choses. Le

---

[1] La belle et trop célèbre duchesse de Kinston mourut aussi à Calais, et légua quelques propriétés qu'elle y avait acquises, à son ami le commandant de la ville ; mais le testament portait le titre de cet officier sans son nom ; et jusqu'à présent les commandans militaires de Calais ont joui de ce legs pendant le temps qu'ils ont rempli cet emploi.

zèle du girouettisme tombe probablement en désuétude en même temps que le costume de l'ancien régime ; car l'un des douaniers portait, au lieu du chapeau accoutumé, ce *chapeau du petit caporal*, qu'on regardait, quatorze ans en çà, comme une espèce de signe de proscription.

Pour aller de la douane à notre auberge, il nous fallait remonter le flot de la population féminine de la ville, qui cheminait en sens contraire au nôtre. Au lieu de lutter contre le torrent, nous fîmes plus sagement que nous n'avions jamais fait, en tournant avec lui ; et il nous conduisit à l'église de Notre-Dame de Calais. La cloche de vêpres sonnait, l'hymne de vêpres était commencée, les toilettes de vêpres étaient complètes et d'une parfaite uniformité. Toutes les jolies pèlerines avaient un costume de convention, des rubans bleus, une mantille noire, *tournure* française, jupon court, tête haute, missel à la main, rosaire au bras. Chacune allait causant tout haut, les petits enfans eux-mêmes parlaient français, à la grande surprise de quelques-uns de notre compagnie, comme jadis à celle du docteur Johnson : mais c'était du français où *il n'y avait pas un petit mot de Dieu*[1]. Rien

---

[1] Sévigné.

de moins dévotieux que l'air et le maintien de ces dévotes.

En écartant la lourde draperie qui couvre l'entrée de cet ancien monument, le spectacle le plus imposant, le plus pittoresque s'offrit à nos yeux. Le soleil versait d'innombrables rayons diversement colorés, à travers les beaux vitraux des fenêtres gothiques; les châsses, les autels, les candélabres réfléchissaient les nuances vives et variées de ses rayons brillans. Les vibrations profondes de l'orgue roulaient dans la vaste enceinte. L'atmosphère était encore chargée d'encens; les prêtres officiant et leurs assistans, en tuniques blanches, marchaient d'un pas solennel et mystérieux, en faisant de fréquentes génuflexions devant le grand autel qui terminait la perspective. Nous vîmes l'étonnement, la vénération se peindre sur les traits de notre laquais irlandais, digne enfant de l'église romaine. Combien la première vue d'un temple catholique, dans un pays catholique, doit en effet sembler imposante à un pauvre papiste irlandais, auquel les pompes extérieures de sa religion ne sont connues que par le vêtement fané de son humble et laborieux prêtre, et les ornemens de peu de prix qui décorent l'autel grossier de quelque cabane de terre, consacrée par la croix plantée sur son toit de chaume.

L'église abbatiale de Notre-Dame de Calais était remplie jusque dans le chœur par une congrégation femelle, allant, venant, distribuant à la ronde l'eau bénite, avec des doigts aussi insoucians que leurs regards. L'élite de l'assemblée, plus posée (comme toute élite doit l'être), occupait des chaises sur lesquelles ces dames se berçaient doucement en donnant à leurs têtes coquettes un léger mouvement oscillatoire et promenant çà et là leurs yeux brillans, qui, à vrai dire, se portaient tour à tour sur tous les objets, excepté sur le livre qu'elles tenaient entre leurs mains. A notre arrivée nous eûmes notre part de coup d'œil, de sourires, de chuchotemens; tandis que le suisse (que je retrouvais comme je l'avais laissé il y a quatorze ans, pompeux, important avec son large baudrier brodé, son petit fleuret battant le long de sa jambe, ses galons, son chapeau bordé, sa canne à pomme d'or[1]) *nous marquait d'un seul geste comme siens,*

[1] Ceux qui ne sont pas versés dans ces matières ne seront peut-être pas fâchés d'apprendre que le costume officiel du bedeau français est de bien plus ancienne date que l'habit simple, modeste, bourgeois, des mêmes fonctionnaires dans les églises protestantes (qui ne laissent pas d'inspirer une

en nous invitant par le mouvement de sa masse officielle à nous approcher de lui. Quand nous l'eûmes joint il appliqua de l'air le plus solennel, des clefs à la porte d'une chapelle latérale et commença son office de *cicerone*. Il nous montra d'abord un tableau de couleurs dures et tranchantes et nous enjoignit de l'admirer, en nous assurant que c'était un Corrège. « Un Corrège ! » dis-je avec une mine d'admiration niaise. « J'aurais cru que c'était un Raphaël. »

« Corrège ou Raphaël, » reprit-il, « c'est égal; c'est toujours un beau tableau. » Un groupe de jeunes filles éveillées qui se trouvaient assises près de l'endroit où nous étions, réprimait avec peine des éclats de rire dont l'objet était évidemment le suisse et nous-mêmes ; et l'une d'elles murmura comme nous passions à côté d'elles :—

terreur salutaire aux malins écoliers de nos paroisses, quoiqu'ils ne portent qu'un frac brun ou bleu). Le suisse d'église a pris probablement son *homme extérieur* dans le temps où les enfans de l'Helvétie commencèrent à être commis à la garde des portes de la noblesse en France. Que l'homme est un étrange animal ! Qui aurait pu penser que cette bizarre mascarade survivrait aux orages d'une révolution qui a balayé les dîmes; et que les bedeaux auraient la vie plus dure que les abbés mitrés et les seigneurs féodaux !

« Voilà un beau saint, Madame. » — « Et tous vos saints sont-ils aussi beaux que celui-là, Mademoiselle ? » demandai-je.

« Oh tous, tous, » répondit en chorus toute la bande joyeuse, « demandez plutôt à M. le suisse. »

Monsieur le suisse frappa la terre de sa canne avec un « silence, Mesdemoiselles ! » et nous conduisit à un autre chef-d'œuvre d'une valeur et d'une authenticité égales.

Ce qui me frappa le plus dans cette assemblée, c'est que, à l'exception d'un petit nombre de vieillards, presque tous pauvres ou infirmes, elle se composait exclusivement de femmes. J'en fis la remarque à un monsieur de la ville qui me répondit avec un sourire ironique : « Madame, nous sommes indignes, nous autres. — « Mais, » dis-je, « il me souvient d'avoir vu les militaires, les autorités, et plusieurs autres individus de votre sexe assister aux vêpres, à mon premier voyage à Calais. »

« Et quand était-ce, Madame ? »

« En 1816. »

« *A la bonne heure* : mais nous ne sommes plus en 1816, nous sommes en 1829. »

L'AUBERGE.

Au premier coup-d'œil jeté sur notre hôtel je m'écriai : « Comme c'est français ! » La cour avec son treillage, ses vignes ; la cuisine au rez-de-chaussée avec sa reluisante batterie, brillant à travers les géraniums rouges placés sur ses fenêtres ouvertes; des yeux noirs et des bonnets blancs se montrant en dedans et en dehors de ses portes nombreuses, et les ruines d'une vieille diligence avec ses traits de cordes, sous l'antique remise. L'hôte aussi, à mine joviale, à tournure militaire, et l'hôtesse gracieuse dont les manières étaient celles d'une dame bien élevée ; car en France, tous les hommes sont des messieurs, toutes les femmes sont des dames, grace à cette politesse générale qui forme un des traits du caractère national.

Telle fut ma première impression. La seconde m'arracha l'exclamation de « comme c'est anglais ! » Plus de plancher sablé, plus de parquets malpropres ; partout les tapis anglais, la faïence anglaise, le damassé anglais. La vieille machine qui pouvait autrefois servir de table et de lit, était remplacée, ainsi que le reste de l'ameublement, par des pièces d'une propreté d'un *confortable* anglais. L'hôte lui-même parlait anglais à notre domestique, dans le jargon classique de Lad-lane ou de la Croix-d'Or. Le garçon crie : *Coming up*, au lieu de : L'on y va ! et le thé, les muffins sont dignes du Talbot à Shrewsbury. Ce n'est pas tout ; un cor vient aussi frapper notre oreille. Ce n'est plus le click clack de nos vieilles associations, c'est un véritable cor de malle-poste. Le *bang-up*[1] de Boulogne entrant dans la cour avec des chevaux fringans, dont le poil est à peine effleuré par un fouet léger comme une plume ; le cocher est en bonne tenue : redingote, capuchon de feutre ; le valet de portière crie : *All right* (tout est prêt), et l'équipage en bon ordre reprend sa route, d'un train qui ferait

[1] Sorte de diligence anglaise.

honneur au club des *four-in-hand*[1]. Plus de postillons à grosse *queue*, à *toupet* poudré, plus de bottes énormes; rien de répréhensible, rien de ridicule! *Il n'y a plus de Pyrénées.* Le siècle des écrivains de Voyages est passé comme celui de la chevalerie. Quel bonheur d'avoir écrit ma France, tandis que la France était encore française!

[1] Club de cochers amateurs.

PAS-DE-CALAIS.

Sans la colonne de Napoléon que l'on aperçoit sur la gauche, sans ce monument que l'on ne peut mettre en parallèle avec aucun souvenir historique, la route de Calais à Boulogne, surtout en approchant de cette dernière ville, ressemblerait exactement à la route de Londres à Brighton. Une jeunesse nombreuse des deux sexes galope le long du chemin, dans le costume équestre de Hyde-Park. Leur vue me rappela, par la force du contraste, une dame de Picardie que j'avais jadis remarquée se promenant à cheval, vêtue à peu près comme madame de Montespan quand elle allait aux *rendez-vous de chasse* en habit à la *cavalière*.

Son jockey la suivait en chapeau à trois cornes et en bottes fortes. Mais c'était en 1816! Aujourd'hui, que d'élégans bogueis, que de légers caricles, de gigs, de chars-à-banc, passent près de nous; jusqu'à notre cariole irlandaise qu'il nous faut revoir ici! jusqu'au barrouche plein de mamans, de petits enfans, de bonnes d'enfans! terrible vue dans tous les pays, mais véritable anomalie en France. Un cabriolet, portant la marque d'une boulangerie, prend le haut du pavé sur une *désobligeante* ornée de trois couronnes, distinction d'*avant*, *pendant* et *après* de quelque homme en place de l'arrondissement, qui fait sa promenade du matin dans toute la pompe du girouettisme heureux.

Les environs de Boulogne sont remplis de jolies maisons bourgeoises, à murailles blanches, à volets verts, avec des cuisines ouvrant sur la rue, et laissant voir des ustensiles et des meubles resplendissant de propreté, qui rivalisent avec ce que l'on voit dans les habitations moyennes de Wyatville, d'Islington, de Highgate. La netteté, le *confortable* anglais dominent partout. On dirait que nos insulaires, chassés de leurs demeures par quelque désastre, les ont retrouvées ici. Ne pourrons-nous maintenant trouver quelque chose de français ailleurs que dans

Londres, où chaque boutique est devenue un *magasin*, où chaque article de vente est étiqueté suivant le vocabulaire de la rue Vivienne? Pardonnez-moi; voici encore l'ancienne ville française fortifiée, avec ses murailles autrefois imprenables, et ses tours pittoresques, et plus loin au-delà des sombres forêts, les tourelles de la vieille féodalité, dorées par les rayons du soleil. L'air vif et pur est aussi français, de même que le ciel azuré dont aucun nuage ne ternit la splendeur, et sur lequel se dessine une seule ligne de vapeur épaisse et noire qui s'élève au-dessus d'une mer sans vagues. Cette ligne marque la trace d'un vaisseau que l'on voit s'avancer vers le port sans le secours du vent ou de la marée. Des centaines de personnes attendent et saluent, à l'heure précisément indiquée, le retour de ce merveilleux bâtiment.

C'est là que gît le secret des grandes améliorations visibles sur le seuil de la France, comme dans la plupart des contrées de l'Europe. La facilité, la sûreté des communications, l'empire de l'industrie sur le temps et l'espace, ce glorieux résultat des lumières si long-temps empêché par la superstition; tels sont les régénérateurs, les conciliateurs qui unissent l'Angleterre libre à la France libérale, qui établiront un jour entre tous les peuples des liens assez forts pour détruire ou neutraliser les alliances, non pas *saintes* mais *impies*, des despotes conspirateurs. Dans l'impétuosité de mes sentimens irlandais, j'aurais voulu jeter un caillou sur le sol où je venais d'éprouver ces sensations d'heureux augure, pour y fonder un *cromlech* [1]. Mais la seule place convenable à un tel monument était déjà occupée. C'était une élévation artificielle que surmontait un crucifix gigantesque, chargé de guirlandes et de couronnes de fleurs desséchées, et dont la poitrine ouverte laissait voir un cœur sanglant représenté avec une fidélité anatomique aussi effrayante pour les yeux que révoltante pour l'ame du spectateur [2].

Cette marque de la dévotion du *sacré-cœur* renouvelée, ce signal de la résurrection d'un ordre enseignant la *mauvaise foi* [3], me parut

---

[1] Monument des anciens peuples de l'Irlande, formé par des cailloux jetés sur le lieu que l'on voulait remarquer, et augmentés par la suite des temps, les passans ayant l'usage d'y ajouter.

[2] Il ne faut pas confondre ces figures avec l'emblème ordinaire du christianisme dans les pays catholiques. Les premières sont un symbole de jésuitisme, un instrument de fraude religieuse et de tyrannie politique.

[3] Les jésuites de Saint-Acheul ont élevé cette mon-

comme un *doigt-indicateur*, placé par les puissances du jour pour montrer l'intention qu'elles ont de restaurer un état de choses dont la destruction a coûté des millions de vies. Quel contraste! D'une part, le dix-neuvième siècle avec toutes ses glorieuses conquêtes sur l'erreur et l'ignorance, ses progrès triomphans vers l'amélioration de l'espèce; de l'autre, ces âges de ténèbres, de souffrance, de superstition, où les roues et les bûchers s'élevaient pour châtier la vérité, pour arrêter le perfectionnement, où la science gémissait dans les cachots pour avoir nié le mouvement du soleil, où la philosophie était enchaînée aux galères pour avoir mis en doute les catégories d'Aristote[1].

Ce spectacle qui nous semblait fait pour frapper l'imagination et « navrer le cœur, » ne produisait aucun effet apparent sur les gens du pays.

---

strueuse image dans presque tous les villages de leur voisinage.

[1] Bien plus récemment un baron de Zuch a été arrêté, jugé et exécuté à Turin pour avoir publié que la terre tournait autour du soleil. Au jour actuel on s'efforce encore d'empêcher à Rome l'enseignement verbal ou imprimé de la doctrine de Copernic. Le bon peuple anglais ne se doutait guère, quand il répandait ses millions dans la guerre contre Napoléon, qu'il combattait pour la restauration de Ptolomée et la chute de Newton : c'était cela pourtant.

Cavaliers, piétons, allans et venans, tous passaient auprès avec la plus complète indifférence, — sans songer au sort de l'infortuné La Barre. Pas un genou ployé, pas un chapeau levé, pas le moindre signe d'attention; tous les yeux, toutes les têtes se dirigeaient vers le rivage, et suivaient le navire qui, sans voiles, sans rames, achevait sa course mystérieuse sur les eaux avec la ponctualité de la poste; triomphant des caprices de la marée, qui maintenant ne fait plus attendre personne, si *elle n'attend personne.* Nous prîmes ces contrastes accidentels de notre première journée de voyage, pour des présages heureux. — *Nous verrons.*

BARRIÈRE DE LA VILLETTE.

Quoi! ne pas entrer à Paris par la porte Saint-Denis! rompre toutes nos vieilles associations, désappointer toute réminiscence, toute impression originale! « *Hélas!* disait le spirituel vicomte de Ségur, à propos de l'abandon révolutionnaire des *petits soupers*, *on m'a gâté mon Paris.*» Cette *barrière de la Villette* était une terre inconnue à nous voyageurs *par mer et par terre*. *La rue Charles X*, neuve d'un bout à l'autre, ressemble à un fragment de *Regent street*, envoyé par M. Nash comme un échantillon de l'architecture domestique d'un pays libre. Les maisons ne sont point trop grandes pour l'habitation d'une seule famille; ce sont les demeures de la bourgeoisie constitutionnelle, et non les vieux hôtels du gouvernement despotique, vastes, incommodes comme des caravanserai de l'Orient, et destinés de même à loger des princes et des mendians sous le même toit, avec tous les degrés intermédiaires formés par des *privilèges* et non des *droits*. Et des *trottoirs* aussi ! pour préserver la vie et les membres des humbles piétons ; un espace assez large pour le passage de trois voitures les sépare ! Ce n'est plus le Paris décrit par Voltaire au roi de Prusse, dans le temps où les membres et la vie des gens du peuple ne comptaient pour rien. C'est encore bien moins le Paris du beau siècle de Louis XIV, quand la rencontre de deux carrosses dans des ruelles étroites et tortueuses provoquait des rixes ordinairement accompagnées de mort d'homme [1].

Mais voici les *boulevards Italiens*, plus brillans, plus fantastiques que jamais ! Quel délice j'éprouve en les revoyant avec leur air de carnaval vénitien ! Les piétons cependant y sont

---

[1] Au mois de janvier 1654, les carrosses du duc d'Épernon et du sieur de Tilladet s'étant entreheurtés, les pages et les laquais de ce duc descendirent et s'avancèrent pour tuer le cocher : le sieur de Tilladet veut les en empêcher et sauver son domestique, il est tué par les laquais du duc. (*Esprit* de Gui Patin.)

moins nombreux, quoique ce soit l'heure où les grisettes avec leurs mignonnes chaussures et leurs énormes cartons, abondent ordinairement dans les allées. Mais des voitures de toutes sortes se sont multipliées ; leur forme est nouvelle, singulière, comique ; ce sont de véritables maisons mouvantes : *Omnibus*, *Dames-Blanches*, *Citadines*, roulent de tous côtés leurs hôtes passagers ; ces vastes machines sont propres, commodes, leurs cochers de bonne mine ont l'air de membres du *club du Fouet*, et les laquais lestes et bien vêtus qui paraissent suspendus devant leur portière ouverte, se tenant prêts à aider les arrivans et les sortans du carrosse, ont toujours quelques plaisanteries, quelques *bons mots* à débiter comme le compère de notre polichinelle. Ces diligences de rues sont dans un mouvement perpétuel, et transportent les Parisiens d'une barrière à l'autre en traversant tous les quartiers : partant à la minute, et à si bon marché que pour la petite somme que l'humble ouvrier ne refuserait pas au mendiant, il peut épargner sa peine, s'il est fatigué, et son temps, s'il est affairé.

La découverte de la valeur du temps (souvent l'unique propriété de l'ouvrier) est toute moderne. En encourageant les spéculations tendantes à procurer aux plus humbles classes les douceurs de l'existence, en démontrant aux laborieux l'utilité d'éviter tout exercice qui n'est pas absolument nécessaire, et d'employer le plus avantageusement possible chaque minute, on a ajouté à la durée de la vie et augmenté la puissance productive de l'espèce. Dans le bon vieux temps, le paresseux, l'inutile allait seul en carrosse. Quel commentaire sur l'état actuel d'amélioration de Paris (l'*Epitome* de la France) fournissent ces diligences de rues! commentaire que chacun peut étudier, méditer en parcourant la ville, comme je l'ai fait aujourd'hui. Quel changement dans l'état physique et moral du pays, depuis le règne de Henri III, où quelque ingénieux personnage, de beaucoup en avant de son siècle, inventa une sorte de voiture nommée *coche*, pour barboter dans la boue des rues. A cette innovation un murmure général s'éleva parmi les amis de l'ordre social. Accoutumés à voir le peuple nager dans la crotte jusqu'aux genoux, et la noblesse aller à la cour sur des chevaux et des mules, ils en appelèrent à la sagesse de leurs ancêtres contre cette audacieuse nouveauté. Les présidens et conseillers au parlement présentèrent au roi des requêtes pour qu'il défendît ces sortes de voitures dans la ville[1]. Le roi fit droit à leur demande ; et, ce qu'il y a de plus étrange, c'est que l'édit par lequel il défendit l'usage des coches était réellement dans l'intérêt de l'humanité; car la plupart des rues de Paris, même jusqu'au temps de Louis XIV, étaient si étroites que les carrosses ne pouvaient y circuler en sûreté, excepté dans les quartiers alors modernes. Henri IV n'avait qu'une seule voiture (l'immortel *mon carrosse*) qu'il prêtait quelquefois à sa femme, brave homme ! et son rival et favori Bassompierre passe pour l'inventeur de fenêtres à glaces qu'il fit pratiquer dans les panneaux de son carrosse à une époque où posséder simplement un semblable équipage était déjà un signe d'opulence, de prodigalité extravagante et presque une prérogative royale. La manière dont la reine Anne d'Autriche avait coutume d'entasser sa cour, ses meubles, ses provisions mortes et vives, dans une seule voiture, prouve à quel point ce qui s'appelait *carrosse* était encore rare à cette époque. La famille royale voyageait évidemment dans une espèce de chariot couvert, sans soupente, ni

[1] De ne donner dispense à personne, et de défendre l'usage des coches en cette ville.

aucune autre machine pour atténuer les rudes secousses de ces lourds équipages quand ils roulaient sur le pavé grossier confectionné par les esclaves de la *corvée*, les *Mac-Adam* de l'ancien régime, *taillables et corvéables à merci et à miséricorde*.

Je suis frappée de l'idée que les Omnibus modernes sont de terribles obstacles au retour du susdit bon vieux temps si souvent invoqué. Le plus pauvre manouvrier parisien et sa famille sont voiturés plus commodément, avec plus de luxe que le grand roi — *le roi le plus roi qui oncques fut* — ne l'était au temps de sa gloire.

La *soubrette* portant les modes du faubourg Saint-Honoré à celui des Invalides, est traînée plus rapidement et plus doucement sur le coussin de sa gondole, que ne l'était le sérail ambulant de Versailles, quand les reines, mère et femme du roi, ses maîtresses, ses enfans légitimes et illégitimes, suivaient le camp du grand monarque tous entassés pêle-mêle dans un de ses carrosses. Ces commodités matérielles qui ne seront pas aisément abandonnées, inspirent à celui qui les possède un certain sentiment de la dignité personnelle de l'homme, de sa *valeur marchande*, si l'on peut s'exprimer ainsi, qui doit donner au despotisme des embarras infinis.

C'est l'homme dénué de tout, l'homme misérable, ignorant, qui constitue la matière brute du pouvoir illimité. Confondre la diffusion des commodités de la civilisation avec le luxe énervant, la concentration dé la richesse, et l'indiquer ainsi comme une cause de décadence et d'asservissement général dans un Etat, c'est une erreur que la plus légère réflexion doit dissiper. Le faubourg Saint-Germain devrait considérer attentivement ce point.

LA RUE DE RIVOLI.

Que les poètes chantent l'Alhambra des Maures, avec ses vallons de myrtes et d'orangers et ses palais de jaspes; la sublimité des Andes; la grandeur des Alpes; la beauté des lacs de Killarney; mais donnez-moi la rue de Rivoli avec sa vie intellectuelle et physique. « Le peuple avec lequel on aime à vivre, » dit Catherine Vadé, « est le peuple qui mérite la préférence, » et il en est des localités comme des nations : leur mérite gît dans l'estime de l'occupant et dans leur convenance à ses goûts, à ses fantaisies. Je suis en ce moment logée dans le lieu de la terre où j'établirais par choix mon domicile. A ma première arrivée en France, tout ce

que je voyais me frappait par son originalité ;
maintenant tout me frappe par le changement,
par le contraste avec mes anciennes impressions. Quand notre voiture entra sous la *porte cochère* de l'hôtel de la Terrasse, notre première arrivée au vieil hôtel d'Orléans, rue des Petits-Augustins, me revint en mémoire. Il y avait la différence d'un siècle entre les circonstances que nous observâmes dans ces deux occasions. L'ancien faubourg aristocratique ne diffère pas plus du brillant quartier des Tuileries que leurs habitans respectifs. Il me souvient qu'en roulant dans la cour pavée de l'hôtel d'Orléans, j'avisai un vieux gentilhomme assis à l'ombre d'une vigne ; il me parut un spécimen de l'émigration restaurée, avec ses cheveux blancs bien poudrés et *accommodés à l'oiseau royal*, ses pantoufles à la turque et sa robe de chambre à *grand ramage*, annonçant des principes aussi gothiques que sa toilette. Il lisait un journal royaliste (qui l'était au moins dans ce temps-là), le *Journal des Débats* ; et après nous avoir salués à notre passage, il nous consigna, par un geste gracieux, aux soins de Pierre le *frotteur*. Je pris ce vénérable personnage pour quelque reste de duc et pair de la vieille école ; mais le frotteur (qui lui-même aurait pu passer

pour un figurant de l'Opéra) m'apprit que ce monsieur était *notre bourgeois* (c'est-à-dire le maître de l'hôtel).

En procédant à l'inspection des appartemens offerts à notre choix, Pierre ouvrit avec fracas les deux battans des portes d'un salon, comme s'il allait annoncer une duchesse; et après avoir ouvert les volets, qui probablement étaient restés fermés depuis le départ des derniers occupans, s'écria d'un air de satisfaction : « *Voilà le salon de Madame.* » C'était une triste et vaste pièce. Le rude attouchement du froid *parquet* n'était intercepté par aucun tapis. Un régiment de chaises de grenadiers rangées le long des murs, couverts d'ornemens gothiques, deux *bergères* de cérémonie placées de chaque côté de la caverneuse cheminée, des glaces ternies, des girandoles dont chaque pièce tremblottante avait la largeur et la dimension d'un écu de six francs, une lourde pendule et une table sur laquelle l'édit de Nantes pouvait avoir été signé (car sa forme datait de ce temps-là, et rien n'empêchait qu'elle n'eût figuré dans le cabinet de madame de Maintenon), composaient tout l'ameublement de parure et d'utilité de ce type des vignettes qui ornent les vieilles éditions de Marmontel.

Je soupirai, je haussai les épaules, et je demandai une *femme de chambre* pour me conduire aux chambres à coucher. Pierre ouvrit une autre porte battante et nous fit les honneurs d'une ruche complète de chambres dont chacune était pourvue d'un petit lit de camp.

« Mais il n'y a point de toilette, » dis-je. Ce terme assez improprement appliqué à une table de toilette, n'était pas du vocabulaire de Pierre. Je m'expliquai ; et il me montra un grand, vieux miroir couvert de poussière, placé sur le haut chambranle de la cheminée ; une grosse pelotte brodée à l'antique, suspendue aux branches d'un chandelier ; puis sur le marbre d'une énorme commode, un petit saladier de faïence et une carafe contenant une *pinte* d'eau bourbeuse. « *Voilà*, » dit-il, « tout ce qu'il faut pour la toi- » lette de madame. » Enfin, je demandai un tapis.

« *Un tapis! seigneur Dieu!* un tapis pour cacher ce beau *parquet!* Madame sait-elle pourquoi les Anglais font usage de tapis ? — C'est parce qu'ils n'ont pas de *parquets*. »

» Si vous n'avez pas de tapis, je ne puis rester chez vous. »

« *Ah! c'est autre chose*, » dit Pierre ; et s'éloignant avec une inconcevable rapidité, il rentra au bout d'un instant avec un vieux morceau de tapisserie représentant les amours de Télémaque et d'Eucharis, d'antique mémoire, lequel, après avoir servi à plus de cent Fêtes-Dieu, passait maintenant à mon service.

« Voilà, » dit Pierre en déroulant à mes pieds son trésor de poussière, « voilà, Madame, votre affaire. »

Pour tenter un dernier effort en faveur de notre bien-être, je demandai du feu. Pierre ouvrit ses yeux noirs de toute leur grandeur, et ses regards semblaient dire : *du feu* au mois d'avril! quand un si beau soleil brille sur la cour au dessous de nous! Cependant nous insistâmes. « Mais, » dit Pierre, « il n'y a pas une étincelle dans tout l'hôtel. »—« C'est égal, » dis-je, « vous devez vous procurer une étincelle *ailleurs*. »

« Pardonnez-moi ; c'est l'affaire de votre *valet de place*, » répliqua Pierre.

Le valet de place, qui s'était déjà présenté à notre sortie de voiture et nous avait suivis dans l'appartement, produisit alors une liste, aussi longue que celle des maîtresses de Don Juan, des matériaux nécessaires pour se chauffer : *braise*, *briquettes*, *fagots*, *bois*, etc., etc., etc.

« Alors, » dis-je, « nous n'aurons du feu que dans huit jours au plus tôt. »

« Pardonnez-moi, » dit le valet, « vous en aurez demain. » Bref, nous trouvâmes que notre hôtel *garni* était *dégarni* de tout ce qui est commode, de tout ce que les Anglais sont accoutumés à regarder comme nécessaire au bien-être personnel; et que nous étions logés à peu près comme dans une auberge d'Espagne, où l'on ne fournit en fait d'articles naturels et artificiels, que le soleil et l'abri.

Telle fut notre arrivée en 1816. Voici la contre-partie. A notre entrée dans l'hôtel, en 1829, nous fûmes reçus par un hôte empressé, tout-à-fait dans le goût de nos aubergistes, en habit noir et court, très-convenable, ainsi que le reste de son costume, à son officieuse activité. Je cherchai des yeux Pierre le frotteur, ou quelque majordome de sa sorte, et je me vis entourée d'un essaim de chambrières, lestes et proprettes, que, sans leur accent et leur tablier français, j'aurais prises pour les filles de service du *Ship*, à Douvres. L'appartement auquel nous fûmes conduits par *mon hôte* et ses aides, était une véritable boîte à compartimens aussi bien fermante qu'un coffret de la Chine. On y voyait du feu dans chaque cheminée, des tapis sur tous les planchers, des chaises mobiles, des glaces réfléchissantes, des sophas pour se reposer mollement, des tabourets pour se casser le cou; en un mot tout le fatras confortable et toutes les commodités incommodes de ma cabine de Kildare street. Les cabinets de toilette n'étaient pas moins complets, avec des vases où l'on pouvait nager, de l'eau en quantité suffisante pour mettre une chaloupe à flot, des psychés aussi élégantes que leur nom ; et tout cela en vue des tilleuls et des marronniers des Tuileries. La scène mouvante que l'on avait sous les yeux, valait à elle seule la peine du voyage. Des équipages royaux remplis par leurs augustes possesseurs marchaient de front avec les omnibus et les vélocifères ; des calèches, des cabriolets attendaient aux portes du jardin les dandies anglais, les merveilleux français qu'ils y avaient amenés ; des diligences arrivant et partant, enfin, la masse énorme de voitures que la chaussée d'Antin et les boulevards envoient aux Champs-Élysées et au bois de Boulogne, pour la promenade du matin ; c'était le mouvement de Piccadilly et le bruit de la rue de Tolède [1].

Demi-heure après notre installation, nous

[1] Un des changemens les plus remarquables qui ait eu lieu dans les habitudes françaises, est indiqué par la multiplicité des voitures conduisant dans les villages voisins de Paris. Vingt voitures partent maintenant pour une station à laquelle une seule suffisait en 1816.

avions fait notre toilette et nous étions assis, à l'heure indue de huit heures, où tous les fourneaux de Paris sont ordinairement froids, autour d'un dîné si confortable, que nous en inférâmes « de grands changemens chez les restaurateurs. »

PREMIERS JOURS A PARIS.

ANCIENS AMIS.

Les années, les heures ne sont pas des mesures certaines de la durée de la vie. Une longue vie est celle dans laquelle nous vivons à tous les instans et nous nous sentons vivre. C'est une vie composée de sensations fortes, rapides, variées, mères des impressions durables et des combinaisons d'idées fécondes; une vie où les sentimens conservent leur fraîcheur à l'aide des associations du passé, où l'imagination est sans cesse éveillée par une suite d'images; une vie qui, en nous faisant sentir les bienfaits ou le fardeau de l'existence, nous donne toujours la conscience que nous avons un *être*. Tout ce qui n'est pas cela n'est rien, ou plutôt c'est la matière brute de la vie qui a besoin d'être cultivée, dirigée vers des objets intellectuels; c'est le charbon ou la coquille d'huître, identiques avec le diamant et la perle, mais qui manquent de ce lustre, de ce poli auquel ils doivent toute leur valeur.

La somme de sensations et d'idées que nous avons reçues dans le court espace de temps écoulé depuis notre arrivée à Paris vaut au moins vingt ans d'existence ordinaire. De vieilles amitiés ravivées, de nouvelles amitiés fondées, et les changemens empreints sur tous les objets de goût, sur les sentimens, sur les opinions, durant l'intervalle de notre absence, nous laissaient à peine une minute pour respirer et réfléchir. Je n'ai pas eu encore le loisir de noter une seule impression pour mon propre amusement, ou peut-être pour celui d'un monde qui, l'on doit l'avouer, n'est pas très-difficile à amuser.

Toutefois, la brillante aurore de mon retour dans le pays de ma prédilection ne s'est pas levée sans nuages; un brouillard a traversé son horizon, et le jour de la bienvenue cordiale que j'ai reçue dans la capitale de l'intelligence européenne, a été troublé par une larme que le plus brillant soleil de bonheur ne pouvait ni dessécher dans sa source, ni empêcher de couler.

Le matin de mon arrivée je pris mon ancien livre de visites de 1818 pour y chercher les adresses de mes amis et connaissances, et leur envoyer des billets et des cartes, suivant l'usage parisien. Le premier nom que mes yeux rencontrèrent sur cette liste me causa le même frissonnement, le même serrement de cœur que je sentis en brisant le cachet noir de la lettre où l'on m'annonçait la mort inattendue de celui qui le portait. La première main qui avait coutume de saluer notre retour en France était celle de Denon; le premier sourire, qui nous donnait l'assurance d'un accueil amical, était celui de Denon! D'autres mains se sont étendues vers nous cette fois; d'autres sourires nous ont exprimé la même bienveillance; mais nous ne verrons plus les siens!

L'ancien caractère français, sous son plus heureux aspect, était conservé dans la personne de Denon. La bonté, la courtoisie, la franchise, la gaieté, l'esprit, rendaient non-seulement sa société aussi agréable qu'instructive, mais en faisaient le meilleur, le plus obligeant des amis. Sa conversation brillante et variée était un livre dans lequel « les hommes pouvaient lire de singulières choses. » Page, envoyé gentilhomme de la chambre de Louis XV, ami de Voltaire, intime de Napoléon, historien-voyageur de l'Égypte moderne, directeur du musée de Paris, quand Paris était le musée du monde, tour à tour courtisan, diplomate, auteur, artiste, antiquaire; il avait passé par les épreuves des plus grands changemens sociaux, et les avait passées en conservant des principes inaltérables, une sensibilité jeune et vive. Denon avait tous ces mérites; mais quand il ne les aurait pas tous possédés, quand il n'aurait même possédé aucun d'eux, il en aurait eu encore un bien grand pour moi. Il *me* convenait; je *lui* convenais. Les mêmes folies nous faisaient rire, les mêmes crimes nous attristaient. Il y avait entre nous cette sympathie qui, malgré la disparité d'âge et de talent, peut former entre le grave et le frivole, ces liens si doux à serrer, si amers à rompre! Quand je passai ma plume sur ce nom historique et précieux, il me sembla jeter de la terre sur la tombe de mon ami.

Le nom que j'aperçus ensuite était celui de ma vieille et excellente amie madame de Villette, la *belle et bonne* de Voltaire, et pour moi le chaînon qui unissait le dernier âge à l'âge présent; elle aussi avait disparu pour toujours! Puis vinrent Guiguené, Talma, Langlois, Lanjuinais; mais je fermai le livre, et, avec les sentimens de Macbeth quand il détourne les yeux du miroir magique, je m'écriai involontairement : « Je n'en verrai pas plus! » Ainsi détournant ma vue du passé autant qu'il m'était possible, et me livrant à l'espoir de l'avenir sous l'influence d'un climat qui développe une sensibilité plus vive que profonde, j'ouvris ma fenêtre au soleil, à l'air frais, qui m'apportèrent un torrent de lumière et de parfums. Je songeais à ceux que la mort m'avait laissés, surtout au plus grand de tous, à Lafayette; à plusieurs autres amis illustres que le temps avait épargnés pour le bien et la gloire de leur patrie, offrant, chacun dans sa sphère, un modèle du génie et des vertus regardés dans tous les pays, dans tous les âges, comme le *nec plus ultrà* de l'excellence humaine.

ANCIEN ET NOUVEAU PARIS.

Il faut avoir vu beaucoup dans cette grande capitale pour croire avoir vu quelque chose. Il faut qu'un étranger se contente long-temps d'observer les superficies, avant que le temps et les occasions lui fournissent le moyen de pénétrer les profondeurs, d'analyser les élémens. Aujourd'hui mes diverses petites affaires, mes devoirs sociaux, mes plaisirs, m'ont conduite, à l'aide de chevaux de louage parisiens (que leur patience à supporter la fatigue met presque au niveau des machines à vapeur), dans presque tous les coins de Paris. Charmante ville! chaque maison est un monument, chaque quartier a ses annales; les pierres même, comme celles de Rome, sont de l'histoire incorporée. Les noms des rues indiquent les époques diverses; les temps où la bigoterie détruisait le genre humain, et ceux dans lesquels la philosophie travaillait à son bien-être. Dans les étroites ruelles et les sombres édifices des anciens *quartiers*, que d'alimens pour la méditation! La fièvre, la peste, la mort subite, semblent planer sur ces intérieurs malpropres, mal aérés. On ne peut parcourir sans horreur les descriptions fidèles de l'ancien Paris[1]. La seule énumération de ses localités trahit un état de choses aussi déplorable au moral qu'au physique. La rue *Malvoisin*, conduisant à la rue *Coupe-gorge*, la *Vallée de misère*, la rue *Vide-gousset*, montrent le manque de sécurité, le malheur d'un peuple barbare et indiscipliné. Dans les grandes et populeuses cités rien ne favorise plus le crime que ces obscures retraites où peuvent se cacher les malfaiteurs, les vicieux. L'axiome de Comus, que c'est le

---

[1] « Des rues étroites et tortueuses, telles qu'on en voit encore dans les plus anciens quartiers de cette ville et notamment dans celui qui est au nord de Notre-Dame, bordées (si l'on en excepte les édifices publics) de tristes chaumières; dénuées de pavé, pleines d'immondices, jamais nettoyées, bourbeuses, malsaines, etc. » — Dulaure.

grand jour qui fait le crime, est passable en poésie, mais détestable en philosophie. Le grand jour révèle le crime, et en le révélant, il l'humilie et le confond. Quand Paris était en général ce que sont encore ses vieux quartiers, toutes sortes de violences étaient publiquement commises dans ses rues. « *Chose étrange*, »—s'écrie le naïf l'Estoile, l'historien d'Henri IV,—« *chose étrange de dire, que dans une ville telle que Paris se commettent avec impunité des villainies et brigandages tout ainsi que dans une pleine forêt*[1]. » Jusqu'à la fin du dix-septième siècle, des troupes de bandits organisées, portant des masques et des dagues, poignardaient et volaient les passans, pillaient les maisons en plein jour, dévalisaient les bateaux sur la Seine, au-dessous des fenêtres du palais du roi, et se retiraient, sans être inquiétés par les autorités, dans leurs repaires des faubourgs. Telle était la bande bien connue qui, sous le nom des *mauvais garçons*, offrit un exemple de rapacité

---

[1] Ainsi l'Homère de Cartouche dit :

« Dans Paris, ce beau lieu toujours si fréquenté,
Personne ne pouvait marcher en sûreté ;
Cartouche et ses suppôts, de richesses avides,
Remplissaient la cité de vols et d'homicides ;
Les archers les plus fiers et les plus valeureux,
Abattus, consternés, n'osaient marcher contre eux. »

triomphante [1] que les princes eux-mêmes, au lieu de la punir, imitaient dans des vues de plaisir ou de vengeance.

Dans les rues claires, spacieuses, du moderne Paris, les chances d'impunité et de secret sont infiniment diminuées, et les bienfaits de la philosophie moderne ne se montrent pas moins dans la destruction des causes physiques du crime, par l'amélioration de la condition du peuple, qui l'élève au-dessus des tentatives cri-

---

[1] Le 12 août 1659, le procureur-général se plaint au Parlement de ce que des soldats, débandés de l'armée du roi, joints à des vagabonds, s'étaient rendus à Paris, et, d'accord avec les filous ordinaires de cette ville, commettaient plusieurs vols tant de jour que de nuit. (Registres du Parlement.)

Cet état de brigandage des basses classes était encouragé par l'exemple des nobles privilégiés que le roi lui-même autorisait dans leurs fréquens assassinats, par le pardon qu'il accordait souvent si injustement. En 1656, René de l'Hôpital fit mourir un ecclésiastique, afin d'avoir son bénéfice, de concert avec un procureur fiscal qui voyageait ainsi que lui avec cet infortuné. Il obtint grace de ce crime parce qu'il était fils du maréchal de l'Hôpital, ami du cardinal Mazarin. « *Il y a bien d'autres exemples*, dit un historien moderne, *de pareils attentats contre l'ordre civil et moral, dont on peut accuser la mémoire de Louis XIV.* »

minelles, que dans le perfectionnement des lois, mieux adaptées à garantir les membres paisibles de la société, de la violence et de l'injustice des grands ou des petits perturbateurs.

Dans le siècle de Louis XIV, le *siècle d'Auguste* de la France, où les poètes furent pensionnés, où la *langue fut fixée*, comme disent les classiques modernes (c'est-à-dire quand le roi fixa également les bornes de sa capitale et celles de l'esprit de ses sujets), l'ignorance du souverain et des ministres était si grande qu'une tentative pour étendre les limites de la métropole encombrée, paraissait un attentat contre la prérogative royale. Le dix-septième siècle s'appuyait des précédens du seizième et du quinzième, pour la propagation de la peste; car Henri II, en 1548, fit un édit pour empêcher d'agrandir la ville en bâtissant au-delà de ses murailles; Louis XIII en fit un semblable en 1638; et Louis XIV dans son Conseil arrêta que les bornes de Paris et des maisons qui avaient été construites en dehors de ces bornes seraient déterminées. Un autre acte déclare que les propriétaires de ces maisons pourront les conserver, à la charge de payer une taxe du dixième environ de leur valeur, et que l'on démolira celles dont les possesseurs n'auraient pas payé la somme prescrite dans un temps donné. Or, à cette époque les habitans de Paris étaient logés jusque sur les ponts, alors encombrés de bâtimens, et jusque sous les combles des maisons. Quand on se rappelle le nombre prodigieux de couvens fondés dans les murs de cette ville par Louis XIV, sa mère, sa femme, ses maîtresses; que ces vastes édifices, accompagnés de cours, de jardins spacieux, étaient pris sur le terrain assigné pour la résidence des citoyens; — que la cour attirait dans la capitale toute l'ambition, toute la richesse des provinces; — que les parlemens et les autres cours de justice remplissaient la ville de plaideurs, de témoins; — que les académies, les bibliothèques en faisaient le centre de la littérature et des sciences; — que l'accroissement des divertissemens publics et la magnificence de la noblesse quadruplaient la population par le nombre d'étrangers qu'ils attiraient et la forçaient à « déborder son enceinte », — on a peine à croire que le gouvernement ait fait des lois si mal conçues, ait si grossièrement ignoré les besoins les plus évidens de l'État. Cependant c'est là, dit-on, le siècle intellectuel par excellence. Une tragédie de Racine, une Oraison de Bossuet ont été regardées comme des preuves d'un avancement au-delà duquel le génie humain ne pouvait plus s'élever.

Tous les ouvrages de ce règne fastueux[1] sont des monumens de l'orgueil sans bornes, de l'égoïsme de celui qui donna au siècle son caractère. Même l'élargissement de la rue de la Ferronnerie, qui avait par son manque de largeur favorisé les assassins de Henri IV, fut marqué par un de ces hommages exigés en toute circonstance par l'insatiable vanité de Louis XIV; et son buste, coiffé de la volumineuse perruque obligée, fut placé à l'un des coins de cette rue. Toutes les améliorations avaient pour but le roi et sa noblesse qui, renfermés dans des palais isolés du reste de la ville par leur entourage de cours et de jardins, ne s'apercevaient pas de la misère des citoyens relégués dans leurs rues étroites et leurs sales habitations exposées aux inondations de la Seine, qui très-souvent entraînaient les maisons bâties sur les ponts et les quais, et aux ravages de la peste qui, sous diverses formes, remplissait ces hôpitaux, l'hon-

---

[1] « Les maisons semblent bâties par des philosophes plutôt que par des architectes, tant elles sont grossières en dehors; mais elles sont bien ornées en dedans. Cependant elles n'ont rien de rare que la magnificence des tapisseries dont les murailles sont couvertes. »(*Physionomie de Paris au dix-septième siècle*, par un voyageur italien.)

neur du monarque dont le mauvais gouvernement les avait rendus trop nécessaires.

Dans les perfectionnemens qui frappèrent mes yeux en traversant Paris [1], je remarquai que la plupart étaient plus à l'avantage du peuple qu'à celui des privilégiés. De vieilles rues ont été élargies ou démolies, on en a construit de nouvelles d'une largeur suffisante. Des portiques offrent des abris commodes; des passages facilitent les communications; des trottoirs s'élèvent de tous côtés, continus dans les nouvelles rues, interrompus dans les anciennes [2].

Il est remarquable que, tandis que l'échelle de l'architecture domestique descend à Paris au

---

[1] Un mémoire fort étendu a été fait avec beaucoup d'habileté par le comte de Chabrol, sur les améliorations et embellissemens dont Paris est susceptible et qu'on se propose d'exécuter progressivement. L'exécution de ces plans augmentera la superficie des rues de Paris de 396,481 mètres carrés; celle des quais, de 21,516; celle des places, de 16,012.

[2] Dans les anciennes rues on a donné trois ans aux propriétaires pour établir des trottoirs; et l'on m'a dit que pendant les deux premières années les frais seraient supportés en partie par la ville. Comme le terme fixé pour le complément de cette opération n'est pas écoulé, l'état inégal du pavé montre le degré respectif d'activité de chaque maître de maison.

niveau convenable à de petits propriétaires, les demeures des citoyens de Londres s'améliorent en sens inverse. Le besoin d'air et d'espace est comme un nouveau sens manifesté chez les habitans de cette ville; et les réglemens de police ne sont plus nécessaires pour que chacun se conforme à ces conditions essentielles du bien-être physique dans les constructions.

Les riches marchands de Londres ne voudraient plus habiter, comme leurs ancêtres, les ruelles, les allées exiguës dans lesquelles leurs magasins sont établis; ils ont émigré à l'ouest de la ville où ils occupent les nombreuses places qui font l'ornement particulier de notre moderne capitale. L'ouverture de la rue du Régent, et d'autres améliorations semblables que l'on exécute maintenant dans notre métropole, sont d'accord avec l'opinion publique, les besoins et les vœux du peuple envers lequel ces changemens sont un acte de déférence. En Angleterre, comme en France, le *tiers-état* prend tous les jours plus d'importance, et le gouvernement est forcé de porter son attention sur la santé, le bien-être de cette classe. Il est cependant déplorable d'être obligé d'ajouter que l'influence des taxes excessives se montre dans notre pays sous mille formes de gêne ou de souffrance auxquelles les Français sont bien moins exposés. A cette cause doit être attribuée la dimension lilliputienne des maisons de nos artisans; et, ce qui est pis, l'insuffisante et périlleuse manière dont elles sont construites. Il en résulte des incendies, trop souvent accompagnés de la perte de la vie des habitans. Ces maisons, composées de planches rendues aussi minces que des lattes, pour éviter la surcharge de l'impôt, peuvent être comparées à des bottes d'allumettes; et l'on dirait qu'un logis moderne de cette espèce est calculé pour être enflammé dans le moins de temps possible à la première application d'une étincelle. La quantité de valeurs annuellement détruites de cette manière est hors de toute proportion avec celle de l'impôt; il est donc complètement onéreux pour l'État. Mais le démon fiscal est aveugle et mauvais calculateur; il a besoin d'être souvent tancé par le *maître* pour empêcher son activité de dépasser les bornes convenables.

L'élégante rue de Rivoli est un monument qui justifie la révolution et montre, dans la comparaison de son état actuel avec celui qui l'a précédé, les immenses bienfaits que cet événement tant calomnié a répandus sur l'humanité. Sous Henri III, le terrain sur lequel la rue de Rivoli est bâtie, était occupé par l'un des plus riches couvens du puissant ordre des Capucins [1]. Vers la fin du seizième siècle, quand les progrès du protestantisme donnèrent de nouvelles alarmes aux cours intrigantes d'Espagne et de Rome, elles résolurent de renforcer les cohortes des apôtres et des ministres du catholicisme, par l'établissement d'un ordre qui obtiendrait sur la conscience du peuple la même influence que les jésuites, plus éclairés et plus astucieux, exerçaient sur l'aristocratie et les souverains de l'Europe. Le superstitieux et débauché Henri III, adonné à tous les vices, en même temps qu'il pratiquait tous les rites de la bigoterie, se prêta à l'exécution des plans du Vatican et de l'Escurial, qui aboutirent enfin à son propre assassinat par l'un de leurs agens. L'ordre des Capucins, ainsi introduit en France, fut richement doté et pris sous la protection et sauve-garde spéciale du roi. « Leur couvent, situé rue Saint-Honoré, avec ses cours, ses jardins et son église, s'étendait jusqu'aux murs du palais royal des Tuileries, et constituait la plus magnifique de toutes les capucinières du royaume. Cent vingt moines et leurs dépendans y vivaient comme

---

[1] Là se trouvait aussi un couvent de Feuillans, duquel une des terrasses des Tuileries a pris son nom.

des princes; et leur gouvernement despotique était hors des atteintes des lois et du souverain. La consommation de leur table, constatée par leurs propres livres, passe toute croyance; et leurs *quêteurs*, qui tous les jours exploraient les rues de Paris en demandant l'aumône aux citoyens, levaient ainsi une contribution exorbitante sur l'industrie de la ville. »

Le pouvoir de ces moines fut attaqué, et les ténèbres qui couvraient leurs crimes furent pénétrées par les premières étincelles de ces lumières dont le plein éclat dissipera enfin toute ancienne erreur, toute ancienne tromperie. En 1761, les vices et les querelles de ces pères et les scènes scandaleuses qui en résultèrent, donnèrent lieu à une poursuite judiciaire. L'attention de la nation une fois éveillée mena à d'autres recherches. La procédure mit au jour des énormités impossibles à supposer. Des crimes prouvés, des horreurs dévoilées, rendirent cette maison l'objet du mépris populaire. Au commencement de la révolution elle fut la première dévouée à l'exécration publique; et l'assemblée nationale, en 1790, chargea la municipalité d'en faire évacuer les bâtimens pour établir des bureaux d'administration sur l'emplacement de ce vaste et autrefois impénétrable asile monacal.

Pendant le règne de Louis XVI, ce règne de faiblesse, d'incertitude, de projets conçus par la sagesse et ajournés par l'indolence, le déblaiement des quartiers insalubres de Paris fut discuté, mais seulement discuté. Dans les premières périodes de la révolution, il n'y avait ni temps ni argent à employer à de telles fins. Les revenus de la nation étaient entièrement absorbés par la guerre, dans laquelle il fallait triompher ou périr. Les ruines du couvent des Capucins continuèrent donc à présenter des amas de décombres, entremêlés de murs grossiers et de cahuttes bâties jusqu'auprès des portes des Tuileries, que les moyens pécuniaires des gouvernemens directorial et consulaire ne leur permettaient pas de faire disparaître. Ce ne fut qu'en l'année 1804 que le grand *embellisseur* des villes, Napoléon Bonaparte, dirigea son attention sur cette place et fit enlever enfin les restes de la *grande capucinière*. Alors on vit les rues de Rivoli, de Castiglione, du Mont-Thabor, s'élever comme par enchantement avec leurs arcades et leurs portiques, au grand avantage de la capitale, sous le rapport de l'ornement, de la facilité des communications, de la santé et du plaisir.

A notre premier voyage à Paris, ce plan magnifique n'avait eu qu'un commencement d'exécution. La rue de Rivoli, encombrée d'échafauds et de pierres de taille, ressemblait à une grande carrière. A présent ce beau monument du perfectionnement français est achevé; la rue de Rivoli, avec les beaux jardins qu'elle domine, et sa superbe vue du palais des Tuileries aux Champs-Élysées, est moins le témoignage triomphal de la victoire que son nom rappelle, que celui de l'avancement physique et moral qu'a produit sur le peuple quelques années d'un gouvernement où sa propre volonté entre pour quelque chose.

En comparant l'aspect de la scène actuelle avec les *oubliettes* et les *vade in pace* [1] qui peuvent avoir jadis occupé la place du cabinet de toilette élégant dans lequel j'écris ces notes, le contraste paraît si frappant, si terrible, que la sensibilité et l'imagination cherchent à se réfugier dans la croyance que de telles horreurs n'ont jamais existé. Mais l'histoire ne laisse pas une telle ressource à notre sympathie; et si les vœux impies d'un parti pouvaient une fois en-

---

[1] *Vade in pace*, était la formule, d'une révoltante hypocrisie, que les capucins employaient pour prendre congé du malheureux qu'ils faisaient murer tout vivant, pour transgression des statuts de leur ordre.

core ramener les *frères anges* des Capucins, ce boudoir reviendrait peut-être un *in pace*, où quelque fille rebelle de l'Église et de l'État, telle que moi, expierait sa révolte contre les maximes orthodoxes de l'ordre social, comme j'ai expié le même péché dans le *carcere duro* des journaux ministériels.

LE GÉNÉRAL LAFAYETTE.

En lisant la peinture audacieuse et mensongère que le *Quarterly Review*[1] a faite du général Lafayette en rendant compte de *La France*, on a peine à croire qu'un pareil tissu de calomnies, démenties par l'histoire et par tant de témoins contemporains, ait jamais pu être offert au public anglais, pour abuser de sa

---

[1] «Mais les principaux dieux de son idolâtrie sont d'abord le vain, le faible, le présomptueux radoteur Lafayette; qui après avoir, pour satisfaire sa vanité, insulté le roi et renversé le trône, s'enfuit bassement devant l'orage qu'il avait suscité, et ne reparut dans les affaires publiques que pour prendre place au champ-de-mai de Bonaparte.»
Voyez Quarterly Review, sur *La France*. Avril 1817.

faiblesse, insulter à son ignorance de l'opinion européenne. Cependant ce portrait de l'idole de deux grandes nations, de l'ami de Washington, de Jefferson, de Fox et de La Rochefoucauld, de celui qui fut respecté par Napoléon, loué par Charles X, de l'homme le plus vertueusement illustre de son siècle et de son pays, du caractère politique le plus conséquent de l'histoire ancienne et moderne ; ce portrait, dont chaque touche est une fausseté, fut risqué par l'organe salarié du gouvernement, et reçu sans examen par le peuple anglais! De quelle fange d'esclavage, de préjugés, de folies, de suffisance basse, l'Angleterre a su se débarrasser depuis cette époque si récente, où de telles choses pouvaient être risquées et où leurs auteurs étaient récompensés et encouragés par un public mystifié!

Sans chercher dans les annales de la France moderne le portrait politique de Lafayette, on peut consulter plusieurs esquisses dispersées en différens ouvrages écrits par des auteurs de talens, de pays et de sentimens divers, qui tous s'accordent à le représenter comme l'un des plus vertueux caractères publics et privés qui aient jamais honoré l'humanité. J'ai moi-même donné quelques anecdotes sur cet homme extraordinaire, dans mon premier ouvrage sur la

France ; mais l'état présent de ce pays ne pourrait être fidèlement peint si l'on omettait de parler de son plus grand citoyen ; et l'exemple qu'il offre au monde est d'une valeur trop inestimable pour qu'il soit nécessaire de faire aucune apologie, avant d'entrer dans plus de détails à son sujet. Je vais donc offrir un portrait biographique de Lafayette depuis ses premiers efforts en faveur de la liberté jusqu'à l'époque où j'eus l'honneur de le connaître et d'acquérir une amitié, de jouir d'une correspondance qui continueront long-temps, je l'espère, à faire notre gloire et notre bonheur.

Le général La Fayette naquit en Auvergne, le 6 septembre 1757, et fut élevé au collège Duplessis, à Paris. Dans sa dix-septième année il épousa la fille du feu duc de Noailles, petite-fille du grand et excellent chancelier d'Aguesseau. Sa fortune était considérable, son rang des premiers de l'Europe, sa parenté lui donnait l'appui des principaux personnages de la cour de France ; et son caractère individuel, les manières franches, aimables, bienveillantes qui devaient un jour le distinguer et lui donner sur l'esprit des hommes un empire si extraordinaire, le rendirent de bonne heure très-influent sur les sociétés dans lesquelles il se trouvait.

Ce fut à cette époque que ses pensées et ses sentimens se tournèrent vers la lutte que les colonies américaines soutenaient contre leur métropole. Rien n'était moins propre à tenter un homme qui eût été dominé par des sentimens personnels que la position des États-Unis dans ce moment. Leur armée était en retraite; leur crédit en Europe totalement perdu, et leurs commissaires, auxquels Lafayette persistait à offrir ses services, furent obligés de lui avouer qu'ils ne pouvaient lui fournir des moyens de transport convenables. « Alors, » dit-il, « j'achèterai et j'équiperai un vaisseau moi-même. » Il le fit; et ce vaisseau fut envoyé dans le port d'Espagne le plus voisin, pour le mettre hors de la portée du gouvernement français. Il était déjà en route pour s'embarquer quand sa romanesque entreprise fut connue; et l'effet en fut plus grand qu'on ne l'aurait imaginé. A l'instigation de l'ambassadeur anglais, on envoya l'ordre de l'arrêter; et la *lettre de cachet* l'atteignit à Bordeaux, où il fut pris; mais, à l'aide de quelques amis, il s'échappa déguisé en courrier, et passa la frontière trois ou quatre heures avant que ceux qui le poursuivaient n'y arrivassent. La sensation produite par son apparition aux États-Unis fut encore plus grande que celle qu'avait excitée son départ en Europe. Cet événement sera toujours regardé comme un des plus importans, des plus décisifs de cette guerre; et ceux qui l'ont vu peuvent seuls se faire une juste idée de l'impulsion que cette circonstance donna aux espérances d'un peuple qu'une suite de désastres avaient presque découragé.

Immédiatement après son arrivée, Lafayette reçut l'offre d'un commandement dans l'armée américaine, qu'il refusa avec une rare modestie. Pendant tout le cours de son service, il parut désireux de prêter un secours désintéressé à la cause qu'il avait embrassée. Il commença par habiller et armer un corps à ses dépens, ensuite il entra comme simple volontaire sans solde dans les rangs américains. Par un vote du congrès, en juillet 1777, il fut nommé major-général, et fut blessé en septembre de la même année, à Brandywine. En 1778, il fut employé à la tête d'une division; et après avoir reçu les remerciemens du congrès, il s'embarqua en 1779, à Boston, pour la France, où ses services lui semblaient devoir être plus utiles qu'en Amérique.

Il arriva à Versailles le 12 février, et eut le même jour une longue conférence avec le premier ministre Maurepas; mais il ne lui fut pas permis de se présenter au roi, pour le punir d'avoir quitté la France sans permission, et on lui enjoignit de ne voir que ses parens : cependant comme, par sa naissance et son mariage, il était allié à presque toute la cour, et que l'on se portait en foule à son hôtel, cet ordre lui causa peu de gêne. Par ses soins assidus le traité entre l'Amérique et la France, alors seulement projeté, fut hâté et rendu efficace en faveur de la première; car il travailla sans relâche à obtenir de son gouvernement une flotte et des troupes; et cet objet une fois obtenu, certain d'être bientôt suivi par le comte de Rochambeau, il traversa encore l'Atlantique, et rejoignit l'armée américaine en 1780. Il communiqua au général en chef les importantes nouvelles qu'il apportait, et prit le commandement d'un corps d'infanterie de deux mille hommes qu'il équipa en partie à ses frais, et qui devint, par la sage discipline qu'il y établit et par ses constans sacrifices, le meilleur corps de l'armée. Sa marche forcée en Virginie (après avoir emprunté deux mille guinées sur son propre crédit pour suppléer aux premiers besoins des troupes), la délivrance de Richemond, sa campagne contre Cornwallis, enfin le siège de York-Town, et l'assaut et la prise de cette place en octobre 1781, sont des preuves de ses talens comme général, et de son dévouement aux États-Unis.

Le congrès avait déjà plusieurs fois reconnu ses services; mais quand il retourna en France en novembre 1781, il prit une résolution dans laquelle il est dit, parmi d'autres expressions honorables, que leurs ministres, dans l'étranger, conféreraient avec lui sur les affaires de leur pays : marque de confiance et d'estime dont il s'est vu peu d'exemples.

Une brillante réputation l'avait précédé en France. La cause de l'Amérique était devenue populaire en ce pays; l'on se pressait sur les pas du défenseur de cette cause dans les rues, dans les promenades ; et pendant le voyage qu'il fit pour se rendre à sa terre dans le sud, les villes qu'il traversa lui rendirent des honneurs civiques : les fêtes qui lui furent données à Orléans l'y retinrent une semaine.

Cependant il insistait constamment auprès du gouvernement sur la nécessité politique d'envoyer de nouvelles troupes en Amérique, et le comte d'Estaing reçut enfin l'ordre de se tenir prêt à faire voile pour les États-Unis, aussitôt que Lafayette l'aurait joint. Quarante-neuf bâtimens et vingt mille hommes étaient rassemblés à Cadix à cet effet, quand la paix rendit tout effort subséquent inutile. Ce grand événement fut annoncé en France par une lettre de Lafayette, datée de Cadix, le 5 février 1783.

Sur l'invitation pressante de Washington, Lafayette repassa encore l'Atlantique en 1784; mais son séjour en Amérique fut court, et quand il la quitta pour la troisième et, comme il le croyait alors, pour la dernière fois, le congrès nomma une députation, composée d'un membre de chaque État, qui devait prendre congé de lui au nom du pays, et l'assurer que le peuple des États-Unis « ne cesserait jamais de l'aimer, de l'honorer, de s'intéresser à sa gloire, à son bonheur, de l'accompagner partout de leurs vœux les plus ardens. » Il fut encore arrêté que le congrès écrirait une lettre au roi T. C. pour lui exprimer la haute estime qu'il conservait pour le mérite et les talens de Lafayette, et le recommander à la faveur de S. M.

En 1785 il passa quelque temps en Prusse, pour voir les troupes de Frédéric, et reçut de ce monarque un accueil honorable; mais les grands événemens qui commençaient en France l'y rappelèrent bientôt. Il s'occupa (sans succès), avec Malesherbes, de faire rendre aux protestans français leurs droits civils. Sa voix fut la première qui s'éleva dans son pays contre le commerce des noirs; et dès lors il employa des sommes considérables à acheter des esclaves et à les faire élever convenablement pour l'émancipation.

En février 1787 s'ouvrit l'assemblée des notables, et Lafayette, par son influence, imprima aux délibérations de cette assemblée un caractère de hardiesse réformatrice très-extraordinaire pour le temps. Il proposa de demander la suppression des lettres de cachet; il proposa de plus (et ce fut la première fois que ce mot, qui marque un pas si important vers un gouvernement délibérant régulier, fut prononcé en France), la convocation des *représentans* du peuple.

Lafayette ne se distingua pas moins aux états-généraux assemblés en 1789, et réunis de nouveau sous le nom d'assemblée nationale. La *déclaration des droits* adoptée par l'assemblée, pour être présentée à l'acceptation du roi, fut rédigée par lui. Le 14 juillet, au moment même où l'on prenait la Bastille, il fit une motion sur la responsabilité des ministres, qui fut décrétée; et il fournit ainsi l'un des élémens les plus importans d'une monarchie représentative. Deux jours après, il fut nommé commandant de la garde nationale de Paris.

Ce grand commandement militaire, joint à son influence personnelle plus grande encore, le mettait également en contact avec la cour, le roi et le peuple; position aussi délicate que difficile. Toutes choses tendaient au désordre, à la violence. La populace des faubourgs (alors la plus dégradée de France) s'arma dans le dessein d'aller à Versailles forcer le roi à venir résider à Paris.

La garde nationale se proposait d'accompagner cette sauvage multitude, mais Lafayette s'opposa à cette résolution, quoiqu'elle eût été approuvée par la municipalité; ce fut seulement quand il vit plus de cent cinquante mille personnes des deux sexes courir sur la route de Versailles, avec des armes et même des canons, qu'il consentit à demander aux autorités l'ordre de marcher, et qu'il se rendit au poste devenu celui du danger, celui qu'il croyait de son devoir d'occuper.

Il arriva à Versailles à dix heures du soir, après avoir enduré des fatigues incroyables, tant à Paris que sur la route, pour aller d'une place à l'autre contenir la multitude. « Le marquis de Lafayette, » dit madame de Staël « entre enfin au château, et traversant la pièce où nous étions, se rendit chez le roi. Il avait l'air très-calme :

personne ne l'a jamais vu autrement. Il demanda les postes intérieurs du château pour en garantir la sûreté ; on se contenta de lui accorder ceux du dehors. » Lafayette répondait donc de ceux-ci, mais de rien autre ; et son engagement fut rempli avec une fidélité que les circonstances rendaient aussi difficile que dangereuse. Entre deux et trois heures, la famille royale alla prendre quelque repos. Lafayette s'endormit aussi, harassé des travaux de la journée. A quatre heures et demie la populace pénétra dans le palais, par un obscur passage intérieur que l'on avait négligé de fermer, et qui ne se trouvait pas dans la partie du bâtiment confiée à Lafayette, lequel, se hâtant d'accourir avec des gardes nationaux, protégea les gardes-du-corps et sauva la vie des princes.

Aussitôt qu'il fit jour la même multitude furieuse remplit le vaste espace de la cour de marbre, appelant à grands cris le roi pour qu'il vînt demeurer à Paris, et la reine pour qu'elle se montrât au balcon. Le roi déclara qu'il avait l'intention de se rendre dans sa capitale ; mais Lafayette craignait pour la reine au milieu de cette foule en fureur. Il alla à cette princesse et lui demanda si elle était décidée à suivre le roi ; sur sa réponse affirmative, il la conjura de se montrer d'abord avec lui sur le balcon. —« Êtes-vous positivement déterminée ? » lui dit-il. — « Oui, Monsieur. » — « Consentez alors à venir sur le balcon, et souffrez que je vous accompagne. » — « Sans le roi ? » dit-elle en hésitant. « Avez-vous remarqué leurs menaces ? » — « Oui, Madame ; mais osez vous confier à moi. »

Quand ils parurent ensemble, les cris de la foule rendirent impossible de se faire entendre. Il fallait donc parler aux yeux; et, se tournant vers la reine, Lafayette baisa simplement sa main devant cette immense multitude. Il fut de suite compris, et l'air retentit de « Vive la reine ! vive le général ! » La reine arriva saine et sauve à Paris. Le même jour s'ouvrit le club des jacobins, contre lequel Lafayette se déclara de suite, et il institua, de concert avec Bailly, maire de Paris, un autre club pour contrebalancer l'influence du premier. La victoire demeura incertaine entre les partis représentés par ces deux sociétés pendant près de deux ans. Cette lutte plaçait cependant Lafayette dans une position très-dangereuse. Il était obligé de repousser les jacobins sans reculer vers le despotisme; et l'on doit dire à son honneur qu'il suivit cette ligne avec une fidélité, une fermeté parfaites, sans compromettre ni son jugement ni ses principes.

Le 20 juin 1790, la proposition imprévue d'abolir la noblesse, fut émise devant l'assemblée nationale. Fidèle à ses principes, Lafayette se leva pour l'appuyer. Un député objecta contre cette mesure, que le roi ne pourrait plus offrir une aussi noble récompense que celle qui fut conférée par Henri II, quand il donna la noblesse et le titre de comte à un homme obscur, pour avoir sauvé l'État en tel temps. « La seule différence, » dit Lafayette, « sera dans l'omission des mots de noble et de comte; et en pareille occasion l'on dira, *tel homme sauva l'État.* » A cette époque Lafayette renonça au titre de marquis, et ne l'a jamais repris.

Le 14 juillet 1790, anniversaire de la prise de la Bastille, la célèbre acceptation de la constitution eut lieu dans le Champ-de-Mars. Ce jour-là le général avait sous son commandement quatre millions d'hommes représentés par quatorze mille députés des gardes nationales; et il jura fidélité à la constitution, pour le bien du peuple, sur l'autel érigé au milieu de l'arène. Jamais on ne vit plus solennelle, plus magnifique cérémonie. Jamais peut-être aucun homme ne jouit de la confiance d'une nation aussi pleinement que Lafayette lorsqu'il remplit le rôle le plus éminent dans cette scène extraordinaire.

Cependant les jacobins gagnaient tous les

jours du terrain. La fausseté de la cour, l'attitude hostile des gouvernemens étrangers, tout se réunissait pour empêcher la constitution de prendre racine. Parmi d'autres imprudences qui détruisirent enfin la popularité du roi, il eut celle de prendre pour confesseur un prêtre qui n'avait pas prêté serment à la constitution, et voulut aller faire ses dévotions de Pâques à Saint-Cloud. Mais le peuple et la garde nationale arrêtèrent sa voiture, et Lafayette, qui arriva à la première nouvelle du danger, dit au roi : « Si Votre Majesté croit sa conscience intéressée à prendre un tel parti, nous mourrons s'il le faut, pour qu'elle puisse le suivre. » Le monarque hésita, et se décida enfin à rester à Paris. Lafayette, fidèle à ses sermens, défendant la liberté du roi avec autant de fermeté qu'il avait défendu celle du peuple, se trouvait dans une position qui devenait toujours plus scabreuse. On lui offrit alors le titre de connétable ou celui de généralissime des gardes nationales; mais il crut meilleur pour la sûreté de l'État que de semblables charges n'existassent point; et à la dissolution de l'assemblée constituante, il remit son commandement et se retira dans ses terres.

En avril 1792, la guerre fut déclarée à la France par l'Autriche, et Lafayette prit le commandement d'une des trois armées françaises. Les jacobins cependant méditaient le renversement de la constitution. Cet ordre public que Lafayette n'avait cessé d'invoquer en toute occasion n'existait plus. Dans ces circonstances, il écrivit, avec un courage que peu d'hommes ont montré, une lettre à l'assemblée, par laquelle il dénonçait positivement la faction des jacobins, qui marchait rapidement à la puissance, et il en appelait aux autorités constituées pour mettre un frein aux atrocités qu'ils provoquaient ouvertement. Il osa dire : « Il faut que le roi soit respecté, car il est investi de la majesté nationale; il faut qu'il choisisse des ministres qui ne portent les chaînes d'aucune faction; et s'il existe des traîtres, il faut qu'ils périssent, mais sous le glaive des lois. » Il n'y avait pas deux individus en France qui fussent capables de risquer une telle démarche; et il ne fallait pas moins que l'immense influence du général pour garantir sa tête quand il exprimait de telles opinions.

Le 8 août son arrestation fut proposée, mais les deux tiers de l'assemblée votèrent contre. Enfin les jacobins l'emportèrent, la majorité des députés intimidés ou découragés ayant cessé d'assister aux séances. Lafayette ne pouvant plus rester à Paris en sûreté, rejoignit son armée qu'il trouva infectée du même poison désorganisateur; et, d'après les mouvemens manifestés dans les troupes, il devint évident qu'il était également en danger au milieu d'elles. Le 17 août, il se décida à sortir de France, accompagné de ses officiers d'état-major, Alexandre de Lameth, Latour-Maubourg et Bureau de Passy; et peu d'heures après, il avait passé les frontières.

La même nuit les exilés furent arrêtés par une patrouille autrichienne et exposés aux plus indignes traitemens. On les remit d'abord à la garde des Prussiens (les forts de cette nation se trouvant les plus proches), mais ils furent ensuite rendus à l'Autriche, quand la Prusse fit sa paix séparée, et on les conduisit dans les cachots humides et malsains d'Olmütz.

Parmi les souffrances qu'une basse vengeance infligea à Lafayette, on peut citer la déclaration qui lui fut faite, qu'il ne sortirait jamais des murs de cette forteresse; qu'il ne recevrait aucunes nouvelles, soit des événemens, soit des personnes; que son nom serait inconnu dans la citadelle même, et que dans les comptes que l'on rendrait de lui à la cour, il serait désigné par un numéro; qu'enfin il ne saurait jamais rien de sa famille ou de ses compagnons d'infortune. Ses maux surpassèrent souvent ses forces, et le manque d'air, l'humidité, la malpropreté de sa prison, le mirent plusieurs fois aux portes du tombeau[1]. En même temps ses biens furent confisqués en France, sa femme jetée en prison, et l'on punissait de mort les *Fayettistes* (ainsi que l'on nommait ceux qui étaient attachés à la constitution de 1791.)

On remarque dans le nombre de ceux qui firent les démarches les plus empressées pour découvrir le sort de Lafayette, le comte de Lally Tolendal, alors émigré à Londres, et le docteur Eric Bollman, Hanovrien dont l'esprit aventureux le porta à chercher le lieu de captivité du général, et à tâcher de le délivrer. Au premier voyage qu'il fit en Allemagne dans cette vue, il n'eut aucun succès, mais les amis de Lafayette ne se laissaient pas décourager si facilement. En juin 1794, Bollman retourna en Allemagne et recommença ses recherches. Il parvint à retrouver avec une persévérance et une adresse infinies les traces des prisonniers, depuis la Prusse jus-

---

[1] Cette détestable et inutile tyrannie n'est malheureusement pas une *histoire des temps passés*. En ce moment, les mêmes scènes ont lieu dans les cachots de Spilsberg et des autres forteresses du despotisme autrichien. Là gémissent les patriotes italiens; là, après dix ans de captivité, la vertu, le courage, le talent, sont encore exposés aux mêmes cruels traitemens.

qu'à Olmütz; ensuite il communiqua son plan de délivrance à ceux qui devaient en être les objets, et reçut leurs réponses. Après un intervalle de plusieurs mois, il fut décidé que l'on tenterait de délivrer Lafayette pendant une des promenades qu'on lui permettait de faire à cause de sa santé délabrée. Francis Huger, un jeune Américain qui se trouvait alors par hasard en Autriche, prit part à cette entreprise; et comme les libérateurs et l'ex-captif ne se connaissaient pas personnellement, on convint que lorsque le moment de la délivrance serait arrivé ils se reconnaîtraient mutuellement en ôtant leur chapeau et en s'essuyant le front.

Après s'être assurés du jour de la promenade de Lafayette, le docteur Bollman et Huger envoyèrent leur voiture au village de Hoff, à environ vingt milles sur la route qu'ils comptaient suivre, et ils se rendirent à cheval au lieu de leur entreprise. Une voiture, dans laquelle ils supposèrent que se trouvait le prisonnier, sortit du fort, les deux amis marchèrent lentement à côté d'elle, et firent le signe convenu auquel on répondit. A deux ou trois milles, la voiture quitta la grande route, et, passant par un chemin peu fréquenté, arriva dans une plaine découverte où Lafayette descendit pour se promener, gardé par le seul officier qui l'avait accompagné. Bollman et l'Américain fondirent ensemble sur cet homme, qui, après une légère résistance, s'enfuit vers la citadelle, pour y donner l'alarme.

Cependant un des chevaux s'étant échappé, Lafayette fut obligé de partir seul après avoir reçu en *anglais*, de la bouche de M. Huger, l'indication d'aller à *Hoff*. Malheureusement la ressemblance des mots fit croire au général qu'on lui disait simplement de s'en aller (*Go off*). Il prit une fausse route qu'il suivit tant que son cheval put le porter, et fut arrêté au village de Jagersdorff, et détenu comme suspect jusqu'à ce qu'il fût reconnu par un officier d'Olmütz, deux jours après.

Ses amis, non moins malheureux, furent pris et séparément emprisonnés sans que l'un eût connaissance du sort de l'autre. M. Huger fut enchaîné sur le sol d'un cachot voûté, de six pieds de haut, et mis au pain et à l'eau pour toute nourriture. Une fois en six heures le gardien entrait pour examiner chaque brique de la prison, chaque anneau de la chaîne du prisonnier. Aux instantes prières qu'il fit pour qu'on lui permît d'envoyer à sa mère, en Amérique, ces seuls mots : *je suis vivant*, on répondit par un dur refus. Enfin, après trois mois de délai, le procès des deux captifs fut entamé, et par les soins du comte Metrowsky, ils ne furent condamnés qu'à un emprisonnement de quinze jours, au bout desquels ils furent mis en liberté. Peu d'heures après leur départ d'Olmütz, un ordre arriva pour recommencer leur procès; mais ils étaient déjà hors des atteintes de leurs persécuteurs.

En 1796, la motion du général Fitz Patrick pour que l'on fît une enquête sur le sort de Lafayette, produisit un débat dans la chambre des communes anglaises, dans lequel la conduite honteuse du gouvernement autrichien fut exposée à la face de l'Europe; mais la majorité de Pitt prévalut sur ce point : la motion fut inutile, et n'excita probablement pas beaucoup de compassion parmi le peuple.

Toutefois, les Américains n'étaient pas oisifs; et l'immortel Washington ne pouvait rester spectateur indifférent des souffrances de son ami. La lettre qu'il adressa à l'empereur d'Autriche, pour lui demander la délivrance du libérateur de l'Amérique, est un monument à la gloire de son auteur, à la honte du despote qui a pu la lire sans en être touché.

Le 25 août 1797, à la demande de Bonaparte, Lafayette fut enfin délivré ainsi que sa famille.

Madame de Lafayette et ses filles avaient partagé sa prison pendant vingt-deux mois, et lui-même avait été cinq ans prisonnier. La santé de madame de Lafayette ne se remit jamais parfaitement des mauvais effets de sa détention, quoiqu'elle ait survécu plusieurs années à son retour à la liberté. La France en ce moment était encore trop agitée pour que Lafayette y pût rentrer en sûreté, le directoire n'ayant même pas révoqué la sentence que les jacobins avaient prononcée contre lui. Ce ne fut donc qu'après le 18 brumaire que son exil cessa, et qu'il se retira à La Grange, petite terre qu'il possédait à environ quarante milles de Paris, et dans laquelle il a toujours résidé depuis ce temps.

Entre Napoléon et Lafayette il ne pouvait y avoir aucun accord d'opinions et de vues politiques. Le dernier vota contre le consulat à vie, et écrivit une lettre à ce sujet à Bonaparte lui-même. De ce moment toutes relations cessèrent entre eux. Napoléon refusa même constamment d'avancer Georges-Washington Lafayette[1], et M. de Lasteyrie, fils et gendre du général, quoique l'un et l'autre se fussent distingués dans

[1] Héritier du courage de son père sur le champ de bataille, comme de son inflexibilité de principes, et de sa patiente persévérance au sénat.

l'armée. Il raya lui-même une fois leurs noms, qui avaient été placés sur une liste de promotion, en disant avec dépit : « Ces Lafayette se trouvent toujours sur mon chemin. »

La restauration des Bourbons, en 1814, ne changea rien à la position de Lafayette. Il se présenta une fois à la cour, et y fut bien reçu ; mais le gouvernement d'alors n'allait pas selon ses vœux, et il ne retourna pas au palais des Tuileries.

Après l'apparition de Napoléon en 1815, Lafayette protesta contre l'acte additionnel, et fut nommé député par le même collège d'électeurs qui avait reçu sa protestation. Napoléon, à cette époque, désirant s'aider de son influence, lui offrit la première place dans la nouvelle chambre des pairs qu'il se proposait de créer. Lafayette déclina cette offre. Il revit Napoléon pour la première fois, à l'ouverture des chambres, le 7 juin. « Il y a plus de douze ans que nous ne nous étions rencontrés, général, » lui dit Napoléon de l'air le plus gracieux : mais Lafayette reçut les avances de l'empereur avec une défiance marquée ; et tous ses efforts tendirent à engager la chambre à se montrer la représentation du peuple français et non un club dévoué à Napoléon.

Après la bataille de Waterloo, Napoléon s'était déterminé à dissoudre la chambre et à reprendre le pouvoir dictatorial. Regnault Saint-Jean-d'Angeli, l'un de ses conseillers qui n'approuvait pas cette mesure violente, informa Lafayette que dans deux heures le corps législatif aurait cessé d'exister. Aussitôt que la séance fut ouverte, Lafayette, avec ce même courage, ce même dévouement qu'il montra à la barre de l'assemblée nationale en 1792, monta à la tribune pour la première fois depuis vingt ans, et prononça un discours concis, mais énergique, qui eût été son arrêt de mort s'il n'avait pas été soutenu par l'assemblée à laquelle il s'adressait. Son résultat fut que la chambre se déclarait en permanence, et considérait toute tentative pour sa dissolution, comme haute trahison.

Au moment de l'abdication de Napoléon, qui suivit de près ces événemens, on fit le projet de mettre Lafayette à la tête des affaires, comme possédant la confiance de la nation, particulièrement de la garde nationale qu'il voulait immédiatement appeler *en masse;* mais une scène d'indignes intrigues était commencée, et l'on établit un gouvernement provisoire dont la principale mesure fut d'envoyer le général avec une députation aux puissances alliées pour tâcher d'arrêter l'invasion de la France. Cette ambassade n'eut aucun succès, comme le supposaient et l'espéraient ceux qui l'avaient imaginée. Les troupes alliées entrèrent à Paris, et le gouvernement représentatif fut dissous. Plusieurs députés se réunirent cependant chez Lafayette, signèrent une protestation formelle, puis regagnèrent paisiblement leurs demeures [1]. L'exemple d'incorruptible probité politique offert par la vie entière de ce grand et excellent homme, et le poids dont il est dans toutes les sociétés, ne peut trop souvent être recommandé à l'imitation publique; et je ne crois pas superflu, même au jour actuel, de montrer aux Anglais jusqu'à quel point un système de tromperie et de calomnie a été suivi chez eux par un parti dont l'influence ne se fait que trop sentir dans la conduite de leurs affaires. Une seule chance de régénération reste à l'Angleterre, c'est la destruction totale de ce parti, en recouvrant le vrai système de gouvernement national, objet principal des longs travaux et des souffrances inouïes de Lafayette; et ce système ne peut exister qu'avec une représentation du peuple, réelle,

[1] Voir, pour un plus ample récit de la vie du général Lafayette, le *North american Review*, publication remarquable pour le talent et la saine politique.

effective. L'histoire de Lafayette et lui-même n'appartiennent pas seulement à la France, mais à toutes les nations civilisées. Il n'existe pas un ami de la liberté qui ne soit intéressé à sa bonne renommée. Depuis le moment où les impressions que j'avais reçues à la vue de cet homme célèbre donnèrent lieu aux observations du *Quarterly Review*, Lafayette a été deux fois élu membre de la chambre des députés, par la voix non achetée de l'opinion publique. Son esprit, devenu, comme une monnaie de fin métal, plus brillant encore par l'usage, s'est montré, dans toutes les occasions où la liberté exigeait ses services, avec une énergie qui surpasse encore celle de sa première jeunesse. Il a résisté à toutes les tentatives contre la liberté de la presse et l'intégrité des élections [1], avec la même fer-

[1] « La lumière que l'art de l'imprimerie a jetée sur le genre humain a éminemment changé l'état du monde, cependant cette lumière ne luit encore que sur la moyenne classe en Europe. Les rois et le bas peuple, également ignorans, n'en ont pas encore aperçu les premiers rayons : mais elle continue à se répandre ; et, tant que l'imprimerie sera conservée, elle ne pourra pas plus s'éteindre que le soleil ne peut rétrograder dans son cours. Un premier effort pour recouvrer le droit de se gouverner soi-même manquera ; un second, un troisième, pourront manquer encore : mais, comme une génération plus instruite

meté qui distingua tous ses votes et la même ténacité aux principes qu'il adopta dès le début de sa noble carrière. Son assiduité à remplir ses devoirs de député, quelque singulière qu'elle puisse paraître à certains membres d'une autre assemblée législative, dans un pays voisin, est aussi constante que si l'âge ne pouvait affaiblir ni son corps ni son esprit. Hors de la chambre son influence est peut-être encore plus marquée. Il est en effet le centre autour duquel se meut toute l'opposition libérale, le guide vers lequel la jeunesse et l'âge avancé tournent leurs regards avec une égale confiance, une égale affection. Il n'obtient point cet ascendant en flattant la multitude, en se livrant à aucune exagération,

arrive, le sentiment devient de plus en plus instinctif, et un quatrième, un cinquième, ou l'un des efforts toujours renouvelés devra enfin réussir. En France, le premier de ces efforts a été comprimé par Robespierre, le second par Bonaparte, le troisième par Louis XVIII et ses saints alliés. Un autre surviendra sans doute ; car l'Europe entière (à l'exception de la Russie) est imbue de l'esprit de liberté civile, et l'on arrivera partout à un gouvernement représentatif plus ou moins parfait. » (*Corresp. de Jefferson.*)

Ce passage montre la valeur de la persévérance politique, et les services que Lafayette a rendus à l'humanité en liant les diverses époques du libéralisme, en transmettant le feu sacré de la liberté à une autre génération.

on ne peut même dire qu'il soit le résultat de ces talens irrésistibles que l'on voit quelquefois unis au jugement et à l'honnêteté. Il n'a pas l'éloquence entraînante de Mirabeau, le brillant de Canning, l'habileté financière de Necker, ni la philosophie politique de Romilly et de Bentham. Son pouvoir persuasif est la force du bon sens et de la conviction personnelle, la clarté de ses vues et l'énergie avec laquelle il les expose. En un mot, c'est la force de la probité, de la vertu publique et privée ; et si dans les orages des passions, au milieu du tourbillon révolutionnaire, cette force a été trop souvent vaincue par des qualités plus imposantes et des volontés plus impérieuses, on observe néanmoins, à l'honneur de la nature humaine, que le plus puissant instrument pour remuer le public et accomplir ainsi des fins utiles, est une probité éprouvée, jointe à une constance sur laquelle le peuple a long-temps compté pour la défense de ses intérêts.

En 1825, huit ans après la publication de l'article du *Quarterly Review*, qui dépeint Lafayette comme un vieillard radoteur, il accepta l'invitation de visiter encore le Nouveau-Monde que le peuple des États-Unis lui fit présenter. Ce n'étaient plus, hélas ! les Franklin, les

Washington, qui le priaient de venir revoir la terre au bonheur et à la grandeur de laquelle ils avaient tous si puissamment contribué. Dans l'intervalle d'un demi-siècle, plusieurs générations avaient déjà participé aux fruits de leurs travaux; mais la reconnaissance pour Lafayette était un héritage national transmis et conservé précieusement par les Américains de tout âge. L'hôte de la nation fut reçu par les fils et les petits-fils comme le libérateur l'avait été par les pères quand il vint partager leurs dangers et préparer leurs triomphes [1].

[1] « Il est littéralement l'hôte de la nation; mais il ne faut pas oublier que cette nation se compose d'une génération autre que celle qu'il vint autrefois aider; et nous nous félicitons de cette circonstance; nous nous félicitons, avec les milliers qui se pressent sur ses pas dans tous les lieux de son passage, de pouvoir offrir notre tribut de gratitude et de vénération désintéressées à celui qui a souffert avec nos pères pour notre salut. Mais nous nous félicitons encore plus de l'effet moral que sa présence produira infailliblement sur nous, et comme individus et comme peuple, car ce n'est pas un spectacle ordinaire que celui qui s'offre à nos regards. Il nous est donné de voir un homme qui, par la seule force des principes, une simple et ferme intégrité, a traversé avec dignité les deux extrêmes de la fortune; un homme qui, après avoir joué un rôle décisif dans les deux plus grandes révolutions modernes, en est sorti pur et sans

L'histoire, dans tous ses pompeux récits de victoires, depuis celles de César jusqu'aux conquêtes incomparables de Napoléon, n'offre rien d'égal à la simple narration du voyage de Lafayette en Amérique ; et tous les organes du libéralisme dans les deux mondes ont rendu témoignage des honneurs remarquables qui lui furent rendus [1].

tache ; un homme enfin qui a professé, dans la prospérité comme dans l'adversité, le dogme de la liberté publique dans les deux mondes, et conservé le même ton, le même air, la même franchise confiante, sur les ruines de la Bastille, au Champ-de-Mars, dans les prisons d'Olmütz et sous le despotisme de Bonaparte. » (*North american Review.*)

[1] Jefferson, dans une lettre où il décrit à son ami Kosciusko ses occupations habituelles, dit : « Une de mes occupations, et ce n'est pas la moins agréable, est de diriger les études de jeunes gens qui réclament mes conseils. Ils se logent dans le village voisin, font usage de ma bibliothèque et de mes avis, et composent en partie ma société. Je tâche de fixer leur choix, dans leurs lectures, sur l'objet principal de toutes les sciences, la liberté et le bonheur des hommes ; afin qu'arrivés à l'âge d'entrer dans le gouvernement de leur pays, ils ne perdent jamais de vue ces fins uniques de tout gouvernement légitime. » L'antiquité n'a rien de plus beau que cette peinture de l'homme d'État retiré, préparant la génération naissante à remplir dignement la tâche du gouvernement national.

Son retour dans sa patrie et dans sa famille a été accompagné des mêmes triomphes, et chaque jour de sa vie ajoute à sa renommée, à l'éclat de sa position sociale. Toutes les fois qu'il a eu l'occasion de se présenter au public, dans la joie ou dans la tristesse, aux funérailles de son ami Foy, ou dans les fêtes de l'indépendance française et américaine si souvent célébrées dans la capitale de la civilisation européenne, il a paru entouré de sa garde d'honneur, la jeunesse de France [1], au milieu des acclamations d'une affection vraiment nationale.

Nous savions tout cela avant notre visite actuelle à Paris, nous avions été assurés de sa bonne santé physique et morale par ses délicieuses lettres et par les détails intéressans de sa vie publique transmis par les journaux jusqu'à notre *Ultima Thule*. Toutefois, quand nous arrivâmes en 1829, le temps écoulé depuis 1820, l'âge auquel il était arrivé, et les blessures réitérées que sa sensibilité avait reçues, jetaient une teinte mélancolique sur une rencontre ordinairement attendue avec impatience et plaisir. Nous l'avions laissé à Lagrange la dernière fois que nous l'avions vu souffrant des suites d'une

---

[1] M. Levasseur a publié une relation très-intéressante du voyage de Lafayette en Amérique, en 2 vol. in-8°.

blessure; et depuis il avait fait des pertes irréparables d'amis de sa jeunesse, avec lesquels il avait partagé ses travaux et ses triomphes. L'affliction domestique avait aussi étendu sa main glacée sur son noble cœur. Il avait jeté des fleurs sur la tombe conjugale de celle qui, dans l'ordre de la nature, aurait dû placer les cyprès et le laurier sur la sienne. C'étaient des événemens, je le sentais trop bien, capables d'altérer cette constitution que les cachots d'Olmütz avaient épargnée, cette force d'ame que la persécution de la puissance ni les basses calomnies n'avaient pu abattre. Et si dans la lutte entre nos regrets et le temps, le dernier finit toujours par l'emporter à l'aide de la résignation, de l'idée de la nécessité, il n'efface les traces du chagrin qu'en imprimant sur les formes extérieures l'altération qui lui est propre. Nous ne nous attendions pas sans doute à trouver le général *faible et radoteur;* mais nous pensions avec peine qu'une partie de cette activité brillante que nous avions admirée en lui était partiellement obscurcie. Il était venu nous voir aussitôt qu'il eut appris notre arrivée, mais nous n'étions pas au logis. Notre première visite chez lui ne fut pas plus heureuse. Le jour suivant nous trouvâmes l'entrée de son hôtel obstruée par une voiture placée au pied de l'escalier; nous descendîmes donc et nous entrâmes à pied. Un monsieur qui se tenait sur la dernière marche pendant que son domestique jetait sur ses épaules un ample manteau militaire, se tourna pour monter en voiture. Une exclamation de reconnaissance mutuelle s'ensuivit. C'était Lafayette plus jeune, mieux portant, plus alerte que jamais. Sa cordialité sincère, son accueil affectueux, ses manières animées et son bienveillant sourire annonçaient la même constance dans ses amitiés qu'il avait déployée dans sa conduite politique. « J'allais de ce pas chez vous, » dit-il; et renvoyant sa voiture, au lieu de se servir du bras que mon mari lui tendait, il prit celui de l'aimable petite compagne que j'étais fière de lui présenter, sous le sien, et de l'air du jeune et galant Lafayette de la cour de Marie-Antoinette, il nous conduisit dans le salon.

Après une longue et délicieuse conversation, dans laquelle la vigueur tranquille, l'enthousiasme modéré de son esprit se montra dans les détails intéressans qu'il nous donna, nous partîmes, mais en nous promettant mutuellement de passer ensemble la soirée prochaine chez son illustre parent le comte de Tracy.

ANGLOMANIE.

Comme je m'attendais à la prochaine visite d'un petit être qui venait de me conférer un titre peu flatteur pour une dame « *qui a été jeune si long-temps,* » (comme le dit une fois plaisamment le *Journal des Débats*, parlant de moi à l'époque où nous n'étions pas encore tous deux sous la même proscription officielle), j'eus la vulgaire fantaisie de faire ma cour à ma petite-fille, en flattant ses penchans gastronomiques ; et je sortis dans l'intention de faire quelques emplètes chez le confiseur. Je voulais aller à mon fournisseur ordinaire de bonbons, le Fidèle Berger, rue Vivienne. Mais comme la topographic n'est point du tout mon fait, je m'arrêtai à la première boutique que je trouvai sur ma route. La tête pleine des poétiques friandises de Debar, dont j'offris une fois quelques brillans échantillons à une dame de campagne en Irlande, qui s'en fit une parure pour un bal d'assises, je demandai hardiment des *diablotins en papillotes*, des *pastilles* et d'autres jolies sucreries; mais une demoiselle placée derrière le comptoir, aussi pimpante que la mousseline anglaise et la tournure française pouvaient la faire, me répondit froidement en anglais estropié: « *We sell no such a ting* » (nous ne vendons point de ces choses-là.) Un peu surprise, je lui demandai ce qu'elle me conseillerait de prendre pour un marmot, ce qui pourrait fondre aisément dans sa bouche, sans trop salir ses doigts. « *Dere is every ting that you may have want*[1] «, répliqua-t-elle en me montrant des piles de *biscuits*, de *crackers*, de *bun*, de *plum-cake*, de *spice gingerbread*, de *mutton* et de *mince-pye*, de *crompet* et de *muffin*, de *gelée de pied de veau* et de *apple dumplin*, comme elle les appelait.

Je restai muette d'étonnement ! Une chose qui

[1] Voilà tout ce que vous pouvez désirer. Lady Morgan écrit ces phrases telles qu'elles les a entendu prononcer par nos marchands, dans leur anglais-français. N. D. T.

mériterait seule un voyage à Paris, quand on n'aurait pas d'autre motif pour le visiter, est l'exquise bonté de ses sucreries si légères, si parfumées, qu'elles ressemblent à des odeurs congelées, à des cristallisations de l'essence des fleurs. *Plum cake, apple dumpling.* — Sucre de plomb, boulettes de plomb! Je pensai au *fidèle Berger*, à ses conceptions ingénieuses, ses bagatelles légères comme l'air, son infinité de petits riens sucrés; ses idylles, ses poëmes en sucre candi! et ses *garçons*, tels que des mercures ailés, courant d'un gâteau mousseux à un caramel, et donnant au magasin l'apparence de l'office des Muses. Quel contraste! Un lourdaut de garçon et une vieille femme flegmatique étaient bien sérieusement à l'ouvrage. On hachait la viande avec les couperets de Birmingham, on séchait les groseilles, la graisse de mouton fondait au soleil; le jus des beef-steaks s'exhalait du foyer brûlant, le four était plein de pâtés aux pommes; en un mot, le pandemonium d'une cuisine de campagne anglaise, une veille de Noël, m'apparaissait par une matinée d'avril, en vue des lits de violettes et des bordures de jacinthes de l'Élysée des Tuileries. Je me frottai les yeux, j'avais peine à croire à l'évidence. Je regardai l'enseigne, et j'y lus, en lettres d'or, sur une planche noire, que « *here is to be had all sorts of english pastry* de Tom ou Jack, un tel, *patissier de Londres.* » Des placards sur tous les panneaux des fenêtres annonçaient aussi les « *hot mutton pies*, les *oyster patties*, le cidre de Devonshire, *spruce biere*, et porter de Londres. » Je croyais ne pouvoir me sauver assez vite de l'atmosphère indigeste, nauséabonde de Cornhill ou du cimetière Saint-Paul ; et achetant seulement un paquet de crackers, assez durs pour faire craquer les dents d'un éléphant, je le remis à mon domestique et je sortais en hâte de la boutique lorsque je me sentis frappée sur la joue gauche et couverte d'une pluie de mousse par l'explosion d'une bouteille de véritable *whitbread*, l'orgueil du comptoir et de son propriétaire.

Dégoûtée outre mesure, je rentrais chez moi le plus promptement possible pour me débarrasser de la tache et de l'odeur de cette essence d'aloës, de réglisse et de safran, quand en passant sous les arcades, la boutique d'un parfumeur frappa le plus fin de mes sens. De la vie, je n'avais éprouvé plus vivement le besoin de rafraîchir, d'adoucir mes idées. Je m'arrêtai donc encore une fois. On a toujours une liste d'emplettes à faire en arrivant à Paris, qui donne motif à faire une station dans chaque boutique où l'on peut se procurer quelque chose d'utile pour un *franc* ou un *petit écu*. Je me disposai donc à mettre au jour mon vocabulaire, avec mon meilleur accent parisien, en employant tous les noms classiques d'*eaux*, d'*essences*, d'*extraits*; mais avant que j'aie pu articuler une seule demande, le marchand me présenta diverses bouteilles de pintes, évidemment de fabrique anglaise, en m'interrompant par un : *Oui, oui, Madame, j'entends! voilà tout ce qu'il vous faut*, de *lavander-vatre* de *M. Gattie*, de *honey-vatre*, *première qualité, de essence of bergamot*, de *tief his vinaigre et de Windsor soap*. Puis, s'adressant à une jeune femme qui arrangeait une boîte d'éventails anglais et de mouchoirs de soie, au centre desquels brillait la belle face irlandaise d'O'Connell : *Écoutez, chère amie*, dit-il, *montrez à madame* le *regent's vash-boll* de *Hunt's-Blacking de fishse* et les pilules anti-bilieuses.

Je n'en voulus pas entendre davantage; et, refermant ma bourse, je quittai la boutique dans une fièvre de désappointement, que toutes les pilules brevetées qu'elle contenait n'auraient pu calmer. En arrivant à la maison, je trouvai un petit panier sur la table de l'anti-chambre, étiqueté avec une carte; un domestique anglais attendait une réponse à cet envoi. La carte por-

tait en anglais : Complimens sincères de M..... de
à sir C. M., avec une bouteille de véritable *potteen*. C'en était trop! était-ce pour cela que nous
avions quitté notre petite, confortable, écono-
mique demeure irlandaise, et bravé les inconvéniens et la dépense d'un voyage à l'étranger,
dans l'espoir de ne voir rien d'anglais jusqu'à
notre retour dans nos foyers? Faut-il trouver à
chaque pas tout ce que le goût, la santé et la
civilisation nous fait repousser chez nous; depuis la dure fibre du *rosbif de mutton*, jusqu'au
véritable *potteen?*

Pendant que j'étais dans la première amertume
de mon dépit, arrive le jeune L....., un de ces
cosmopolites particuliers au temps présent, auxquels Rome, Dublin, Pétersbourg sont aussi familiers que leur Paris natal. « Quoi! » dit-il en
bon anglais, accompagné d'une citation bannale
qui acheva de me mettre de mauvaise humeur,
« quoi! *vous êtes là comme la patience sur un
tombeau* : qu'y a-t-il donc, *ma bonne milady?* »

Je lui contai mes désappointemens de la matinée, en commençant par les pâtés de mouton,
et finissant par l'accent anglais et la citation de
Cockney dont il venait de me régaler. Il se mit à
rire et me dit : « Vous serez sans doute tombée
« à un *confiseur romantique*. » — « Un quoi? de-

mandai-je, en ouvrant de grands yeux. » — « Eh mais! un pâtissier-confiseur de la nouvelle école. » — « Que veut dire cela? »

« Vous plaisantez, je pense. Prétendriez-vous ne pas connaître *cela*, vous qui êtes un des porte-étendards de l'école romantique.

« *Sans m'en douter* alors, » répliquai-je; « car, bien que je sache ce que les littérateurs italiens entendaient par le terme de *romantique*, quand je les laissai, il y a dix ans, combattant pour et contre les *unités* aussi vivement que les *anciens* et les *modernes* du dix-septième siècle, je supposais leurs guerres trop futiles pour ce côté des Alpes. Mais j'avoue qu'un pâtissier romantique passe ma compréhension.

« Alors, il faut que vous sachiez que tout ce qui est anglais, excepté la politique, est maintenant en grande faveur à Paris, et réputé romantique. Nous avons donc des tailleurs, des marchandes de modes, des pâtissiers, et même des médecins et des apothicaires romantiques. »

Il entra alors dans quelques détails graphiques fort curieux; et nous rîmes de si bon cœur de cette amusante folie, que je repris complètement ma gaieté, et que je me réjouis des accidens de ma promenade, puisqu'ils me procuraient tant de renseignemens divertissans.

Toutefois, ces désappointemens, ces rencontres éternelles d'objets purement anglais, qui rompent le fil de nos associasions à tous les pas que nous faisons dans Paris, ne doivent pas, suivant moi, être entièrement considérés comme le résultat d'une conspiration générale des Français contre leurs préjugés nationaux et les règles d'Aristote. Je soupçonne qu'une grande partie de cette disposition tient à des spéculations mercantiles bien entendues, par lesquelles on veut flatter les penchans nationaux, les goûts habituels du *cavaliere pagante* de l'Europe, John Bull.

La plupart des Anglais voyagent moins pour acquérir des idées continentales que pour se renforcer dans leurs propres idées. Ils ne voyagent point pour comparer les institutions étrangères avec celles de leur pays; mais pour mesurer ce qu'ils voient dans les autres contrées d'après l'infaillible règle de tout droit, de toute raison, « la coutume anglaise. » Mais comme il est d'autant plus facile de comparer des objets entre eux qu'ils se trouvent plus près les uns des autres, ce doit être un délice inexprimable pour le *virtuose anglais*, de pouvoir démontrer aux sens des Parisiens la supériorité de la bière forte sur le champagne, et des muffins sur les brioches et les gâteaux de Nanterre : sans parler des tendres battemens de cœur que ces articles domestiques doivent exciter chez le « voyageur las d'errer sur une terre étrangère. » Si les Anglais ne sortent de leur pays que pour se rassembler entre eux dans les autres, et voir partout les mêmes visages qu'ils ont coutume de rencontrer en Rotter-Row, et au foyer de l'Opéra, il est probable qu'ils seront enchantés de manger du bœuf salé à Naples et des tartres aux pommes toutes chaudes au Palais-Royal. Il n'existe pas de meilleurs observateurs du cœur humain que les marchands, ni de meilleure clef pour y pénétrer que l'intérêt pécuniaire. Je ne puis donc m'empêcher de penser que ces fréquentes enseignes, « from London » qui frappent mes yeux à tous les coins des rues Vivienne et Saint-Honoré, sont tout simplement le résultat de l'amour d'un commerce libre avec l'Angleterre, et de l'envie *romantique*, si l'on veut, de faire passer la bourse du voisin dans la sienne.

Cependant on ne peut nier qu'il n'existe maintenant chez les Français une forte inclination à essayer de tout, principalement de tout ce qui est anglais. Les modes anglaises sont en vogue parmi les *merveilleux* et les *petites-maîtresses*. La littérature anglaise est prônée par une classe nombreuse d'écrivains, comme l'aristocratie anglaise l'est par une partie du noble faubourg; enfin tout *chasseur,* depuis le chasseur d'ours des Pyrénées, jusqu'au tueur de moineaux de la *banlieue* de Paris, adopte l'équipement de chasse anglais. Cela doit être ainsi; car, si quelques absurdités, quelques exagérations accompagnent toutes les modes, par la raison que le grand nombre fait les modes et que le grand nombre se compose toujours de fous dans toutes les sociétés, un libre commerce entre les nations, un échange mutuel de vertus et de connaissances doit enfin produire un bien universel. Les premières imitations peuvent exciter la dérision par leurs gaucheries (car l'affectation est toujours ridicule), mais dans ces échanges nationaux, les deux parties finiront probablement par adopter ce qui leur sera réellement le meilleur; et deviendront en même temps mieux disposées l'une envers l'autre, plus éloignées d'être poussées sans motifs à des guerres destructives, la honte du christianisme, le fléau de la race humaine.

ROYALISME EN 1829.

« Jarnicoton (comme aurait pu dire Louis XIV dans le langage qu'il avait appris par tradition de ses premières institutrices ses gouvernantes, à l'époque où, selon Voltaire, on ne voulut lui enseigner qu'à danser et à jouer de la guitare), Jarnicoton ! » Combien dix années ont changé toutes choses en France ! Je devrais maintenant avoir fini de m'étonner : cependant j'en trouve toujours de nouveaux sujets. Mes anciennes impressions me font faire sans cesse de nouvelles étourderies, en prenant d'anciens noms pour d'anciens principes, en jugeant des hommes d'après l'intitulé de la vieille nomenclature. L'autre jour je dînai à la Chaussée-d'Antin, dans cette maison où ce fut toujours un privilège de dîner, où l'esprit de l'hôte [1], comme le *menu* de sa table, combine tout ce qu'il y a de meilleur dans les particularités françaises et irlandaises; où la société est choisie sous le seul rapport du mérite et de l'amabilité. J'eus la bonne fortune de me trouver placée à côté d'une personne qui, en cessant d'être jeune, n'avait point cessé d'être extrêmement agréable. Son nom m'avait échappé quand on le marmotta en nous présentant l'un à l'autre; mais son ton, ses manières, son âge, un certain air auquel on ne peut se méprendre, me firent supposer qu'il appartenait à la *vieille noblesse*. Cependant, comme il ne m'attaquait pas à la façon de 1820, quand beaucoup de gens de cette classe ne me faisaient point de quartier, je changeai d'avis; je me mis à causer avec moins de réserve. La conversation s'anima; et je quittai la table enchantée de ma nouvelle connaissance qui, sans affecter le *bel esprit*, me paraissait éminemment éclairée et spirituelle. Dans les divers sujets de notre causerie, plusieurs occasions s'étaient offertes pour ces explosions de regrets amers, ou plutôt de rage, ces mani-

---

[1] Patrick Latin, esq. de Morrice-Town, dans le comté de Kildare, et de la Chaussée-d'Antin, à Paris.

festations de préjugés haineux qui rendaient souvent si pénibles les sociétés mêlées de Paris en 1816. Mais rien de pareil ne survint; point de diatribes, point d'appels à la pureté de principes, point de sarcasmes contre les choses ou les personnes; rien enfin que ce qui aurait pu convenir à un homme bien élevé de notre atmosphère politique anglaise, à présent si calme, si tranquille.

Je rencontrai encore la même personne à une des assemblées de lady V. M., et je la priai de me dire son nom bien articulé.

« Quoi! vous ne connaissez pas le comte de Sabran, le successeur de La Fontaine, le fils de la brillante comtesse de Boufflers, le beau-fils du chevalier par excellence? »

Quels noms, quelles associations! Ce peut-il qu'avec une pareille descendance, de pareilles alliances, le comte de Sabran ne soit pas plus loyal envers le roi, plus fidèle envers le pape! Toutefois en causant avec lui de nouveau, je pensai plus d'une fois à l'ancienne devise de sa maison : *Nolite irritare leonem*, et je me le tins pour dit.

Ce soir, à un concert chez madame de W., le comte de H. F. T. me fut présenté par l'aimable maîtresse du logis. Nous devînmes bientôt familiers comme des gens qui se trouvent avoir ensemble quelque ressemblance d'opinion. Comme il occupait une grande place, j'étais un peu surprisé; mais je laissai les choses aller leur train et nous traitâmes toutes sortes de sujets et de toutes sortes de manières; nous parlâmes de son livre sur l'Espagne; de sa mission très-populaire en ce pays. Quand ce monsieur se fut éloigné, et qu'un autre *baron féodal* eut pris sa place auprès de moi, j'exprimai franchement mon étonnement du changement qui avait eu lieu dans le ton et les manières de la société; et je contai une aventure que j'avais eue à un bal masqué en 1819, quand deux *ultras* (fils de deux figurans assidus de l'antichambre de Napoléon), secondés par un *ex-protégé* de la famille Bonaparte, m'attaquèrent avec plus de zèle bourbonnien que de galanterie, en usant et abusant des privilèges du masque.—« Cela tenait, » me répondit mon interlocuteur, « à la chaleur du *girouettisme*, si empressé, en 1819, de faire remarquer, n'importe comment, son royalisme douteux. Cet esprit est maintenant mis de côté par la prédominance du libéralisme et par l'affaiblissement naturel à toute exagération. »

« Il se passe tous les jours de si étranges choses, » dis-je, « que je ne serais pas surprise de trouver, à mon retour chez moi, que *M. de Martignac* s'est écrit lui-même à ma porte, ou que le ministre de la Marine, mon voisin (que je regarde comme l'un des meilleurs orateurs de la Chambre), m'invite à ses soirées du mardi ; enfin, que le roi lui-même vînt à me sourire en passant devant mes fenêtres, afin que je puisse m'écrier, comme madame de Sévigné, après une faveur semblable : « *Le roi est le plus grand roi du monde.* »

« Et pourquoi tout cela n'arriverait-il pas, Madame ? » reprit mon royaliste libéral, » pour être partisan fidèle de l'auguste maison de Bourbon, il n'est pas nécessaire d'afficher une intolérance puérile. Je suis bourbonnien par héritage et par dévouement ; mais je suis aussi Français, et je tiens surtout à ce parti qui, en aimant le roi, mais en détestant les jésuites, est royaliste suivant la *Charte* et non suivant la *congrégation.* »

J'ouvrais de grands yeux et je me préparais à faire quelques questions relatives à cette congrégation, quand les premières touches des doigts inspirés de Rossini, sur le piano, firent cesser tous les autres sons ; et les voix de deux des plus jolies femmes de France [1] « aspirant,

---

[1] La comtesse de Sparre et Goussard, qui, avec la comtesse Merlin, sont peut-être les cantatrices amateurs les plus distinguées de l'Europe.

dérobant l'inspiration » de son merveilleux accompagnement, éveillèrent des sensations qui valaient mieux que toutes nos discussions politiques. Cependant, ce mot *congrégation* roulait dans mon esprit; je me promis de faire à son sujet de plus amples recherches, et après en avoir parlé avec des gens de toutes les classes et de toutes les opinions, j'ai tracé (sauf correction) son histoire abrégée comme il suit.

LA CONGRÉGATION [1].

Le jésuitisme, dans un sens religieux et comme appliqué à un ordre monacal, n'est qu'un pur

---

[1] Parmi les nombreux écrivains qui ont attaqué les jésuites, le comte de Montlosier s'est attiré l'attention universelle par le talent et l'esprit avec lesquels il expose leurs vues dans son *Mémoire à consulter*. Prévoyant que la perte de sa pension serait la conséquence certaine de cette publication, il voulut préparer son fils à son changement de fortune. Dans cette intention, il fit servir un dîner splendide; mais à l'instant où chacun eut pris place à table, les domestiques enlevèrent tous les plats et les remplacèrent par une omelette, du fromage et du pain bis. Cette morale en action fut expliquée par un petit discours dans lequel le père de famille parla de l'indigence comparative qui devait résulter du pas qu'il allait faire, et ajouta qu'il avait une

nom en France. Il sert à amuser quelques vieilles femmes des deux sexes, et à occuper quelques jeunes personnes qui appartiennent aux confréries du Sacré-Cœur ou aux couvens dirigés par les disciples d'Ignace. Mais le jésuitisme, considéré comme le plus ingénieux et le plus dangereux système qui ait jamais été suivi en politique, soit dans les temps anciens, soit dans les temps modernes, cherche encore à prendre pied dans la société, avec toute la ténacité, la persévérance qui le caractérisent. La résurrection de ce système commença à se manifester évidemment il y a environ dix ans. Depuis cette époque deux principes se sont partagé la direction de l'opinion publique et du gouvernement. L'un ouvert,

---

trop haute opinion de son fils pour craindre de le voir s'affliger en voyant son père agir d'après les impulsions de sa conscience.

M. de Montlosier est un catholique rigide, et son attaque contre les jésuites, la congrégation et les ultramontains, est toute dans l'intérêt de la religion. « Il annonçait vouloir défendre la religion et le trône contre un plan religieux et politique tendant à les renverser. Les jésuites, et tout ce qui leur est attaché par intérêt et par ambition, virent bien que c'était à eux que M. de Montlosier allait s'attaquer : on en tressaillit à Saint-Acheul et au Vatican. » (Notice sur le comte de Montlosier, en tête de son ouvrage *Des Mystères de la Vie humaine*.)

légal, constitutionnel, susceptible d'erreur sans doute, comme tout ce qui tient à l'humanité; mais éclairé par la discussion, la presse, les habitudes liées au gouvernement représentatif. L'autre frauduleux, fanatique, intrigant, essentiellement faux, et, comme tout ce qui s'appuie sur la fraude, se réjouissant dans les ténèbres parce que ses actes sont mauvais. Le premier parti se compose *seulement* de la nation, de cette masse qui sous l'ancien régime était foulée contre la terre à laquelle la servitude féodale la tenait enchaînée, ou, comme *tiers-état*, méprisée, ridiculisée, outragée; des hommes des professions libérales, du commerce, de la littérature, des sciences, tous virtuellement inscrits autrefois dans les catalogues territoriaux, parmi le bétail qui donnait de la valeur aux terres de l'aristocratie : ce parti est nommé en France constitutionnel. Ses opposans, guindés sur les vieux ressorts de la machine jésuitique, telle qu'elle existait sous Louis XIV, s'efforçant de rejeter l'Europe dans son ancienne position, compromettant le trône qu'ils affectent de soutenir, et mystifiant le peuple qu'ils font semblant d'instruire, sont mus par la congrégation. Cette association a enrôlé dans ses bandes le reste des ultras de 1815 et 1816 (ceux du moins qui n'ont pas déserté les Bourbons pour le *Père Lachaise*, ce grand *recruteur* des girouettes) avec la phalange entière des dépendans du ministère, maires, préfets, curés, évêques ou candidats pour ces offices. Ces deux partis si inégaux en force numérique, morale ou politique, se sont trouvés en contact à la chambre des Députés. La congrégation, fortifiée par la faveur royale, a régné d'abord avec une majorité de trois cents *affiliés*, soutenus par des places, des pensions, des honneurs et l'influence de Villèle. La nation, soutenue seulement par l'incorruptibilité des électeurs et la fermeté du côté gauche, fut plusieurs fois battue, mais revint chaque fois à la charge. Après un intervalle de cinq ans, la force de l'opinion publique prévalut, et la congrégation recula. M. de Villèle ne tomba point sous le poignard privé, comme dans les temps de Richelieu, mais par la voix publique déclarée contre lui; et il ne peut revenir au pouvoir sans faire sonner un tocsin qui avertira la nation qu'il est temps de se lever pour défendre ses droits. Mais, si la France pouvait être ainsi appelée, ainsi forcée de se mettre en défense; si la folie, la faiblesse, le fanatisme de la congrégation poussaient le souverain dans l'écueil des *coups d'État*, alors qu'il ait ses chevaux de poste prêts et qu'il dépêche un courrier pour faire préparer ses appartemens royaux à Hartwell ou à Gand, trop heureux s'il n'est pas réduit à dire comme Macbeth :

« There is no flying hence, nor tarrying here ! »
Je ne puis fuir d'ici, je ne puis y rester.

PARFUMERIE.

MAGASIN DE FÉLIX HOUBIGANT-CHARDIN.

Personne ne peut quitter Paris sans visiter cette « Arabie épicée, » le magasin du sieur Félix Houbigant-Chardin, rue Saint-Honoré. J'y suis restée une heure ce matin dans une atmosphère qui pénétrait jusqu'à l'ame, et qui me renvoya chez moi avec des idées aussi *musquées* que ma personne. Il y a de la philosophie dans les odeurs si l'on savait seulement comment l'extraire. Les attars[1], les essences influent sur l'esprit par l'intermédiaire du plus susceptible et du plus capricieux

---

[1] Nom oriental de l'essence de rose.

des sens. Une dame romaine mourrait très-littéralement dans des douleurs aromatiques, en flairant une rose, elle s'évanouit à la vue d'un bouquet de fleurs, tandis qu'elle aspire avec indifférence les vapeurs de l'*immondezzaio*, entassé sous sa fenêtre. Une petite maîtresse des *halles* ou de Billingsgate, tomberait peut-être en syncope aux *émanations* de la toilette d'une Hottentote.

Dans le moyen âge, et même jusqu'aux temps des Stuarts et des Bourbons, l'absence de propreté personnelle et domestique, rendait les odeurs artificielles indispensables. Les sachets de senteurs, les gants, les oreillers parfumés, exhalant les odeurs du romarin, de la cannelle, du cédrat, comme une boîte de la fonderia de Santa-Maria novella à Florence [1], étaient des indices de la barbarie d'un peuple auquel les premiers devoirs de la civilisation sont inconnus.

Le héros de la fronde, traître à tous les partis, le vaillant prince de Condé, était connu pour la négligence de sa personne; et Mademoiselle, dans ses mémoires, en cite des traits curieux : elle parle de ses cheveux mal peignés, de son collet

---

[1] Manufacture d'essence et de parfums établie dans le couvent des dominicains, à Florence.

détaché, et d'autres malpropretés encore plus insupportables. Elle-même n'était pas exempte d'un semblable reproche, et elle décrit le désordre de sa toilette en allant dans le *carrosse de la reine*, comme une chose de fréquente occurrence, même comme un sujet de vanité, quand elle n'était pas dans sa parure d'étiquette.

Dans les anciens temps les appartemens jonchés de roseaux que l'on changeait rarement, les *parquets* qui n'étaient jamais lavés, les tapisseries qui conservaient la poussière des siècles, les tentures inaccessibles à toute purification, et les sales panaches se balançant au-dessus de dais non moins sales sous lesquels s'asseyaient des princes et des princesses trop dignes pour laver leurs mains; exigeaient au moins une « once de civette prise dans une bonne pharmacie, » pour purger l'imagination empestée du visiteur. De telles habitudes devaient conduire à un goût pour les parfums plus forts que les nerfs modernes ne pourraient les supporter. Le cardinal Mazarin, qui, en sa qualité de prêtre et d'Italien, ne pouvait être fort délicat sur ces matières (car il faut observer que la saleté était un des dogmes de cette religion, dont les Picpus étaient les ministres), avait coutume de plaisanter la reine Anne d'Autriche sur son amour pour les parfums, et lui disait que les mauvaises senteurs seraient sa punition dans l'autre monde : et réellement elle me semblerait suffisante pour toutes les petites iniquités au-dessous des sept péchés mortels.

A mesure que la netteté personnelle devint plus commune, la parfumerie diminua de vogue; et l'on reconnut la vérité de l'axiome latin : que le mieux en fait d'odeurs, est de n'en avoir aucune. Il y a un immense intervalle entre les sachets musqués de l'ancien temps et les essences de *mousseline* ou de *réséda* de nos jours.

En 1816, les Français en étaient encore, en parfumerie, aux eaux de Chypre et de mille-fleurs, et à l'eau de Cologne. Dans l'état actuel des lumières, l'eau de Cologne est reléguée dans la boîte de pharmacie, avec les gouttes de lavande et la teinture de cardamome. Au lieu de parfumer le mouchoir, son emploi est maintenant confiné à bassiner les contusions ou à dissiper les douleurs de tête. Pour le dire en passant, *nous autres* Parisiens nous ne baignons plus nos mouchoirs d'aucune eau de senteur. Les parfums les plus délicats, ainsi transmis, seraient regardés comme trop forts, trop grossiers pour les nerfs *romantiques* modernes. Le procédé usité pour parfumer un mouchoir est bien plus scientifique, bien moins simple, et marque l'esprit du siècle. Comme tel, il ne peut manquer d'intéresser la postérité, et je le note ici pour l'acquit de ma conscience, quand il devrait ne pas « arriver à son adresse. »

Prenez une douzaine de toiles d'araignées brodées, aussi fines que si quelque *araignée du voisinage* les avait tissées pour la gibecière de la reine Mab; et placez-les dans un élégant *porte-mouchoirs* (qui ne sera d'aucune ancienne couleur prismatique; mais, comme dit la mode, de la *couleur la plus nouvelle*). Dans le couvercle de cette jolie et indispensable superfluité, vous introduisez sous un coussin piqué, de très-douces odeurs qui formeront une atmosphère, tout justement perceptible à des nerfs olfactoires bien exercés et d'une haute civilisation; et ces odeurs délicates, jointes à la fraîcheur d'un linge uni et fin, rendront l'application d'un mouchoir sur le visage un « plaisir parfait. » Cette recette est écrite à peu près dans les mêmes termes qu'elle m'a été donnée par le *merveilleux* de qui je la tiens. Il déclamait aussi avec plus d'éloquence que je ne puis en déployer en écrivant, contre les pintes d'eau de lavande que les dames anglaises versent sur leurs mouchoirs, qui font ressembler leurs loges à l'Opéra, à une boutique d'apothicaire ou un cabaret de Whiskey irlandais [1].

Par rapport à ce goût civilisé, qui se montre dans les parfums distingués, le magasin de M. Chardin est de deux siècles en avant de la *fonderia* de Florence. Tous deux cependant seront consultés comme monumens historiques : l'un du régime de la *Charte*; l'autre de la législation de cette sainte alliance qui, parmi d'autres œuvres équivoques, a rétabli le laboratoire des dominicains dans son monopole de « *questi odori gratissimi che con il loro spirito hanno virtù singulare di confortare e fortificare i tre spiriti, il naturale, l'animale ed il vitale; siccome recreano ammirabilmente la testa corroborando il cerebro e risvegliando la mente* [2]. » Les plaisirs de l'odorat sont les plus frivoles de tous les plaisirs, mais ils ont aussi leur philosophie.

[1] Ce dernier cas a lieu quand l'esprit-de-vin domine, ce qui arrive assez souvent dans l'eau de lavande.

[2] Si cet italien *choisi* des moines de Saint-Dominique a besoin d'être traduit, en voici le sens en mots non moins *choisis*, et l'on peut compter sur la fidélité de la traduction. « Ces odeurs agréables, qui par leur parfum piquant et suave ont la vertu singulière de reconforter et fortifier les trois esprits, le *naturel*, l'*animal* et le *vital* : elles réjouissent aussi et raniment la tête, en fortifiant le cerveau et réveillant la mémoire. »

LE COMTE DE TRACY.

« Destutt de Tracy » dit le vénérable Jefferson dans ses admirables lettres à J. Adam, « est, selon moi, le meilleur écrivain philosophique. Bonaparte, avec ses dérisions sans fin sur les idéologues, dérisions qui s'adressaient principalement à cet auteur, a pu sentir, dans les derniers temps, que la vraie sagesse ne consiste pas dans la pure pratique dénuée de principes (1). L'ouvrage que Tracy a publié après ses *Élémens d'idéologie*, est son Commentaire sur Montesquieu; et quoiqu'il porte le nom de com-

---

[1] Les *Élémens d'idéologie* de M. de Tracy forment maintenant cinq volumes.

mentaire, c'est bien réellement un livre élémentaire sur les principes du gouvernement. Il a fait paraître, depuis, un troisième ouvrage sur l'économie politique, dans lequel tous ses principes sont démontrés avec la sévérité d'Euclide, et comme lui sans employer jamais un mot superflu. » — (*Mém. et correspondance de T. Jefferson.*)

Le comte Destutt de Tracy, le champion des idées positives, le commentateur de Locke, qui appliqua l'analyse la plus exacte à la philosophie mentale, est plus célèbre que connu en Angleterre, et la raison en est claire. Ses écrits ont balayé plus de sophismes dans les sciences morales qu'il ne convenait à ceux qui dictent l'opinion du gros du public, de ces très-confians et très-indolens semi-penseurs. Ce n'est pas ici le lieu d'entrer dans des discussions abstraites; d'ailleurs je ne serais pas compétente pour développer les vues et les idées de Tracy sur les grands sujets qu'il a traités; mais il suffira de dire que dans ses écrits sur l'esprit, il a suivi et étendu la méthode de l'immortel auteur de l'Essai sur l'entendement humain, et n'a jamais admis aucune exposition qui ne fût plus ou moins directement explicable d'après un fait observé. Il s'est attaché, et avec plus de succès qu'aucun de ses prédécesseurs, à débarrasser son sujet du vague inconcluant, du *verbiage* des anciens métaphysiciens, et à introduire dans les sciences morales cette méthode de Bacon qui a donné des proportions si gigantesques, une si immuable certitude aux sciences physiques. En considérant les opérations mentales comme des phénomènes aussi susceptibles d'être observés et appréciés que toute autre fonction de l'organisation, il a employé un esprit singulièrement fin et lucide à les énumérer et à les analyser. Mettant de côté tout raisonnement hypocrite, il a fixé les bornes entre la partie de la psychologie que l'on peut démontrer, et celle qui doit rester conjecturale, incapable d'être prouvée. Son style simple, clair jusqu'à la transparence, en traitant des sujets que les auteurs de la vieille école rendent si obscurs, met ces sujets à la portée des moins initiés à ces sortes d'études. Comme les ouvrages de cet écrivain marquent une époque de la littérature française, il est probable qu'ils conserveront leur réputation et formeront une partie essentielle dans toute bibliothèque philosophique, tant que des révolutions imprévues n'auront pas renversé tout ce que l'on sait maintenant des matières qu'ils traitent.

M. de Tracy est un de ces êtres rares et estimables, chez lesquels l'accident de la naissance n'a point déterminé les opinions politiques et morales. Il n'a aucun de ces préjugés invincibles contre les droits du peuple et les doctrines qui les favorisent, que l'on trouve si profondément enracinés dans l'esprit de la plupart des nobles en France. Ses écrits respirent un amour ardent, enthousiaste, pour ses semblables; et son Commentaire sur Montesquieu peut être consulté avec fruit par tous les avocats d'un bon gouvernement et du bonheur du grand nombre.

Il est certaines positions, et surtout certaines célébrités sociales auxquelles l'esprit attache certaines idées qui ne peuvent souvent être détruites même par l'expérience. Quand nous approchâmes de la retraite du sage, du cabinet du philosophe, nous sentîmes une sorte de vénération qui se communiquait même à nos mouvemens. Je croyais arriver à une heure inconvenablement tardive, le soir où je visitai pour la première fois une personne de l'âge et du caractère de M. de Tracy, un père conscrit de la chambre haute de France et le plus profond de ses philosophes moralistes. Mais comment s'échapper de la société de M. de Ségur, dont l'aimable conversation fait oublier « toutes les saisons et leurs changemens. » Cependant j'étais décidée à voir dans la même soirée le plus brillant *littérateur* et le plus célèbre métaphysicien du dernier siècle, pour ne rien dire d'un *rendez-vous* avec Lafayette. En traversant l'antichambre et en entrant dans le premier salon, je fus surprise d'entendre le bruit auquel les pédans frères de la dame dans le *Comus* donnent le nom de gaieté mal gouvernée, gaieté qui s'exhale en irrésistibles éclats de rire partant du cœur de la jeunesse. On pouvait à peine percer la foule de jeunes personnes des deux sexes qui occupaient le centre de la pièce (les petits-fils et petites-filles de Lafayette et de Tracy, avec leurs amis, parmi lesquels étaient plusieurs jeunes Américains). Dans le milieu de ce groupe, Lafayette, debout, jugeait quelque cas compliqué du code des jeux à gages; ayant été tiré pour cet important sujet d'un autre groupe placé dans une partie éloignée du salon, et composé de Benjamin Constant, Ternaux, Perrier, M. Victor de Tracy et autres notables du côté gauche des deux Chambres. La conversation de ces graves personnages n'était nullement troublée par les ris de la joyeuse troupe, non moins sérieusement occupée de ses petits jeux, que leurs aînés l'étaient du grand jeu de la vie politique qu'ils discutaient en ce moment.

La chère petite parente qui m'accompagnait fut reçue dans l'heureux cercle comme si elle eût été ainsi que sa tante ancienne amie de ses membres, et je la laissai profondément livrée à l'étude du *mot à double sens*, et se trouvant aussi à l'aise que si une connaissance d'une minute eût été une amitié d'un siècle. Oh, jeunesse! jeunesse!

« Rendez-moi, rendez-moi la pure fraîcheur du matin; ses larmes, ses soupirs valent mieux que les plus doux sourires du soir. »

Le comte de Tracy était assis entre deux femmes extrêmement jolies et brillantes. Plusieurs étrangers de distinction étaient dispersés dans la chambre. L'excellente fille du comte, madame George Lafayette, présidait la table à thé, et l'élégante madame Victor de Tracy, sa belle-fille, faisait les honneurs du salon à quelques dames étrangères.

Les assemblées de M. de Tracy, qui ont lieu une fois la semaine pendant l'hiver, sont au nombre des plus choisies et des plus remarquables de Paris. Inaccessibles à la vulgaire médiocrité, à la prétention ambitieuse, il faut avoir quelque droit à l'estime pour obtenir d'y être présenté. Nous trouvâmes notre hôte célèbre parfaitement le même pour l'esprit et l'amabilité, quoique sa santé parût un peu altérée. Il nous sembla que son affaiblissement physique, dont il s'apercevait trop bien quoiqu'il soit peu apparent pour les autres, lui inspirait cette sorte de mélancolie que je crois particulière aux personnes de génie et de caractère, dans l'âge avancé. On observe rarement ce sentiment dans la vieillesse des hommes bornés ou communs. Occupés d'eux-mêmes, du berceau à la tombe, leur agitation mécanique au soir de la vie n'est que la continuation de leur insouciante vivacité à son matin. Combien il faut avoir de moyens de plaire aux autres pour être capable de se déplaire à soi-même! Nous tâchâmes de dissuader le comte de l'idée qu'il était grandement changé depuis que nous ne l'avions vu; mais ce fut en vain que nous cherchâmes à raisonner contre un sentiment. Nous changeâmes de sujet, et la conversation le conduisit à réfuter de la manière la plus triomphante son opinion sur lui-même, par la vivacité pleine de sens avec laquelle il la soutint. Nous parlâmes de la littérature et de la philosophie modernes, des *romantiques* et des *classiques*. De même que tous les hommes d'une intelligence supérieure en France, M. de Tracy n'est d'aucune école que de celle de la vérité. Il les a étudiées toutes, et reconnaît la puissance du talent partout où elle se trouve. Je citai un jeune homme avec lequel j'avais dernièrement causé, et qui parlait fort lestement du génie de Voltaire. « C'est, me dit-il, une opinion de parti ou plutôt une mode de secte. J'ai eu, » continua-t-il, « une dispute à l'Académie à ce sujet, avec le pauvre Auger, peu de temps avant qu'il se soit noyé. Il avait lu à l'une de nos séances un écrit sur Voltaire, qu'il devait publier dans un ouvrage biographique, et dans lequel il traitait le premier écrivain, le génie le plus grand, le plus universel que la France ait produit, comme un écolier spirituel, amusant, mais superficiel, auquel il accordait cependant *quelque grace* dans le style. Je souffrais alors d'une complication de maladies, j'étais vraiment fort mal; mais l'indignation me rendit mes forces; et de tous mes petits moyens je défendis l'homme qui n'aura pas besoin de défenseurs dans la postérité, contre une de ces attaques éphémères faites pour être oubliées aussitôt qu'elles sont nées.

« Je répliquai avec plus de chaleur peut-être que ne le méritait une attaque semblable; mais entendre l'auteur de *la Henriade*, de *Mahomet*, de *Candide* et de ces admirables volumes de lettres aussi remarquables par la fine plaisanterie que par la philosophie, loué comme possédant *quelque grace*; et cela par un Auger! il était difficile de rester calme. »

« Et qui est M. Auger, » demandai-je, « je n'ai jamais entendu parler de lui. Son nom n'a pas encore traversé le détroit. » Il me répondit par une citation de *l'Hypocrisie*, de Voltaire. Il était vraiment beau de voir le Locke de son siècle et de son pays, oubliant ainsi tout à coup ses infirmités dans un élan de généreuse indignation contre la folie, la présomption de l'obscure médiocrité, osant déprécier un génie sur lequel le public a porté un jugement définitif[1]. Voltaire survivra à tous les écrivains qui ont fleuri en

[1] Cette opinion qui prédomine surtout parmi les jeunes littérateurs de Paris, dérive en partie de l'avantage si marqué que possède le siècle présent sur le dernier, à l'égard de plusieurs objets importans, en partie de la réaction produite par les efforts que l'on fait en vain pour rappeler à la vénération des choses anciennes. Les classiques ne reconnaissent rien de parfait après le temps de Louis XIV ; et les romantiques, en revanche, nient le mérite de tout ce qui n'est pas de leur propre temps. De plus, un article de la Charte, par lequel les hommes au-dessous de quarante ans sont exclus de la Chambre des Députés, a produit un schisme entre la jeunesse et la vieillesse, qui influe puissamment sur les sentimens des individus. Toutefois, la nation en général reste fidèle au culte de Voltaire, et le fanatisme, les violences du parti prêtre contre ses ouvrages et sa mémoire, ont plutôt réchauffé que refroidi le zèle de ses admirateurs.

même temps que lui. Nous verrons ce que produira l'âge présent, du moins ceux qui nous suivent le verront; mais jusqu'ici aucun auteur n'a réuni plus de suffrages. Les éditions sans nombre de ses ouvrages, qui sont journellement publiées dans tous les formats, à tous les prix, prouvent une popularité à laquelle aucun auteur, dans aucun pays, n'a jamais atteint. Classiques et romantiques du dix-neuvième siècle, qui d'entre vous en pourra faire autant? Nous parlâmes de la nouvelle école de philosophie. L'école de M. Cousin n'est pas celle du comte de Tracy; mais avec quelle modération, quelle indulgence, quelle justice impartiale il parle du talent, du mérite, de l'esprit du jeune philosophe! «Au reste,» disait-il quand nous le pressions de nous déclarer positivement ses sentimens, «je ne puis vous donner aucune opinion précise, car je n'entends pas mon auteur. *Il faut entendre pour juger;* et je suis obligé de répondre à votre question sur cet écrivain, comme l'homme de la comédie: *Madame, il est fort à la mode!*[1]»

---

[1] Les *Plaideurs.* — Acte III, scène III.
PERRIN-DANDIN.
«Mais qu'en dit l'assemblée?»
LÉANDRE.
Il est fort à la mode.»

Cette simplicité, le vrai cachet du génie, existe dans la personne et dans les manières de M. de Tracy, sous sa forme la plus aimable. Il joint la franchise et l'honnêteté de Francklin à toute l'aisance, toute la politesse d'un gentilhomme français de la vieille école. Gai, bienveillant, facile dans ses relations domestiques, ses vertus privées sont aussi respectables que son caractère public est élevé. Il prouve, par un exemple sans réplique, que les esprits du premier ordre sont les mieux adaptés à la pratique de la pure morale. C'est en effet une erreur aussi mal fondée qu'elle est nuisible, que de supposer une connexion naturelle entre le génie et l'irrégularité. Les Milton, les Locke, les Newton, les Bentham, les Tracy, sont des témoignages irrécusables du contraire.

Nous avons été assidus aux assemblées de ce grand et excellent homme pendant tout notre séjour à Paris; et nous l'avons quitté avec un regret sincère, adouci par l'espoir de le revoir, et de jouir encore de sa société à notre retour en France. Le comte de Tracy, malgré ses infirmités croissantes, assiste constamment à la Chambre des Pairs toutes les fois qu'une question importante exige le secours de ses talens et de son vote. Il n'est pas nécessaire d'ajouter que l'ami, l'allié de Lafayette a toujours été, pendant et après la révolution, un ferme et judicieux défenseur des principes libéraux.

BAL DE L'AMBASSADEUR D'ANGLETERRE.

« Que d'objets, que de gens inconnus jusqu'alors !
Tous les ambassadeurs, des maréchaux, des lords ;
Des artistes, la fleur de la littérature !
Des femmes : quel éclat, quel goût dans leur parure !
Dieu ! les beaux diamans ! »
(*École des Vieillards.*)

A la première impression de cette magnifique assemblée sur mes yeux éblouis, j'éprouvai les sentimens que Lavigne fait exprimer à son Hortense dans l'exclamation que je viens de citer. Rien dans le monde ne peut se comparer à ces bals diplomatiques pour le brillant, pour le rassemblement de gens singuliers et remarquables. Celui-ci était l'un des plus splendides et des plus pittoresques que j'eusse jamais vus. Il était donné à l'occasion du jour de naissance du roi (du roi d'Angleterre *s'entend*). Toutes les *grandes autorités* étaient en *grand costume*, et le reste de la compagnie en habit de cour complet, hors que les femmes n'avaient point de queues, et que les plumes de cour n'étaient pas de rigueur. Les représentans de toutes les nations du monde civilisé, chacun dans l'habit de son pays ou de sa profession, formaient un spectacle trop curieux, trop intéressant pour être indigne de l'attention du philosophe.

C'était ce qu'on appelle un *bal costumé*, auquel les siècles divers prêtaient leur assistance. L'imagination aurait eu peine à ajouter un trait à l'effet pittoresque de cette mascarade diplomatique, dans laquelle le passé et le présent se combinaient pour joindre la diversité à la rareté. Le groupe le plus frappant était formé par l'ambassade d'Autriche, avec une troupe nombreuse *d'attachés*, l'élite de la jeunesse du pays, dans toute la magnificence des costumes du moyen âge. Quand Son Excellence d'Autriche fut annoncée, je tressaillis, je crus sentir le poids de la proscription aulique sur ma tête. Le représentant du souverain de Hapsbourg, si long-temps armé contre moi, passait à mes côtés ; le représentant de celui qui, s'il pouvait une fois saisir entre ses doigts nerveux mon petit cou, y donnerait un tour qui épargnerait à ses douaniers la peine de briser à l'avenir les voitures et de tourmenter les voyageurs pour chercher les ouvrages pestilentiels de « lady Morgan. » Je ne respirai librement que quand Son Excellence et sa suite brillante eurent traversé la salle pour entrer dans la serre et disparaître au milieu des arbustes fleuris et des orangers. D'autres visions aussi éclatantes, mais moins effrayantes, se succédèrent avec une rapidité qui ajoutait à l'illusion de la scène, jusqu'à l'instant où le bal commencé laissa le salon de réception froid et abandonné, et me donna le loisir et l'occasion d'examiner autour de moi les changemens que les localités avaient subis depuis une douzaine d'années.

Tout ici, comme ailleurs, était changé, totalement changé. La pièce où je me trouvais était bien celle où Pauline Bonaparte, la princesse Borghèse, avait figuré dans un si grand éclat de beauté et de fortune. Mais tous les ornemens de son appartement favori que j'avais vus à ma première visite, encore aussi frais que quand elle les avait laissés, avaient disparu. Les draperies magnifiques de son lit, la couleur, la forme de son superbe ameublement, comme leur belle et ancienne maîtresse, n'existaient plus que dans la mémoire de ceux qui les avaient autrefois contemplés. Les pompeuses décorations que Napoléon avait substituées à la simplicité républicaine des appartemens *demi-garnis* du premier consul, ces décorations, toutes riches et somptueuses qu'elles étaient, n'égalaient pas pour le goût, la convenance, la jouissance, si je puis m'exprimer ainsi, les ameublemens actuels. La serre elle seule (une création de lady Stuart) et son éclairage valent tout ce qui l'a précédée dans ce local où les trésors impériaux étaient versés avec une prodigalité sans bornes. Mais les mines de Golconde ne pourraient acheter le *goût*, ce produit lent et progressif du temps, de l'expérience, du plein développement de tous les arts. « L'or et la pompe » barbares marquent les premiers pas vers la civilisation et précèdent les arts plus modestes, mais plus utiles, qui servent au bien-être des hommes. La découverte que la dignité n'est pas incompatible avec la commodité, l'aisance, est au nombre des perfectionnemens modernes de l'esprit aristocratique et royal.

Tandis que j'étais occupée à observer les effets des changemens humains et du temps sur l'hôtel, on annonça quelqu'un qui n'était point changé, que l'on pourrait même dire *inchangeable*, le prince de Talleyrand. C'était la même physionomie impassible que j'avais vue aux noces de la duchesse de Berri, et si j'avais à la décrire maintenant, je ne ferais que répéter la phrase que j'employai alors : « *Jamais visage ne fut moins baromètre.* » La jeunesse a perdu sa fraîcheur, l'âge viril est tombé dans la caducité. Les beautés régnantes qu'on vit se disputer jadis la conquête du conquérant de la nation ont fait place à une autre génération, qui commence à s'apercevoir à son tour que son bail avec les attraits n'est pas éternel; mais Talleyrand est toujours le même, toujours le monument immuable de la mutabilité de tout ce qui l'entoure.

LE COMTE DE SÉGUR.

Nous sortons à l'instant d'un délicieux dîner chez le comte de Ségur. En France, on dit rarement « *où je dîne, je reste,* » comme l'Ennuyeux de madame Geoffrin. Les convives d'un dîner de Paris se dispersent ordinairement après le *chasse-café;* car le reste de la soirée suffit à peine pour remplir les nombreux engagemens que chacun peut avoir ; elle aurait encore peine à suffire quand elle serait aussi longue que les plus longues nuits des Lapons. Mais au milieu d'une société semblable à celle qui se rassemble autour de la table ronde de huit couverts de M. de Ségur, quand on écoute avec délice une conversation dans laquelle chaque mot ferait la fortune d'un *ana*, ou figurerait utilement sur les tablettes d'un historien ; dans laquelle le badinage facile d'un esprit qui connaît sa puissance, est encouragé par un auditoire digne de le comprendre, on est disposé à rester jusqu'à la « dernière syllabe » du temps que les habitudes de Paris accordent aux rassemblemens de ce genre. Des noms remarquables par une célébrité de l'ancien ou du nouveau régime forment une réunion dans laquelle le nom de *fâcheux* est inconnu ; et l'on s'y livre avec confiance à tous les élans de gaieté ou de philosophie que peuvent amener les propos les plus variés.

Avec quelle agréable émotion de surprise, de curiosité, d'admiration, je rencontrai pour la première fois M. de Ségur, en 1816, à un déjeuner à la fourchette chez Denon. M. de Ségur n'avait pas encore acquis à l'intérêt public les droits que lui ont donnés depuis ses élégans et très-amusans «Mémoires,» où il narre avec tant de vivacité et de simplicité les événemens si variés, si importans de sa vie extraordinaire. Mais j'en savais assez sur la politique et la littérature de la fin du dernier siècle pour ne pas ignorer les succès qu'il avait obtenus dans les affaires et dans le monde brillant de ce temps. Fils du brave maréchal de Ségur, frère d'un des hommes les plus spirituels de France, père du meilleur historien de nos jours, oncle et frère d'armes de Lafayette, ami, compagnon de voyage de Catherine et de Joseph II ; (ayant montré, pour le dire en passant, dans ses heureuses ambassades en Russie, en Prusse à Berlin, que des hommes excellens peuvent remplir des places éminentes sans qu'il en résulte aucun bien pour l'humanité, quand les gouvernemens qui les emploient sont vicieux) ; enfin l'auteur le plus classique et le plus abondant de la France moderne, il ne pouvait échapper à l'attention d'étrangers quelque peu instruits, même au milieu des cercles les plus brillans. Je m'aperçus bientôt qu'il était par-dessus tout cela un des hommes les plus agréables et les plus aimables (dans le sens le plus strict de ces épithètes charmantes) que j'aie jamais rencontrés, soit dans mon pays, soit ailleurs.

Il était alors accompagné de feu son estimable et admirable femme. Tous deux luttaient en ce moment contre un de ces revers de fortune extraordinaire, même ns de ce temps de changemens inattendus. Cependant les talens qui avaient charmé Catherine et endormi sa politique astucieuse, l'esprit qui avait su fuir les plaisirs de

Versailles pour les périls des camps, les graces qui firent appeler l'ex-ministre des Bourbons à présider la cour impériale du moderne Charlemagne conservaient toute leur brillante vivacité.

Depuis notre première présentation à M. de Ségur jusqu'au moment où j'écris ces lignes, l'esprit encore frappé des charmes de sa conversation, la somme de ce que je dois à son amitié, à ses talens, par le plaisir que j'ai trouvé dans sa société et ses ouvrages, s'est augmentée chaque jour. Ma dernière lecture avant de quitter l'Irlande avait été celle des trois premiers volumes de ses Mémoires (et je les lisais pour la seconde fois); mais nonobstant l'esprit, la grace avec lesquels ils sont écrits, je redoutais presque notre première entrevue. Le chef de cet arbre glorieux était évidemment toujours vert et vigoureux; mais le tronc et les branches devaient porter les marques extérieures des attaques de la maladie sur une constitution faible et délabrée. Depuis la dernière fois que nous l'avions vu, M. de Ségur avait éprouvé de sévères afflictions domestiques, et il avait soixante-dix-sept ans. J'attendis donc que mon mari m'eût rapporté l'état de sa santé avant de risquer d'aller chez lui dans ma joie de nouvelle arrivée, trop vive peut-être pour s'accorder avec ses dispositions. Mon mari le trouva prêt à partir pour la chambre des pairs, dont il est un des membres les plus zélés. Une reconnaissance cordiale, un serrement de main anglais, et l'avertissement qu'il recevait du monde tous les soirs, calma toutes mes craintes.

S'il existe un pays où la vieillesse puisse se retirer pour employer agréablement les restes de son existence, et mourir au milieu des jouissances sociales, c'est la France; car l'intelligence, ce que les Français nomment l'*esprit*, « qui n'a point d'âge, » est la qualité la plus estimée, et l'amitié le sentiment le plus fort, le plus durable en ce pays. Nous trouvâmes M. de Ségur entouré d'amis vieux et jeunes, et de quelques-unes des plus jolies femmes de Paris. Sa compagnie en hommes se composait de pairs libéraux, la plupart officiers-généraux en retraite, dont les noms étaient inscrits dans les fastes de l'âge héroïque de la France, et d'auteurs d'une célébrité reconnue. Cette compagnie se renouvela sans cesse pendant les heures de notre visite; les têtes grises des anciens étaient remplacées par les *chapeaux fleuris* des jeunes gens qui venaient animer un cercle dont le principal mérite est de n'appartenir à aucune secte politique, littéraire ou philosophique. Pour y être admis, il suffit du mérite, de l'amabilité, ou de pouvoir réclamer le droit de vieille connaissance; toutefois la tolérance ne s'y étend pas à ce que madame Roland appelle l'*universelle médiocrité*.

Quelle délicieuse existence que celle de M. de Ségur! cependant le temps et la mort jetèrent leurs ombres les plus tristes sur notre entrevue. Sa personne, autrefois si belle, encore si remarquable par son *air de grand seigneur*, était bien changée, quoique sa vue fût considérablement améliorée et que sa toilette fût aussi soignée, son sourire aussi bienveillant que jamais. Après les premiers complimens, deux images fixèrent mon attention et attristèrent notre conversation. En face du siège habituellement occupé par le comte, on voyait un beau portrait de madame de Ségur morte l'année précédente, et que nous avions laissée dans le meilleur état de corps et d'esprit. Un petit buste de notre ami commun Denon était sur la cheminée.

Interprétant nos regards, il dit: « Oui, deux chers amis nous ont quittés depuis notre dernière rencontre. C'est un beau portrait, il a été peint par mon ancienne amie madame Lebrun, qui, grace à Dieu, est vivante et merveilleusement bien portante.»—Après un moment de silence il ajouta: « Il est très-ressemblant! C'est tout ce qui me reste de cinquante ans d'une amitié dont je ne connais aucun autre exemple. Non-seulement nous nous sommes toujours accordés sur les sujets généraux de littérature, de politique, d'intérêt privé; mais, (dit-il en appuyant fortement sur ces mots:) *pas le moindre nuage, pas la moindre différence d'opinion dans les détails du ménage.* La perte d'une telle amie, d'une telle compagne, d'un tel secrétaire ne peut être estimée, ne pourrait être endurée s'il restait une longue vie à passer dans de vains regrets. Quelle consolation, quel soutien elle a été pour moi dans les plus grandes calamités! Pendant votre dernier voyage ici, elle me servait de secrétaire, et elle a écrit sous ma dictée toute mon Histoire universelle, car alors j'étais presque aveugle. Et le pauvre Denon! votre chevalier, mon plus ancien ami après mon neveu Lafayette et Tracy. Deux jours avant sa mort il nous arriva très-tard, aussi jeune, aussi animé que vous l'avez connu. Il était plein de vivacité, de santé, engagé à des dîners anglais, à des soirées françaises sans fin. Je lui dis qu'en dépit de tous ses engagemens il fallait qu'il dînât chez nous le surlendemain : *C'est la fête de madame de Ségur.* Il répondit qu'il n'y manquerait point, et alla de suite consulter madame d'H.... sur le présent d'anniversaire qu'il pouvait offrir à ma femme. Le jour vint, et tandis que nous l'attendions, nous reçûmes la terrible nouvelle qu'il n'était plus. »

Pour changer le tour de la conversation devenu trop pénible pour des esprits susceptibles d'impressions de tous genres, mon mari lui parla de ses Mémoires, dont il ne lui dit pas plus de bien qu'il n'en pensait.

M. de Ségur répondit qu'il les avait écrits en conscience, et, autant qu'il l'avait pu, dans un esprit d'impartialité envers tous. « C'est là, dit-il, le principal mérite de l'ouvrage. »

« Mais, quand aurons-nous le quatrième volume? » Il secoua la tête et dit : « Ce n'est pas le moment. Advienne ce qu'il pourra; jamais je n'écrirai contre ma conscience; et quand j'aurai à parler d'un grand homme à qui je dois tout, je dirai ce que je crois la vérité. » — Il faisait allusion à Napoléon.

On trouve en général chez les hommes supérieurs, une noble simplicité, une absence de prétention que les gens superficiels prennent quelquefois au mot, pour se dispenser d'admirer ce qui est vraiment admirable. Et la philosophie, en France, a tant de bonhommie, si peu de faste que le monde est sujet à la confondre avec l'indifférence, à prendre pour un manque de sensibilité, la force qui triomphe de la sensibilité. Mais pour des observateurs moins frivoles, le calme, la sérénité, l'égalité d'un caractère tel que celui de M. de Ségur, offre quelque chose de plus élevé que la présomptueuse impassibilité des anciens stoïques, leur dure et sauvage morale, et leurs orgueilleuses vanteries. Cet homme remarquable par le rang, la naissance, les emplois, la réputation littéraire, héritier d'un grand nom, autrefois possesseur d'une immense fortune patrimoniale et acquise, dont il lui reste à peine quelques débris; accablé par des malheurs domestiques, épuisé par des maladies douloureuses, déploie dans le déclin de sa vie et de sa fortune, le même esprit, la même amabilité qui dans la plénitude de sa jeunesse, de sa santé, de sa grandeur temporelle, charmaient les souverains, animaient les cercles les plus polis. Il est vrai que la France est de toutes les contrées celle où les revers de fortune sont le moins pénibles à supporter; parce que là, l'estime, la considération publiques s'attachent plutôt à l'homme qu'à ses circonstances pécuniaires. Mais, même dans ce pays où l'inégalité des richesses se fait le moins sentir, où l'opinion n'ajoute rien aux privations qu'entraîne leur perte, il faut encore une grande force d'ame pour la supporter avec facilité et dignité. Combien de fois n'avions-nous pas été profondément affligés en voyant la morosité, l'égoïsme, les plaintes puériles qui remplissent très-souvent les derniers instans de ceux dont l'énergie, dans leur jeune âge, avait éclairé les hommes, ou influencé les destinées de nations puissantes! Avec de tels souvenirs gravés dans ma mémoire, j'ai plus d'une fois, dans le modeste appartement de la rue Duphot, reconnu avec une admiration exempte d'envie la douce gaieté du tempérament français, la philosophie pratique si bien adaptée au caractère français, dont je contemplais le plus aimable exemple.

ROMANTIQUES ET CLASSIQUES.

« Lady Morgan méprise Racine : sans doute il est coupable à ses yeux du péché irrémissible d'avoir été pieux ; et pour l'en punir elle le proclame imbécile ! Sa rage contre la mémoire de cet auteur va même à tel point, qu'en dépit de la voix unanime de la France, de l'assentiment de l'Europe et d'un siècle de gloire, elle a l'audace de prononcer qu'il n'est pas poète. » — *Quarterly Review*. 1817.

Je méprise Racine parce qu'il était pieux !

« O ciel ! que de vertus vous me faites haïr ! »

Je jugeais Racine alors, comme je le fais aujourd'hui, d'après mes propres impressions. Je préférais Shakspeare et j'avouais ma préférence. Je pensais que les ouvrages de Racine, dont je n'ai jamais contesté le mérite, appartenaient à son temps et non au nôtre; et je le pense toujours. Un critique français qui ne manque pas de *tact* (pour me servir d'une de ses expressions), s'est trouvé de mon avis. « Bien que Racine ait accompli des chefs-d'œuvre en eux-mêmes, » disait Napoléon, « il y a néanmoins répandu une perpétuelle fadeur, un éternel amour, un ton doucereux, etc... Mais ce n'était pas précisément sa faute; c'était le vice et les mœurs du temps [1]. »

Ce matin, pendant que je parcourais les annonces des spectacles, incertaine sur celui pour lequel nous nous déciderions (l'obligeance de mes nouveaux amis, et la bonté des anciens ayant mis à ma disposition des loges à plusieurs théâtres), un jeune homme qui nous avait été présenté la veille vint m'*offrir ses hommages*. Il y avait dans son air, dans son col de chemise entr'ouvert, ses cheveux noirs en désordre, son regard mélancolique et sauvage, quelque chose d'exalté qui avait attiré mon attention la veille; et cela, joint à un ou deux paradoxes qui lui

---

[1] *Mémoires de Las Cases*, tome VII, page 197.

échappèrent, fit que j'eus du plaisir à le revoir : car, de même que madame de Sévigné, je hais « *les gens qui ont toujours raison.* »

Comme j'ai trop peu de temps à moi pour le perdre en cérémonie, même avec des étrangers, je coupai court aux *hommages* et aux *devoirs* de mon nouvel ami, en le priant de choisir pour moi le théâtre auquel je devrais aller le soir, le priant d'accepter pour sa peine une place dans ma loge, si cela lui convenait. Il accepta l'une et l'autre proposition avec empressement, et, parcourant des yeux la liste des théâtres, je le vis faire un geste d'impatience et secouer la tête à l'annonce des *Français*, qui devaient jouer l'*Iphigénie* de Racine.

Je pris ce mouvement pour une épigramme dirigée contre mes opinions connues sur le dieu de l'idolâtrie française. « Je vois, » dis-je, « que l'on ne m'a point pardonné mes hérésies. Vos animosités littéraires sont bien tenaces, messieurs les Français ! mais allons, j'*irai* ce soir voir jouer *Iphigénie*, et je soumettrai mes anciennes opinions à l'épreuve de nouvelles impressions. Tout change en ce monde; et moi qui me suis endormie au monologue de Phèdre, en 1816, je pourrai peut-être, en 1829, rester éveillée, même pendant l'éternel parlage de ce phrasier d'Ulysse, qui n'a rien perdu de son antique loquacité dans les mains de votre poète : ainsi donc, s'il vous plaît, nous irons aux Français. »

« Aller aux *Français!* s'il me plaît! Moi, entendre une tragédie de Racine! *Oh milady! vous plaisantez, vous n'y pensez pas!* »

Le regard alarmé avec lequel il semblait implorer ma pitié, ses mains jointes, ses yeux levés au ciel, me surprirent étrangement, et je lui dis : « Alors vous êtes un hérétique ainsi que moi ; et je suis comme la pauvre Iphigénie qui

« Voyait pour elle Achille, et contre elle l'armée. »

« Vous avez pour vous toute la France, » dit-il, « *à quelques exceptions près.* — Personne ne va aux Français quand on joue Racine ; et le peu de gens qui y vont, ne le font que pour témoigner leur désapprobation en sifflant, comme cela eut lieu pour *Athalie* l'autre jour. »

Je ne pouvais en croire mes oreilles. « Quoi ! ne plus aller aux *Français!* siffler Racine ! Oh, c'est une mystification. »

« Pardon, Madame, je parle sérieusement. Vous pouvez, vous devez aller aux Français ; mais non pas quand on y joue Racine, dont les pièces ne sont données que dans les intervalles de nos grands drames historiques, et pendant l'absence de notre divine muse tragique. »

« Quelle muse tragique? Mademoiselle George ou mademoiselle Duchesnois! »

« Oh! non, *cela est vieux comme le déluge.* Je parle de mademoiselle Mars, la perle des perles, la Melpomène de nos jours. »

« Mademoiselle Mars la muse tragique! la Melpomène! »

« Assurément; voudriez-vous que nous restassions bornés à jamais à la déclamation monotone des Champmêlé et des Clairon, que les derniers siècles ont transmise par tradition à leurs successeurs? »

Je restai quelques instans dans un silence de doute et de surprise; je me hasardai enfin à dire: «Mais si Racine est passé de mode, dans quelles tragédies joue mademoiselle Mars? sans doute dans celles de Voltaire? »

« *Voltaire! bah! c'est un roi détrôné que ce bon Voltaire.* »

Je restai alors tout-à-fait muette d'étonnement; je ne répondis rien, parce que je n'avais rien à dire; d'ailleurs je mourais d'envie de rire.

« *Tenez, ma pauvre milady,* » me dit mon ami d'un quart d'heure, évidemment amusé par mon ignorance, mais touché de mon embarras. « A votre dernier voyage en France, Corneille, Racine et Voltaire étaient encore tolérés, — n'est-ce pas ? »

« Tolérés ! » repris-je vivement, croyant sentir encore les blessures que m'avaient infligées les champions littéraires de l'ancienne orthodoxie, les auteurs des dix ou douze lettres à *milady Morgan*. « Tolérés ! *vraiment ! — je le crois bien.* »

« Bon, » continua-t-il, « *on a changé tout cela*. Nous lisons encore ces auteurs comme on lit Euripide et Sophocle; mais l'on ne s'amuse plus à les voir jouer, ou plutôt à les entendre déclamer ou psalmodier à la manière des chantres d'église. »

« Alors que voyez-vous, qu'entendez-vous? » demandai-je avec quelque hésitatio n.

« Nos grands drames historiques, écrits non en pompeux alexandrins, mais en prose, le langage de la vérité, de la vie réelle, de la nature, et composés hardiment en dépit d'Aristote et de Boileau. Leur intrigue peut s'étendre à un nombre d'actes indéfini, et le temps de l'action théâtrale à un nombre également indéfini de jours, de mois, d'années: s'il plaît à l'auteur, il peut prendre un siècle, une dizaine de siècles: quant au lieu, la première scène peut être à Paris, la dernière au Kamschatka. Bref, la France a recouvré sa liberté littéraire et elle en use largement. »

« Oui da ! » repris-je un peu déconcertée et ne sachant trop que dire, tout en conservant un air assez délibéré. « Vous prenez, à ce qu'il paraît, quelques-unes de ces libertés desquelles vous aviez coutume de rire dans notre pauvre Shakspeare ? »

« Votre *pauvre* Shakspeare ! dites votre divin, votre immortel Shakspeare, l'idole de la nouvelle France ! Vous le verrez jouer *textuellement* aux *Français*, non plus dans les parodies faibles et diffuses de Ducis. »

« Shakspeare joué textuellement aux Français ! Oh ! *par exemple* ! »

« *Oui certes. Othello* est maintenant en répétition ; *Hamlet* et *Macbeth* sont reçus ; mais votre Shakspeare lui-même était bien loin de se douter de cette vérité fondamentale, savoir : que le drame doit représenter les progrès, le développement et l'accomplissement des opérations du monde physique et intellectuel, sans relation avec le temps ou les localités. Son puissant génie, inconnu à lui-même, était enchaîné par les funestes préjugés, les restrictions factices, des *perruques* de l'antiquité. La nature développe-t-elle ses desseins en cinq actes? ses opérations sont-elles limitées à trois heures d'horloge?»

« Non sans doute, Monsieur, mais cependant...»

« *Mais, mais un moment, chère milady.* Le drame est une grande illusion des sens, fondée sur des faits admis par l'intelligence comme ayant lieu dans la vie réelle, passée ou présente. Quand vous voulez bien croire que Talma est Néron, Lafont Britannicus, ou bien que la rue de Richelieu est le palais des Césars, vous pouvez admettre ce qui choque le plus la vraisemblance. En partant de ce point, je ne trouve rien d'absurde dans la tragédie que mon ami Albert de S*** dit avoir écrite exprès pour essayer jusqu'où le mépris des unités peut être poussé. Le titre et le sujet de la pièce est la création, en commençant par le chaos (quel superbe motif de décorations et de machines), et en finissant à la révolution française. Le lieu sera l'espace infini; le temps, suivant les calculs mosaïques, quelque six mille ans. »

« Et le protagoniste, Monsieur? sûrement vous ne pensez pas à faire revivre les personnages allégoriques des mystères du moyen âge. »

« *Ah! ça, pour le protagoniste, c'est le diable.* C'est le seul personnage, contemporain de tous les âges de l'univers (du moins de l'univers à nous connu), qui, dans ce temps de *cagoterie*, puisse être risqué sur le théâtre, et qui pourra être perpétuellement sur la scène comme doit l'être un protagoniste. Il convient particulièrement, d'après les idées vulgairement reçues, de son énergie et de son infatigable activité, pour notre principal caractère. Le diable du patriarche de l'Allemagne, le Mephistopheles de Faust, n'est, après tout, qu'un casuiste mauvais sujet; et le ton sublime et hautement poétique du Satan de Milton doit être évité dans une conception qui prend le vrai, le naturel pour son inspiration. Bref, le diable, le véritable diable romantique doit parler comme parlerait naturellement le diable dans toutes les circonstances où son ambition éternelle, sa malignité infatigable peuvent le placer. Dans le premier acte, il pourra prendre un ton de héros tombé qui ne lui siérait nullement quand il paraîtrait, possédant le corps d'un épileptique juif, et marchandant pour se rendre à son pis-aller, le troupeau de porcs. Ensuite, comme l'un des chefs de l'armée de saint Dominique, il prendra un ton de fanatisme plus fier, moins politiquement rusé que lorsqu'il sera conseiller-privé du cabinet de Richelieu. A la fin du quatrième acte, sous la forme de l'un des convives des soupers du baron d'Holbach, il pourra même être spirituel; tandis que, comme ministre de la police, il sera précisément le diable de l'école, induisant sa victime en tentation, et triomphant par tous les artifices mesquins, tout le sophisme verbeux d'un bachelier de Sorbonne. Mais comme l'esprit humain avance toujours, rien de tout cela ne sera plus de mise, et avant la fin de la pièce il faudra qu'il imite, tour à tour, le patelinage d'un jésuite de robe courte, le plaidoyer d'un procureur-général, la magnifique colère d'un député du côté droit; il pourrait même parler d'économie politique, comme un article du *Globe*.—Mais l'auteur vous lira sa pièce.—*La création, drame historique et romantique*, en six actes, comprenant chacun mille ans. *C'est l'homme marquant de son siècle.* »

« Mais, » dis-je, « je ne compte rester à Paris que quelques semaines : il ne pourrait terminer son ouvrage en si peu de temps. »

« *Pardonnez-moi, Madame*, il le terminera en six soirées, le temps juste que la représentation doit réellement durer : un acte par soirée; le tout sera distribué aux différens théâtres, en commençant par les Français et en finissant par l'*Ambigu.* »

Je ne connais rien de plus mortifiant que de ne pouvoir connaître si l'on *est* ou si l'on n'*est pas* l'objet de ce qu'on appelle hoax en Angleterre, et en France *mystification*. Le doute à cet égard provient de l'ignorance des manières du jour, qui rendent le ridicule si arbitraire. Tout ce que mon jeune *exagéré* m'avait dit pouvait, à la rigueur, être vrai d'après la révolution extraordinaire qui s'était faite dans le goût ; cela pouvait aussi n'être que fausseté, quelque malice des ultras pour me faire écrire des absurdités. Une machination semblable avait été ourdie contre moi en 1818 ; mais Denon et moi nous découvrîmes le complot, quoiqu'il fût très-ingénieusement conduit, et les mystificateurs furent les seuls mystifiés. Après tout, les choses étranges que disait mon romantique n'étaient que des vérités travesties. C'était l'abus risible d'une doctrine que les génies du premier ordre avaient mise en pratique, que les critiques les plus sensés avaient soutenue. Je résolus donc de ne point me livrer à l'impression du moment, faiblesse ordinaire à mon sexe et à mon caractère ; mais d'entendre toutes les opinions, toutes les croyances, tous les partis avant de porter un jugement par moi-même. Ainsi, cachant les sourires que je ne pouvais réprimer dans le bouquet de jacinthes qui m'avait été présenté par mon galant visiteur, je dis négligemment : « Eh bien, s'il ne faut pas aller aux Français, où irons-nous ? »

« Excusez-moi, il faut que vous alliez aux Français, mais non pas ce soir. Vous attendrez le retour de Mlle Mars, et la reprise de *Henri III*. Dans le rôle sublime de la duchesse de Guise, elle a fait verser plus de larmes que les Dumesnil, les Clairon n'en ont jamais arraché avec leurs Athalie et leurs Zaïre. Cependant, nous sommes dans la saison des *petits spectacles*, qui arrive avec celle des violettes et des jacinthes, de la mousseline anglaise et des couleurs de printemps. En ce moment, d'ailleurs, ils font fureur. »

« Je suis ravie d'entendre cela, » m'écriai-je avec une exclamation de joie sincère; « car j'ai montré sous toutes sortes de formes ma préférence pour ces charmans petits théâtres, si véritablement nationaux, et si bien adaptés à votre vieille *gaieté gauloise*. A mon dernier voyage, ils avaient foule. *La foule se trouve toujours où l'on rit le plus.* »

« Lady Morgan, que dites-vous là ? De quelle France entendez-vous parler ? de la vieille ou de la nouvelle ? »

Un peu piquée de la petite pédanterie de mon interrogateur, je répliquai : « Mais je suis comme

Nicole dans *le Bourgeois gentilhomme;* quand je dis *u*, je dis *u*, et quand je dis France, je veux dire France. »

« *Eh bien!* en France, telle qu'elle est maintenant, *on ne rit plus. Voilà notre devise.* »

« Quoi! l'on ne rirait plus en France! »

« Non, réellement! — Aux Français, peut-être *un peu*, de temps en temps; mais aux petits théâtres on ne fait plus que pleurer, à moins qu'on ne soit emporté évanoui. »

« A présent, je suis sûre que vous plaisantez. Mais je ne veux pas être mystifiée, je jugerai par moi-même. Que donne-t-on ce soir à la *Gaieté?* son nom seul est vivifiant. »

« *A la Gaieté? voyons ça. — Ah! —* La Peste de Marseille.

« La Peste de Marseille. — A la Gaieté. Le mot ne sonne pas très-gaiement. »

« Non; c'est la pièce la plus déchirante qui ait jamais travaillé sur la sensibilité d'un auditoire. La Peste de Boccace est d'un gros comique en comparaison. Combien je vous envie vos émotions en voyant pour la première fois la Peste de Marseille. Vous verrez tous les symptômes de ce terrible mal, depuis le premier aspect livide de la face, jusqu'au dernier degré de la décomposition. *Oui, Madame, vous verrez des corps verdâtres en monceaux, les morts jetés par la fenêtre sur la scène.* Vos cheveux se dresseront sur votre tête, votre sang se glacera dans vos veines. »

« Il se glace déjà.—Ah! si la pièce courue de la Gaieté est celle-là, je préfère aller ailleurs. Mais l'*Ambigu comique?* allons à l'*Ambigu comique.* »

« Non, pas ce soir. Il faut y voir jouer *Nostradamus*, où l'on vous montrera le martyre d'un saint au naturel, et la Saint-Barthélemy dans tous ses détails. Mais pour ma part, j'aime peu ces choses-là. Je préfère le pathétique au terrible. J'aime que la sensibilité soit excitée par une source de sympathie plus légitime. On prépare pour la représentation une petite pièce qui vous charmera; elle est intitulée *la Poitrinaire.* Imaginez l'être le plus intéressant, détruit graduellement par la consomption! Vous verrez les progrès de cette maladie éminemment sentimentale, dans tous ses signes moraux et physiques. »

« Vos auteurs étudient alors la nature à l'*Hôtel-Dieu?* » dis-je profondément étonnée.

« Non pas toujours » répliqua-t-il gravement, « ils vont quelquefois à Charenton. Un de mes amis achève en ce moment un drame longtemps attendu, *l'Enragé.* Il paraîtra en septembre. Il a suivi des cours de clinique pour apprendre à saisir les traits les plus fugitifs de l'aliénation mentale. C'est le *Broussais* du drame. Vous voyez que nous n'étudions plus la nature exclusivement dans les cours, nous ne nous bornons plus à copier, comme l'a fait Racine, sous la dictée de Boileau, quelque despote ignorant et vain. Bref, nous en avons fini avec la vieille école, non-seulement pour le style, mais pour la déclamation et l'action dramatique ; et cette monotonie que le pauvre Talma n'évita à grand' peine, qu'en transformant les vers de Racine en prose simple, est bannie à jamais. »

« Mais ne pouvez-vous m'indiquer rien d'amusant pour ce soir ? » lui demandai-je, un peu fatiguée de ses folies ou de ses mauvaises plaisanteries. « N'y a-t-il rien où Potier et Brunet puissent nous faire mourir de rire ? »

« Oh ! Potier fait mieux que de faire rire à présent. Il marche avec son siècle ; et il a plus de succès dans le profond pathétique qu'il en eut jamais dans le bouffon. Mais vous devez aller à la nouvelle tragédie de la *Porte Saint-Martin* : c'est l'œuvre du plus grand homme de notre temps, même de tous les temps, qui réunit en lui Plaute, Térence, Byron, Molière ; en un mot, l'auteur de *Marino Faliero* est Casimir Lavigne. »

« Je n'ai jamais lu aucun ouvrage de M. Casimir Lavigne. »

« *Comment donc, Madame!* mais c'est le Byron français, et il tire ses inspirations des mêmes sources, comme il le dit dans sa préface. Je m'aperçois que vous autres Anglais, êtes dans une ignorance complète de la littérature de notre France moderne. »

« Dans ce qui concerne les *belles-lettres* pures, je crains que vous ne disiez vrai. Nous avons quelques imitations de vos petites pièces de théâtre, privées de tout leur coloris, de toute leur nationalité, et nous dévorons vos *Mémoires*, spécialement ceux qui se rapportent à la vie et aux temps de Napoléon. »

« La vie et les temps de Napoléon! *perruque!* Vous n'avez pas lu, alors, les immortelles productions de l'école romantique? nos *poésies classico-romantiques* et nos *romans romantiques?* Vous n'avez pas dévoré Bug Jargal, Han d'Islande, Jean Sbogar, Jocko, Olga, l'Ipsiboë, le.... »

Il s'arrêta pour reprendre haleine, et j'avouai mon ignorance et ma surprise, à des noms qui me paraissaient si peu romantiques, du moins d'après mes idées du romantique. « Bug Jargal, par exemple, que veulent dire ces mots? »

« C'est le nom du héros, Madame; mais ce n'est pas un héros de la vieille école, avec une tête à la Titus, et un nez grec; c'est un héros à tête laineuse, à peau d'ébène. C'est un esclave africain, doué de toutes les grandes qualités qui peuvent ennoblir l'humanité; plein des sentimens les plus raffinés d'honneur, d'amitié, de galanterie chevaleresque. »

Je hochai la tête en observant que, « suivant les physiologistes, l'organisation africaine ne se prêtait pas à de telles qualités; et que Gall, parfait romantique dans son genre, n'avait point discerné chez les nègres les protubérances qui annoncent un si haut développement moral. Mais sans insister sur ce que je ne fais pas profession d'entendre, je me croyais permis de dire que l'esclavage était une mauvaise école pour la délicatesse de sentimens. L'homme le plus éclairé sera, je crois, généralement le meilleur. Le reste est pur mélodrame. »

« Quels lieux communs ! » s'écria-t-il, « votre idée de la vertu comprend alors nécessairement un beau visage et l'éducation du grand monde. Eh! bien, nous avons un héros à vous offrir, dans le beau-fils du maître de Bug, qui refuse la vie au prix de corriger les fautes d'orthographe d'un chef de rebelles. Que pensez-vous de cela? »

« Je pense que parfois *les gens d'esprit sont bêtes* ; toutefois, il faut avouer que nous autres romanciers, nous sommes souvent terriblement tentés de flatter le goût de nos lecteurs par des situations nouvelles et frappantes ; et j'ai peut-être moins que personne le droit de critiquer ces sottises de convention, qui, pour le dire en passant, ne sont pas toujours incompatibles avec un grand mérite [1].

« Mais n'avez-vous point lu nos poètes modernes ? ne connaissez-vous aucun de nos poëmes épiques ? la Caroléide, et l'Ismalie du vicomte d'Arlincourt ; ou les Siciliennes et les Messéniennes, et le Paria de Casimir Delavigne, et surtout, et au-dessus de tout, les Méditations de Lamartine. »

« Vous me donnerez une liste de ces ouvrages, et je tâcherai de faire connaissance avec eux ; mais, à parler franchement, je crois que le temps de la poésie *haut montée*, soit épique, soit élégiaque, est à peu près passé. Rien au-dessous d'un Byron ne pourrait me décider à parcourir un *chant* ; et quant aux méditations,

---

[1] Bug Jargal ne fait point exception à cette observation générale. Il est écrit avec chaleur, et plusieurs de ses scènes ont une vérité dramatique telle que l'on croirait qu'elles ont été prises dans la réalité.

poétiques ou prosaïques, je vous prie de m'excuser. Depuis celles d'Hervey au milieu de ses tombeaux jusqu'aux miennes de la nuit dernière, pendant l'insomnie fâcheuse que m'avait causée la chaleur des salons et le froid des glaces, j'ai les méditations en horreur. Vous paraissez surpris ; mais telle est ma croyance. Je suis trop vieille ou trop jeune, trop *blasée* ou trop vive, pour me livrer à ces vapeurs sentimentales de vanité ou d'indigestion. Je veux l'essentiel en toutes choses ; le vrai, et rien que le vrai, aussi nouveau, aussi ingénieux, aussi original que vous voudrez, mais toujours vrai ; et non les rêves, même du génie. »

« Mais, *Milady*, *écoutez et puis jugez ;* permettez-moi de vous réciter comme exemple quelques lignes de la Tristesse de Lamartine ; » et il commença, du ton le plus lugubre, et avec une emphase exagérée, à déclamer ces vers :

« De mes jours pâlissans le flambeau se consume ;
Il s'éteint par degrés au souffle du malheur ;
Ou, s'il jette parfois une faible lueur
C'est quand un souvenir dans mon sein le rallume.
Je ne sais si les dieux me permettraient enfin,
D'achever ici-bas ma terrible journée ;
Mon horizon se borne, et mon œil incertain
Ose l'étendre à peine au-delà d'une année.

Mais s'il faut périr au matin,
S'il faut sur une terre au bonheur destinée
Laisser échapper de ma main
Cette coupe que le destin, etc., etc., etc. »

« Mais en voilà assez, Milady, en voilà assez pour vous convaincre de l'excellence des Méditations. »

« Pour me convaincre au moins du malheur de l'auteur. Pauvre homme ! il gémit sans doute sous les atteintes de quelque maladie mortelle, ou de la pénurie : je suppose qu'il est le plus misérable des hommes, ou le plus infirme. »

« Lui, pauvre ! infirme ! c'est le plus riche, le mieux portant, le plus heureux de nos écrivains. C'est le poète *à la mode*, l'Adonis de *la Chaussée-d'Antin*, l'apôtre du faubourg, demi-classique demi-romantique, mais complètement en vogue; il réunit les suffrages de tous les partis; et plus il est heureux plus il se sent misérable, comme il le dit lui-même avec autant de poésie que de vérité.

« Mais jusque dans le sein des heures fortunées,
Je ne sais quelle voix que j'entends retentir,
Me poursuit et vient m'avertir
Que le bonheur s'enfuit sur l'aile des années. »

« Mais je ne comprends pas, » dis-je, « comment on peut être heureux en prose et malheureux en vers. »

« Ni moi, » répondit M. de ***, « mais je crois à la vérité de ces sentimens ; car ils forment un dogme de notre religion romantique. Cependant s'il vous faut du malheur réel, profond, de ce malheur qui navre le cœur, lisez l'histoire de notre charmant poète, l'intéressant, l'infortuné Joseph Delorme. Joseph Delorme naquit au commencement de ce siècle, près d'Amiens. Il était l'unique enfant d'une veuve; son exquise sensibilité, son génie exalté, ses hautes vues, contrastaient avec son humble position, et le mirent, depuis son berceau jusqu'à sa tombe, en guerre avec la fortune. La soif instinctive de distinctions militaires, qui à cette époque couvrit la France de gloire; une passion précoce et indomptable pour une jeune et belle personne d'un rang supérieur au sien ; une vocation pour la vie religieuse, qui l'aurait placé, dans d'autres temps, parmi les saints ou les martyrs, et surtout un désir dévorant de célébrité littéraire, nourri dans la profonde solitude des forêts ; tels furent les élémens des passions qui l'assaillirent. Les jours, les semaines, les années, se consumaient pour lui en rêveries qui le transportaient au-dessus de l'humanité, et le rendaient impropre aux vocations vulgaires de la vie, jusqu'au moment où il vint à Paris suivre ses études. Ses succès furent inouïs. Son ame vierge suffisait à tout. Il se dévoua aux sciences avec une énergie qui lui fit bientôt sentir le vide, l'illusion des choses d'imagination. Il brisa sa lyre, et la philosophie l'occupa tout entier. Ce fut alors qu'il abandonna la piété de sa jeunesse, pour les funestes principes de Diderot et d'Holbach; mais la pure morale de d'Alembert réglait sa conduite; d'ailleurs il se serait fait scrupule de mettre les pieds dans une église. Joseph adopta alors les dogmes des philosophes stoïques, combinés avec la plus tendre philanthropie. Dans ce moment il aurait pu s'unir à l'idole de son cœur; mais il sentit qu'il n'était pas fait pour *une femme* et pour *une seule femme*. Sa philanthropie un peu sauvage craignit de se renfermer dans un cercle d'affections trop borné pour sa nature, dans *un égoïsme en deux personnes*[1]. De plus il s'était fait une idée du mariage, dans laquelle les vaines formalités n'entraient pour rien. Il lui fallait une Lespinasse, une Manon Lescaut ou une Lodoïska. Abhorrant la poésie qui venait toujours l'assaillir comme un démon tentateur, les noms seuls de

---

[1] C'est-à-dire un mariage légitime.

Byron, de Lamartine, excitaient sa haine. Ses combats étaient terribles! Il, les a décrits dans ces sombres pages qu'il datait du milieu de la nuit, comme les prières du docteur Johnson et de Kirke White. Sa santé aussi allait en déclinant; et la pensée d'une maladie mortelle ajoutait à ses autres angoisses. Il ne sortait que pour suivre ses études médicales, et ne voyait ses amis que par accident. Il souriait en passant près d'eux, et *ses amis prenaient pour un sourire de paix et de contentement ce qui n'était que le sourire doux et gracieux de la douleur.* Au milieu de ces tourmens, Joseph continuait les exercices exigés par sa profession : ses talens extraordinaires furent remarqués par des hommes distingués de cette profession; ils lui conseillèrent de suivre les hôpitaux pendant quelques années, et lui promirent de brillans succès. Il rallia toutes les forces de son caractère naturel et de sa raison, et se résigna à l'humiliante épreuve. Il aurait pu devenir riche, honoré, heureux; mais la fatalité qui le poursuivait en ordonna autrement, et tourna tout en mal. Il eut bientôt lieu de soupçonner les vues de ses nouveaux amis. Ils avaient été trop bons pour n'être pas faux et intéressés! Joseph aurait pu se soumettre à être protégé, *mais non exploité!* Son noble caractère se révoltait contre une telle indignité; et quelques mois de combat entre la sensibilité et l'orgueil, mirent fin à sa carrière médicale. Il s'adonna, comme le dit son biographe, à la lecture de *tous les romans*; tandis que sa mélancolie mortelle s'exhalait dans des poëmes inimitables, qui ont fait depuis sa mort les délices et les tourmens du monde; car de son vivant il n'eût jamais souffert que les blessures de son cœur ulcéré fussent exposées aux yeux du public. Enfin il se retira dans un pauvre petit village voisin de Meudon, où il se consacra tout entier à la composition d'ouvrages qui font dissoudre l'ame en pleurs, ou la consument par le feu de la passion. Pauvre, négligé, épuisé de veilles et de chagrins, il mourut en octobre dernier, d'un serrement de cœur compliqué par une consomption pulmonaire. Vous pleurez, chère milady ? »

« C'est une folie, » dis-je, « mais le fait est que la vie et la mort de ce malheureux et très-extravagant jeune homme, me rappellent celle d'un enfant adoptif de la maison de mon père, l'infortuné Thomas Bermody, le poète; mais je suppose que vous connaissez aussi peu nos poètes modernes que je connais les vôtres. »

« *Que vous êtes bonne!* » dit mon sensible ami

en mêlant ses larmes aux miennes! Je suis vraiment affligé d'avoir rappelé de si tristes souvenirs. « Mais *consolez-vous*, séchez vos larmes. Dans tout ce que je viens de dire il n'y a pas un mot de vrai. »

« Quoi, Monsieur! pas un mot de vrai? »

« Non assurément. La vie de Joseph Delorme est une pure fiction poétique. »

« Il n'est donc pas l'auteur affligé que vous m'avez dépeint. »

« Rien de semblable, » dit-il en riant de tout son cœur; « jamais un être pareil n'a existé. Sa vie, ses poésies et ses pensées, si pleines de génie et de mélancolie, sont écrites par un jeune homme charmant, qui est le contraire de tout cela; par le vivant, le gai, l'heureux Sainte-Beuve, homme très-spirituel, très-bien portant et dans une position prospère. Mais il savait qu'avec toute sa *verve* poétique, il ne pouvait avoir aucun succès en de telles circonstances. Il était sûr qu'aucun libraire romantique ne risquerait de publier les œuvres d'un auteur si bien portant, si joyeux, si content, si à son aise, et qui ne souffrait pas d'une *consomption pulmonaire compliquée*. Il agit en conséquence, et mit sa réputation sous l'égide de cet *homme de paille*, le fantastique Joseph Delorme. »

Je répondis avec un peu d'impatience : « Vous ne me persuaderez jamais que de telles absurdités soient en vogue dans un pays aussi spirituel, aussi philosophique, aussi éclairé que la France. »

« Des absurdités! Comment pouvez-vous donner ce nom à ce que vous n'avez pas lu? Mais dites-moi, je vous prie, lady Morgan, si vous aviez envie de vous noyer, comment vous y prendriez-vous? »

« Comment je m'y prendrais pour me noyer? mais je pense que je me jetterais dans l'eau. »

« Se jeter dans l'eau, c'est le *pont aux ânes*; tout le monde en peut faire autant. *Mais écoutez,* c'est un passage de la jolie petite pièce intitulée *le Creux de la Vallée :* »

« Pour qui veut se noyer la place est bien choisie.
On n'aurait qu'à venir, un jour de fantaisie,
A cacher ses habits au pied de ce bouleau,
Et, comme pour un bain, à descendre dans l'eau :
Non pas en furieux, la tête la première,
Mais s'asseoir, regarder; d'un rayon de lumière
Dans le feuillage et l'eau suivre le long reflet,
Puis, quand on sentirait ses esprits au complet,
Qu'on aurait froid, alors, sans plus traîner la fête,
Pour ne plus la lever, plonger avant la tête. »

N'est-ce pas beau, original, sublime? Un poète

de la vieille école aurait tout bonnement fait plonger son héros la tête la première comme un suicide vulgaire du Pont-Neuf. Si Rousseau, votre Kirke-White[1], ou notre Millevoie[2] avaient à se noyer, ne voudraient-ils pas mourir ainsi? Cela donne envie de suivre un si bel exemple. »

Un irrésistible accès de rire me saisit, et mon jeune *exalté*, un peu déconcerté par une gaieté qui, si elle n'eût pas été involontaire, eût été fort impolie, prit son chapeau en disant : « Je vois, lady Morgan, que l'on m'a trompé. Vous avez long-temps passé en France pour le champion du romantisme. J'étais encore un écolier quand votre ouvrage sur ce pays a paru; et c'est dans votre *France* que j'ai pris la première couleur de mes opinions littéraires. Toute la popu-

---

[1] Poète anglais, mort, à la fleur de l'âge, d'une maladie de langueur. Ses ouvrages sont écrits sous l'inspiration d'une mélancolie morbide et d'une dévotion exaltée : son caractère est intéressant. » —N. d. T.

[2] Le Kirke-White de l'école romantique. Il mourut de consomption, en 1816, après avoir prédit sa fin dans les vers suivans :

> Le poète chantait, quand sa lyre fidèle
> S'échappa tout à coup de sa débile main;
> Sa lampe mourut; et, comme elle,
> Il s'éteignit le lendemain.

larité dont vous jouissez ici, vous la devez à cette croyance. Je ne sais à quoi je dois attribuer votre changement; mais je ne vous ferai point de compliment sur un tel pas rétrograde. J'ai l'honneur de vous présenter mes respects. »

Il allait se retirer quand, avec toute la gravité qu'il me fut possible de prendre, je l'assurai que je n'étais changée en rien; que je croyais la dispute des romantiques et des classiques italiens une pure guerre de mots, et que j'ignorais comment elle avait pu pénétrer en France; mais que, si mes anciennes opinions sur Racine et sur l'impropriété du vieux système dramatique français appliqué aux temps modernes, étaient du romantisme, je vivrai et mourrai probablement bonne et fidèle romantique.

Quelque peu radouci, il hésitait à passer le seuil, et s'apprêtait à répondre, quand on annonça M. de ...... Ce nom parut faire sur lui un effet électrique. Mon romantique reprend son chapeau, change de couleur, et, me lançant des regards de reproche, me dit tout bas : — « Ah! lady Morgan, vous professez le romantisme et vous recevez M. de .....! »

« Sans doute je le reçois, c'est une de mes vieilles connaissances de 1816, un homme sensé, aimable. Je suis réellement charmée de le voir. Restez, je veux vous présenter à lui. »

« Me présenter! —Non, Madame, le ciel m'en préserve. Me présenter à l'un des pères conscrits classiques, au grand-prêtre du *perruchisme*. Je fuirais à l'autre bout de Paris pour l'éviter. — Adieu, Madame. »

M. de *** entra, mon exalté recula de quelques pas ; ils échangèrent quelques regards, puis se saluèrent sèchement, et le romantique sortit en ébouriffant les touffes de ses cheveux, et haletant comme un héros de tragédie.

« *Voilà une des pléiades du romantisme!* » dit M. de *** avec un sourire dédaigneux; et prenant sa place, après les premiers complimens il entama le sujet de ma nouvelle connaissance et de sa secte, en disant : « Ainsi je vous retrouve comme je vous ai laissée, entourée de romantiques. Vous êtes toujours, à ce que je vois, leur chef, leur guide. »

« Que dites-vous? Je viens d'être tout à l'heure accusée d'être classique. »

« Vous, classique! —Ah! ah! Et depuis quand? Après madame de Staël personne n'a contribué plus que vous à égarer le goût de notre jeunesse en littérature. Votre *France* a paru dans un temps critique où le public criait comme Molière :

« Il nous faut du nouveau, n'en fût-il plus au monde. »

Et, je ne veux pas vous flatter, cela vous a fait quelques admirateurs; mais cela a fait ranger contre vous toute la France.—Au moins la *France classique*. Mais je vous apporte les ouvrages d'un homme qui vous remettra dans la bonne voie à l'égard de notre littérature. — Les ouvrages de Viennet. »

« Mon cher Monsieur, » dis-je, « vous avez prévenu mes souhaits; je serai charmée de lire quelque chose de M. Viennet; d'abord parce que ses écrits m'ont été recommandés par une charmante amie [1], sur le goût et le jugement de laquelle (si l'amitié ne m'aveugle point) je crois pouvoir compter; ensuite, parce que j'admire le caractère et les principes de M. Viennet. On le voit toujours à son poste du côté *droit* de la charte, sinon de la chambre, toujours prenant *l'initiative* dans la défense de la liberté. Je n'ai pas oublié

---

[1] Madame Thayer, de laquelle M. Duval a dit très-justement : « Il est peu de gens de lettres et d'artistes qui ne connaissent et n'apprécient ses talens nombreux et son esprit aimable. » Madame Thayer peint le paysage avec une vérité de coloris très-rare, même chez les artistes de profession.

ses honorables efforts pour la Grèce et son indignation de l'affaire de Parga. »

Tout en parlant, je feuilletais le volume et je lus sur le titre : OEuvres de J.-P. Viennet, Épîtres diverses, Dialogues des Morts, etc. C'était effrayant ! et après avoir parcouru quelques lignes de l'*Épître à un désœuvré*[1], je vis que c'était une production du genre des collections de Doddley, semblable à l'un des « *Écoute, ami* » des poètes didactiques du règne de George II[2];

[1] A UN DÉSOEUVRÉ,

SUR LES CHARMES DE L'ÉTUDE.

« Que fais-tu, cher Raimond de tes longues journées?
Te verrai-je sans fruit consumer tes années,
De Boulogne à Coblentz promenant tes loisirs,
Dissiper ta jeunesse en stériles plaisirs !
A tes vœux, diras-tu, la fortune est propice,
Et te permet de vivre au gré de ton caprice ;
Mais les bals, les concerts, les festins où tu cours,
Ton boguey, tes chevaux, tes frivoles amours,
Les spectacles, les jeux, remplissent-ils ta vie ?
L'habitude en ton ame en étouffe l'envie;
Ces vains amusemens sont bientôt épuisés :
Pareils à ces hochets par l'enfance brisés.
Ton cœur, ton souvenir n'en gardent pas la trace :
Un instant les produit, un instant les efface.

[2] M. Viennet a cependant composé quelques satires politiques du plus grand mérite. Depuis que j'ai écrit cet ouvrage, j'ai su qu'il en avait récemment écrit une sous le

et je continuais à tourner les pages indifféremment, quand mes regards tombèrent sur mon nom intercalé entre ceux de Stendhal et de Schlegel. Je m'arrêtai, pendant que mon classique secouait la tête d'un air malin, en marmottant : « Oui, oui, *il vous taquine joliment, chère milady*. — Lisez, lisez. » — Je lus tout haut :

« Dormez-vous sur le Pinde, et faut-il que j'explique
Ce qu'on nomme aujourd'hui le genre romantique?
Vous m'embarrassez fort; car je dois convenir
Que ses plus grands fauteurs n'ont pu le définir.
Depuis quinze ou vingt ans que la France l'admire,
On ne sait ce qu'il est ni ce qu'il veut nous dire.
Stendhal, Morgan, Schlegel, — ne vous effrayez pas,
Muses, ce sont des noms fameux dans nos climats,
Chefs de la propagande, ardens missionnaires,
Parlant de romantique et prêchant ses mystères.
Il n'est pas un Anglais, un Suisse, un Allemand,
Qui n'éprouve à leur nom un saint frémissement.
Quand on sait l'esclavon, l'on comprend leur système;
Et s'ils étaient d'accord, je l'entendrais moi-même;
Mais un adepte enfin m'ayant endoctriné,
Je vais dire à peu près ce que j'ai deviné, etc., etc.

« Hé bien! dit-il, n'est-ce pas là de la poésie? C'est *Boileau redivivus*. »

titre du *Dey d'Alger*, que l'on dit être de la plus piquante causticité. On m'a dit aussi qu'il était auteur d'un poëme fort remarquable sur Philippe-Auguste.

« Appelez-vous cela de la poésie ? »

« Comment appelleriez-vous cela, vous, lady Morgan ? »

« Je l'appellerai une page de critique, écrite en manière de *bouts-rimés*, qui n'a rien de la poésie, sinon *explique* rimant à *romantique*, et *système* à *moi-même*. »

« *Vous êtes difficile, Madame !* Si ceci n'est pas de la poésie, comment définirez-vous la poésie ? »

« Bon Dieu ! vous m'embarrassez étrangement ! Définir ce que c'est que la poésie ? Je n'ai jamais pensé à ce que c'était, — je l'ai senti. Mais il me semble que la poésie est de la passion, de la passion, n'importe de quelle espèce ; — l'exaltation de pensées et de perception que l'on appelle imagination ; — des expressions fortes, empruntées à des sentimens énergiques....... *que sais-je ?* »

« Mais il existe différentes sortes de poésies, Madame. Il en est une dans laquelle le vers est employé pour ennoblir des sujets qui en eux-mêmes ne sont point du domaine de l'imagination. Tel est le genre didactique dans lequel Boileau tient le premier rang, et Viennet excelle. »

« Je ne conçois guère pourquoi M. Viennet s'est donné la peine d'ennoblir un lieu commun de critique, assez prosaïque pour figurer dans toutes les Revues anglaises ou françaises. Si je vous demandais à vous, Monsieur de...., une définition du romantisme, vous me répondriez tout naturellement dans les propres mots de l'auteur. « Vous expliquer ce qu'on entend à présent par le romantisme est une tâche assez embarrassante; car ses plus zélés partisans n'ont pas encore pu le définir, et quoiqu'il ait excité l'admiration de toute la France depuis quinze ou vingt ans, on ne sait ce qu'il est ou ce qu'il veut dire. Stendhal, Morgan, Schlegel, ô vous Muses.... (à quel propos déterrer ces vieilles dames au dix-neuvième siècle?); ce sont des noms fameux dans nos climats. Ce sont les chefs de la propagande, les ardens missionnaires qui vantent le romantisme et prêchent ses mystères. Il n'est pas un Anglais, pas un Suisse, pas un Allemand qui n'éprouve un saint frémissement en entendant prononcer leurs noms révérés. « — Maintenant, voudriez-vous, mon cher Monsieur, prendre la peine de décorer ce *simple exposé*, cette réponse tout-à-fait littérale, avec *admire* et *dire*, *endoctriné* et *deviné?*

« Mais, Madame, Boileau lui-même ne soutiendrait pas mieux cette épreuve; cependant vous n'oseriez pas soutenir que l'auteur de l'*Art Poétique* n'est pas poète? »

« Oh! Dieu m'en préserve! Me faire mettre encore hors la loi, pour mes folles opinions sur la poésie française! quelque sotte, ma foi. Tout ce que je puis dire, c'est que Boileau a été le chef des romantiques de son temps, et que la postérité lui doit beaucoup de reconnaissance pour avoir châtié les classiques, imitateurs serviles du temps précédent. »

« Boileau romantique? c'est trop fort; — *c'est à pouffer de rire.*» Et M. de *** *pouffait*, mais un peu forcément.

«Ma bonne milady, « reprit-il en s'essuyant les yeux, « Corneille, Racine et Voltaire étaient sans doute aussi de votre secte. »

« Assurément, tous ont été romantiques; c'est-à-dire tous réformateurs de la littérature classique de leur époque. »

« Voltaire réformateur des auteurs de *Cinna* et de *Phèdre!* Voltaire, qui adorait le grand Corneille et aurait voulu dresser des autels au divin Racine! »

« Il révérait, il adorait leur génie; mais il s'éloigna des modèles qu'ils avaient laissés, quand il composa *Adélaïde* et *Mahomet*. Voltaire ne fut pas le fondateur du romantisme, mais l'un de ses apôtres les plus zélés. »

M. de *** secoua la tête, et dit : « Le romantisme est de bien plus fraîche date; il a pris naissance dans les salons de madame de Staël; il a été, je le dis à regret, appuyé par Talma, soutenu par les *déserteurs* de la vraie *comédie française*, de l'*oriflamme* de la littérature nationale, par les faux calculs du *commissaire royal*, M. Taylor, et par la multiplicité des vaudevilles. Il a été poussé par tous les journalistes serviles, et par l'ambitieuse vanité des jeunes rédacteurs du Globe; mais surtout par M. Scribe qui compte ses productions par centaines. »

« Voilà sans doute de grands appuis pour la nouvelle hérésie. Mais soyez sûr, M. de ***, que le romantisme est de plus ancienne origine. Il s'est montré sous le règne de votre Charles VI, *quand les romantiques,* alors nommés *confrères de la passion,* prirent la place des tristes mystères que l'on jouait aux coins des rues, en substituant au crucifiement les Actes des Apôtres. Ils furent à leur tour mis de côté par d'autres romantiques, *les clercs de la basoche,* qui attiraient la foule par leurs amusantes *farces, folies et moralités,* dont le sujet, au lieu des Actes des Apôtres, était les ridicules de la société. Cependant une nouvelle école, fondée par les *enfans sans souci,* et dirigée par un *prince des sots,* réunit tous les suffrages. On abandonna le théâtre national des confrères de la passion, pour Michel, le précurseur de Racine; et on l'abandonna pour *la Mère sotte*, le grand drame romantique de son temps, qui tient encore sa place au théâtre anglais sous le nom de *Mère l'oie*. Puis vint Jodelle, le Corneille du seizième siècle, et sa tragédie de *Cléopâtre*, la première de son genre, a été considérée comme un ouvrage qui avait fixé la langue, qui toutefois n'en resta pas là. En dépit des efforts des classiques du règne suivant, les romantiques du temps de Henri IV triomphèrent, à l'aide du scribe du dix-septième siècle, Alexandre Hardi, qui, dans une suite de cinq cents pièces nommées *farces*, mit à la mode un style de comédie que mon ami Polichinelle a seul conservé dans ce siècle dégénéré. Hardi lui-même enfin devint *perruque*, quand les *bouffes* italiens (d'abord introduits par Marie de Médicis) donnèrent au *farceur* français *le coup de grace*. Le drame à *Soggetto*, tel qu'on le trouve dans le *Théâtre de Ghirardi*, devint une rage; et il fallut un édit *de par le roi*, lancé par la despotique pédanterie du cardinal de Richelieu, pour forcer les Français à ne plus aller rire d'Arlequin et de Mezzettin, pour aller bâiller au Palais-Royal, où les solennelles représentations des muses espagnoles livraient la guerre à la nature, à la vérité : ces solennités ne commencèrent à intéresser et à plaire que par le puissant génie de Racine et de Molière. »

« Je vous arrête là, » dit en m'interrompant, enfin M. de *** qui m'avait écoutée jusque-là avec toute la patience polie d'un Français : « toute chose a son solstice, tous les pays ont leur siècle d'Auguste, leur époque classique de raffinement, celle où la langue est fixée. Ce siècle pour notre France est celui de Racine, et tant qu'il existera une Académie pour diriger le goût du public, on ne souffrira pas que les règles établies en ce temps, soient abandonnées dans le but d'adopter les tragédies de Shakspeare et de Schiller, avec leurs personnages

« Enfans au premier acte et barbons au dernier. »

On n'endurera jamais le spectacle de *sir Macduff*, arrivant sur la scène la tête de *sir Macbeth* à la main [1]. Pour ma part, voilà quarante ans que j'admire Iphigénie, Phèdre, Sémiramis, Britannicus, le Cid, Mérope et Zaïre, et je n'ap-

---

[1] Lady Morgan fait allusion à l'habitude française de placer le titre de *sir* devant les noms propres ; tandis qu'en Angleterre il précède toujours un nom de baptême, comme le *don* des Espagnols.

prendrai pas maintenant à rejeter ces *chefs-d'œuvre* de l'esprit humain, à la requête de vos romantiques. Je tiens aux règles d'après lesquelles ces immortels ouvrages ont été écrits ; et je crois que le goût national ne s'en éloignera jamais impunément. »

« Mais, Monsieur, ce que nous appelons le génie particulier, le goût d'un peuple, dépend beaucoup de l'époque. Il est des âges faits pour les grandes célébrités, qui néanmoins ne sont ni les plus heureux, ni les plus sages. Homère a chanté devant des barbares ; Corneille et Racine ont écrit dans un temps où le fanatisme, le despotisme, et l'ignorance du peuple, étaient à leur plus haut degré ; dans un temps où la science politique n'existait pas, où les arts utiles étaient dans l'enfance, où les palais des rois étaient moins commodes, moins bien pourvus que la maison d'un fermier de nos jours ; bref, dans un temps où les Descartes et le Cisalpinus, avec tout leur génie, tout leur savoir, étaient moins instruits qu'un de nos étudians en droit, ou un élève de Cuvier. Les prétentions de ces grands écrivains à l'égard du langage national qu'ils ont voulu fixer, sont mal fondées. Un nombre infini de termes de science, d'art, de philosophie, ou dérivés de la vie sociale et de ses ridicules, ont été inventés depuis Racine, pour exprimer des faits nouveaux, des sentimens, des besoins nouveaux, des jouissances nouvelles. Des mots ont été empruntés aux nations étrangères, et les nerveuses et naïves expressions de vos anciens chroniqueurs et d'autres écrivains du moyen âge, ont été ressuscitées après avoir été dédaigneusement rejetées par la frivole délicatesse de votre Académie, cette première machine d'esclavage littéraire, conçue par un gouvernement despotique pour mettre des entraves à la pensée et retarder les progrès de l'esprit public. Le temps néanmoins remet tout à sa place. *Clément Marot* est maintenant préféré à la *guirlande de Julie;* et Joinville et Brantôme sont universellement estimés, tandis que les historiographes de Louis XIV sont tout-à-fait oubliés. »

« Si vous aimez Marot, *je vous en fais mon compliment, Madame;* je vous abandonne volontiers cette troupe *grossière,* comme Boileau les appelle et leur jargon bon pour être admis dans le *Dictionnaire Académique* de vos romantiques. Mais, j'espère qu'il reste encore assez de goût en France pour faire rentrer dans les bornes du devoir *la muse vagabonde de la Seine,* et nous protéger contre le barbarisme du langage et les absurdités de votre Shakspeare et des apôtres de la nouvelle lumière. On ne souffrira jamais sur notre scène un lord Falstaff, un juge, amenant un prisonnier au roi et lui parlant ainsi : « Le voilà, Sire, je vous le livre, et je supplie Votre Grace de faire enregistrer ce fait d'armes parmi les actes de cette journée, ou je le ferai mettre dans une ballade avec mon portrait en tête [1]. »

« Mais, M. de ***, Falstaff n'est ni un juge ni un lord; c'est un vieil original, un plaisant, un farceur, un poltron rodomont, quelque chose qui tient le milieu entre le premier ministre de France sous le gouvernement classique du régent et, d'Aubigné, l'ami libertin d'Henri IV. »

« Même en ce genre le comique a ses bornes. Boileau dit : « *Il faut que les acteurs badinent noblement.* »

« C'est vrai; mais les œuvres de Boileau, comme la Bible, fournissent des textes à toutes les croyances. Il dit ailleurs :

« Que la nature donc soit votre étude unique,
Auteurs qui prétendez aux honneurs du comique. »

« Dans la comédie oui : mais la délicatesse française ne souffrirait pas dans une tragédie des

---

[1] Discours de Falstaff, en livrant sir John Coville. (*Henri IV*, 2ᵉ partie, acte IV, scène III.)

phrases comme: « Le coq matinal du village : » ou « dites à votre maîtresse de sonner la cloche quand mon *posset* sera prêt. »

« La délicatesse française a bien enduré quelque chose d'approchant; quand un personnage demande l'heure qu'il est et qu'on lui répond :

« La cloche de Saint-Marc, près de votre demeure,
A, comme vous passiez, sonné la douzième heure. »

« Ah! je vous arrête ici, Madame. *Vous voilà prise.* Prenez bien garde, — Notre poète dit la *douzième heure* : remarquez bien cela ; — il ne dit point *minuit*. Votre Shakspeare et tous vos romantiques auraient dit *minuit tout bonnement*. Non, non, vous ne ferez jamais goûter au public les monstrueuses farces, le langage barbare de Shakspeare (comme Voltaire les appelle), quoi que puissent faire les *maîtres claqueurs* de vos *bons amis* les romantiques. »

« Ni vous, mon cher Monsieur, ne me persuaderez jamais que la génération actuelle doive reculer à 1690 et prendre pour norme dans leur littérature *les élégies amoureuses que l'on nomme tragédies.* »

« Les tragédies de Racine, des élégies amoureuses? — Vous n'entendez pas notre langue.— *Voilà le fait*, Madame. »

« Mais Voltaire l'entendait, et s'il n'applique pas cette phrase expressément à Racine il l'applique à l'école de ces imitateurs surannés dont il tâche de combattre le *goût frelaté* et *efféminé*, par des pièces telles que *Mahomet*, *Mérope* et *Adélaïde Duguesclin*. Il n'avait pu se résoudre à faire aller César en Égypte tout exprès pour *voir une reine adorable*, et à faire rimer Antoine à cette assertion galante en répondant : *elle est incomparable.* »

« Ma chère milady, il est plus aisé de rire que de raisonner; et tourner un sujet en ridicule ne prouve rien. »

« Pourquoi non? *Ridentem dicere verum quid vetat?* Vous voyez que je puis être classique dans l'occasion, comme un certain personnage cite les Écritures, lequel personnage est lui-même, soit dit en passant, un parfait romantique. »

« *Il en est bien digne;* je vous le livre de tout mon cœur. »

« Mais vous avouerez que ce personnage est un excellent sujet dramatique, comme Goëthe l'a traité. Vous avez vu *Faust?* »

« Non, Madame. — Non-seulement je n'ai jamais vu jouer cette rapsodie allemande (comme l'appelle mon ami Duval), mais je n'ai pas mis les pieds aux Français depuis que leurs planches ont été contaminées par les barbarismes de *Henri III* et les autres extravagances de l'école romantique de laquelle Goëthe est le patriarche. »

« Mais pourquoi les Comédiens Français se sont-ils soumis à cette profanation? »

« Que voulez-vous, Madame? La tragédie française touche à sa fin. Les acteurs eux-mêmes, les successeurs de Baron et de Lekain, se sont prêtés à l'hérésie du siècle et ont déserté les autels de Corneille et de Racine pour adorer le veau d'or du romantisme. »

« Les acteurs sont comme le reste du monde; ils consultent leur intérêt. Ils préfèrent vivre comme des princes sur la prose de M. Dumas; à mourir de faim avec les beaux vers de Racine; en cela ils s'accordent avec leur siècle et leur public. »

« Leurs intérêts! ils leur nuisent mortellement en agissant ainsi. Ils les sacrifient à une misérable vogue d'un moment. En adoptant un style faux, ils perdent leurs anciennes pièces de fond. Une fois qu'ils auront abandonné les règles, ils ne pourront jamais ramener les spectateurs au bon goût que des siècles d'adhérence à ces restrictions avaient inspiré. Changer le Théâtre Français en théâtre de *genre*, c'est abandonner la route que l'on a suivie pendant cent cinquante ans avec succès; et cela produira la chute complète du drame classique. »

« Il est déjà tombé, mon cher Monsieur; le coup est porté. Les banquettes vides quand on joue les anciennes pièces, et la foule qui les encombre aux représentations d'*Henri III*, sont les vrais baromètres du goût public; mais votre théâtre est toujours le grand théâtre national. Quand la France était royaliste et *aristotélienne*, qu'elle obéissait aux lois de l'Académie, *Athalie*, *Alzire*, attiraient de nombreux spectateurs aux Français; maintenant qu'elle est constitutionnelle, émancipée littérairement et politiquement, les talens sont employés à montrer ce qui est utile au peuple; ils font voir les inconvéniens du despotisme par la représentation de caractères tels que Guise et Henri III. Ce n'est pas que M. Dumas soit supérieur à Racine, qu'il l'égale même, mais c'est qu'il écrit dans le sens des besoins, des opinions de son temps comme Racine l'a fait pour le sien; c'est là le secret des succès de l'un et de l'autre. Racine était un plus grand auteur; Dumas est un plus honnête homme. Le premier a écrit pour flatter les grands, dont il vécut et mourut le dépendant et l'esclave. Le dernier écrit pour le bien du grand nombre, dont il n'est que le concitoyen. Tous deux ont rempli leur vocation, et l'erreur consiste à les juger d'après les mêmes règles.

« Quelle *épigramme*, Milady, contre la littérature actuelle ! » s'écria mon classique d'un air triomphant; et prenant sur ma table le *Charles II* de Duval, il lut dans sa préface une peinture du théâtre immédiatement avant la révolution.

« La *Comédie Française* était en 1789 un établissement entièrement royal. Les talens supérieurs des artistes qui en faisaient la gloire, inspiraient un vif intérêt au public éclairé auquel ils s'adressaient. Le début d'un acteur, une pièce nouvelle, une anecdote de théâtre, ou un petit scandale, suffisait pour occuper la haute société de Paris, qui était toujours plus ou moins livrée à l'enthousiasme au sujet de quelque actrice favorite, ou de quelque pièce à la mode. A cette époque, toutes les loges étaient louées à l'année par la cour et la haute finance. Dans le grand monde, il eût été de *mauvais ton* qu'une femme ne pût pas dire : « *Je vous verrai ce soir dans ma loge.* »

« Le parterre se composait de jeunes gens qui venaient à Paris suivre leurs études, et qui, sachant tous par cœur les passages remarquables de Racine et de Corneille, allaient au spectacle pour juger les acteurs dans ces pièces, qu'ils étaient accoutumés à admirer dès leur enfance. S'ils se montraient parfois bruyans et sévères, ils portaient plus ordinairement à la représentation cet enthousiasme qui appartient au caractère national, et qui se communiquait rapidement aux loges, et donnait aux spectacles de ce temps une chaleur non factice, une chaleur très-différente des applaudissemens calculés de nos entrepreneurs de succès, que le public a grand soin de laisser achever seuls leur besogne. Comme je l'ai dit, le parterre était exclusivement occupé par ces jeunes gens bien élevés, dont les premières études avaient été dirigées sur les *belles-lettres*, et qui n'ignoraient aucune des beautés du théâtre national. Leur bon goût était entretenu par les journaux littéraires, rédigés par les La Harpe, les Chamfort, les Marmontel; et ils apportaient au théâtre une rigueur éclairée, qui tournait à l'avantage des bons acteurs et des bons auteurs. Outre le parterre, l'orchestre était rempli par les vieux amateurs, qui prenaient encore à l'art dramatique le même intérêt qui avait répandu tant de charmes sur leur jeunesse. Fatigués des affaires, retirés du monde, ils revenaient à leurs premières illusions, et le plus petit événement théâtral était pour eux d'une sérieuse importance. A la fin de la pièce ils se joignaient aux hommes de lettres rassemblés dans le *foyer*. Là, dans l'excitement produit par une pièce nouvelle, ou par une ancienne pièce bien jouée, ils causaient avec une chaleur quelquefois caustique. Souvent l'acteur ou l'auteur reçut d'eux une critique détournée, ou une leçon utile; et si dans ces piquantes conversations un bon mot échappait à l'un des interlocuteurs, il était immédiatement rapporté à vingt différens soupers, et répété le lendemain dans les cercles les plus brillans de Paris.

« Il était impossible alors qu'un art qui faisait les délices de la haute société et de la jeunesse instruite, ne fît pas des progrès rapides, etc. »

M. de*** s'arrêta, me lança des regards de triomphe, et je m'écriai : « Quelle épigramme contre les mœurs et la littérature de *votre temps!* quel public! quelle société oisive et corrompue! où la jeunesse et la vieillesse, les petits et les grands font leur bonheur des représentations et des intrigues d'un théâtre! Une telle peinture pourrait seule justifier la révolution. Les grands seigneurs exclusivement occupés des affaires de coulisses; les étudians dévouant leur temps et leur intelligence aux compositions dramatiques, et soumettant leur jugement, leur indépendance, à des critiques tels que La Harpe et Marmontel; le plus petit événement théâtral occupant toute la ville ! O vous ! Chambres des Pairs et des Députés ; vous, étudians en droit, en médecine, disciples de Cousin et de Cuvier, élèves de l'École Polytechnique ; vous, ardens poursuivans de tous les arts, de toutes les sciences, honnêtes, énergiques, austères jeunes gens de la France moderne, quel contraste vous offrez avec vos prédécesseurs ? Rendez grace au ciel, ralliez-vous autour du drapeau de votre régénération, et gardez-le bien. Consacrez vos jours à l'étude, à la défense de vos droits, et le soir, quand vous passez quelques heures aux spectacles, que ce soit pour récréer votre esprit fatigué, non pour employer vos talens sur un sujet qui ne doit être qu'un simple amusement dans une société bien constituée. »

« Votre apostrophe peut être fort éloquente, » dit le classique impatiemment, « mais permettez-moi de vous dire... »

« Une autre fois, une autre fois. — Parlons un peu de nos vieux amis » dis-je vivement, un peu lasse d'une guerre verbale qui devait se terminer, comme toutes celles du même genre, en laissant chacune des parties dans son opinion première.

En ce moment la porte s'ouvrit, de nouveaux visiteurs arrivèrent, et en moins d'un quart d'heure le salon se trouva rempli d'un cercle de littérateurs, d'artistes, d'hommes à la mode de toutes les nuances d'opinions sur le sujet prédominant du moment. Mon classique s'inclina et sortit, et je le suivis dans l'antichambre pour donner encore à mon vieil ami un cordial serrement de main, et un *au revoir* à une nouvelle tragédie à la Porte-Saint-Martin.

« Madame, » dit-il gravement, « je vous laisse au milieu d'un congrès littéraire, dans lequel, comme dans tous les autres congrès, il n'y a pas deux personnes qui aient les mêmes intérêts ; alors chacun s'attache exclusivement à suivre le sien propre. »

« Tant mieux, » lui dis-je ; « nous n'aurons point de secte, et conséquemment point d'intolérance. »

« Vous n'aurez *ni foi ni lois*. »

Sur cette amère prédiction, mon ami prit congé, et je retournai rire et babiller avec les nouveau-venus. « Si je pouvais seulement, » dit Horace Walpole, « me défaire de cette malencontreuse et anti-philosophique disposition au rire, je m'en trouverais mieux. » Cependant que peut-on faire de mieux dans un monde qui n'est pas assez bon pour être estimé, et qui ne vaut pas la peine d'être haï, sinon de rire de tout ce qu'il présente ; car de toutes ses folies, les plus sérieuses sont assurément les plus ridicules.

LITTÉRATURE MODERNE.

Le romantisme attribué tour à tour à l'influence d'un pays, d'une secte, d'un parti ou d'une personne, que l'on suppose né en Angleterre, en Italie, en France, auquel on donne pour parens Shakspeare, Visconti, Schiller, madame de Staël et le docteur Johnson, n'est en effet le produit d'aucun pays, l'œuvre d'aucun apôtre. C'est une manifestation de l'intelligence, une forme de littérature particulière aux peuples qui prirent possession de l'Europe à la chute de l'empire romain. On le voit subsister depuis les périodes les plus reculées de leur existence historique jusqu'à la renaissance des lettres au douzième siècle; c'est un système religieux, moral, politique, approprié à des régions, à des races différentes de celles de l'ancien monde, et répondant à des formes de pensées et d'expressions, différentes de celles qu'employaient les descendans de Virgile et d'Horace. On le vit jusque dans les provinces classiques de l'Italie, modifier, quand il ne détruisit pas entièrement, le style de convention dérivé de la littérature grecque.

Quoique le romantisme, en tant qu'on l'applique à une secte littéraire, soit de date moderne, ses caractères essentiels sont aussi vieux que les institutions auxquelles il doit son origine. Il est sorti des forêts de la Germanie, rude et barbare comme le peuple auquel il appartenait; et, de même que lui, il dédaigna la faiblesse polie, l'élégante corruption, qui ne convenaient plus aux intérêts, aux sentimens d'une société reconstruite sur des bases nouvelles. Dans tous les lieux où la liberté plantait ses drapeaux, le romantisme fixa aussi son étendard. Il fleurit dans les États libres de l'Italie, soutenu successivement par le Dante, Boccace, l'Arioste et le Tasse. Il rallia ses forces dans les champs de Runnimède en Angleterre, et marcha sous l'autorité de la *grande Charte*, avec Chaucer, Spencer, Shakspeare et Milton. Il ne dédaigna point les salles rustiques des braves et remuans feudataires de France, dont la résistance à l'absolutisme individuel était une image affaiblie de la liberté. En inspirant les chroniqueurs, les diseurs de bons mots, les conteurs, les poètes des premiers temps de la civilisation française, il produisit les Froissart, les Rabelais et les Marot du moyen âge. Modifié dans ses formes par l'influence de la littérature arabe, il prit possession de l'Espagne pendant la lutte généreuse, si propre à réveiller de nobles pensées, qui précéda l'entière expulsion des Maures; et sur son sol natal, l'Allemagne, il a pris un heureux développement en se liant à la réforme, dont le principe dominant est strictement identique avec les siens, l'une et l'autre doctrine admettant pour base de soumettre tout à son propre jugement.

Quand la liberté succombait en Italie sous la puissance impériale, les papes et l'aristocratie commerciale; quand elle était comprimée en Angleterre sous les Stuarts, ces princes antipathiques avec les lois, et quand elle expirait sur la roue et gémissait dans les donjons de la Bastille et de Vincennes, sous les despotiques Bourbons, en France, alors reparut l'absolutisme infaillible dans les lettres. Un nouveau Pinde, un nouveau Parnasse s'élevèrent au Louvre et à Versailles. Les Muses se rangèrent sous les drapeaux de l'Académie, et l'antique Apollon fut restauré dans les personnes, d'abord du cardinal-ministre, ensuite de Louis XIV.

Cette connexion entre le romantisme et la liberté politique, quelque arbitraire qu'elle puisse paraître au premier aperçu, n'est point du tout difficile à expliquer. La littérature, comme toutes les autres productions de l'esprit humain, est la créature des besoins humains ; et son développement doit être nécessairement proportionné à ces besoins et conforme aux désirs, aux sentimens des peuples, quand leurs actions et leurs pensées sont libres de toute espèce d'entraves.

Dans les divers centres de civilisation produits par la division de l'Europe en nations indépendantes, des *foyers* distincts se sont établis, où les arts, les sciences, les lettres, ont été cultivés avec des succès modifiés par les circonstances particulières. Au premier établissement de ces nations, presque toutes les traces des anciens modèles classiques étaient perdues ; et les efforts de chaque peuple en littérature ne furent guidés, au commencement, que par quelques étincelles de lumière passagère, jetées par le génie individuel. Enfin, la découverte des manuscrits grecs et latins, et l'exil des littérateurs grecs, firent connaître aux peuples de l'Europe une poésie, une philosophie, un style, dont la politesse, l'élégance, le raffinement, surpassaient tellement ce qu'ils possédaient en ce genre, que leurs idées prirent naturellement un autre cours qui les égara, en les conduisant à une imitation plate et irréfléchie.

Cependant les beautés des anciens auteurs étaient plus spécialement propres à plaire aux classes supérieures, et les sources dans lesquelles on pouvait les chercher étaient plus spécialement à la portée des riches et des puissans. Mais sur toutes les classes en général l'influence resta exotique, et son action fut toujours combattue par la masse entière des habitudes, des opinions, des sentimens nationaux. Dans les sociétés où la liberté avait autrefois existé, où le peuple ayant été accoutumé à une plus grande activité politique et commerciale, avait parcouru un cercle d'idées plus étendu, et cultivé avec plus de succès la langue natale, la somme des forces opposées à la pure acceptation des nouveaux canons de la critique devait être plus grande et plus efficace.

En proportion de l'activité mentale des diverses nations, à l'époque de la renaissance de l'ancienne littérature, l'empire des idées du Nord et la résistance qu'elles fournissaient contre l'adoption implicite des règles classiques, fut plus ou moins grand. Dans les États où un plus grand nombre d'intérêts positifs étaient débattus, où l'on avait quelques droits politiques à défendre, des doctrines religieuses à discuter, de l'industrie, du commerce, des arts, il fallait absolument que les écrits fussent adressés à toutes les classes et qu'on adoptât dans leur composition les formes le plus universellement entendues. Dans les États despotiques, au contraire, où l'esprit restait stagnant, où la puissance pesait sur l'intelligence, un ordre d'idées insolite, hors de la pratique ordinaire, ouvrait le seul champ dans lequel le génie pouvait se mouvoir avec quelque liberté; tandis que les autorités, sentant leur jalousie apaisée et leur sécurité augmentée par l'adhérence à une littérature aristocratique, apprirent bientôt à encourager comme un point de politique ce mode d'esclavage pour les pensées de leurs sujets[1].

[1] La faveur avec laquelle les formes classiques furent reçues par les souverains et la noblesse de l'Europe méridionale, fut sans doute dans le principe une affaire de

A la renaissance des lettres en France, la lutte qui régnait entre l'aristocratie et le trône favorisait l'indépendance littéraire; et l'éloignement entre la capitale de la France et l'Italie, alors centre de l'enthousiasme classique, laissait le peu de génies originaux qui parurent sur la scène, moins entravés par les idées de convention. Mais par la suite, ce pays devint le quartier-général de la servilité classique, et vit établir le système de littérature le plus rigoureusement serré dans les chaînes de la pédanterie qui ait existé chez aucun peuple.

La mode de la littérature classique, la critique d'Aristote et la philosophie de Platon datent, parmi les savans de France, du règne de François Ier; mais ils ne furent appuyés de l'autorité ministérielle et royale que sous Louis XIII, quand un corps de pédans (osant dire pour le spirituel

goût; et l'on ne doit pas supposer que la préférence que leur accorda Richelieu, et les Médicis avant lui, fut une attaque systématique et positive contre la liberté publique. Mais l'instinct de la tyrannie est fin et sûr, et si les fondateurs des académies n'eurent pas une intention malicieuse expresse en les instituant, ils savaient du moins que de tels corps ne tendaient en rien à l'affranchissement de la pensée; et l'expérience leur apprit bientôt quels avantages ils pouvaient tirer de la littérature aristocratique.

ce qu'un despote disait pour le temporel, l'*état c'est moi!*) imitait, sous le nom d'Académie, les formes tyranniques du gouvernement qui le protégeait. À l'ombre de cette autorité qui combattit successivement contre la réputation et l'exemple de Corneille, de Molière[1], de La Fontaine et de Voltaire, la médiocrité et les prétentions prirent de la consistance, et la mode donna sans peine aux La Harpe, aux Marmontel, aux Suard (ce qui avait été si long-temps refusé aux auteurs de *Mahomet* et du *Cid*), une place pour dormir à l'Académie. La révolution arriva. Le Pinde et le Parnasse tombèrent avec la Bastille; et Aristote et Longin, Apollon et les Muses joignirent l'émigration et se réfugièrent dans les faubourgs de Coblentz, ou dans les greniers de Pater Noster-Row, à Londres. Toutefois, une portion assez considérable de leurs suivans demeura sur le sol français, et prit toutes les couleurs des gouvernemens successifs. Les apologistes classiques de Robespierre, les Pindares de la terreur, devinrent les Virgiles de l'empire et chantèrent leurs épithalames à la *Diva Augusta* de l'Autriche fraternisante.

[1] Pendant près d'un siècle le portrait de Molière ne fut point admis dans les murs de l'Académie.

Le romantisme encore banni de la France [1], s'était retiré dans les sombres forêts du Rhin, murmurait son *cronan* sur les bords du Shannon, inspirait les bardes sur ceux de la Clyde, et lançait de sa cellule abbatiale de Newstead des éclairs de poésie que le temps n'obscurcira jamais [2]. Et pour sa restauration sur les rives de la Seine, son ancien séjour, il attendait la chute du plus imposant despotisme qui ait jamais dominé une nation à peine récalcitrante. Ce fut seulement alors que l'étendard de la charte fut solidement planté que le romantisme reparut parmi les enfans régénérés de la France. Il ne se montra point aux cercles de la cour, ni aux séances de l'Académie, mais à la Chambre des Députés, *du côté gauche*, près de Lafayette et de Foy. Car, pour quitter la métaphore, le romantisme au dix-neuvième siècle, comme le protestantisme au seizième, ne sont que des termes inventés pour exprimer le principe de l'indépendance intellectuelle, au nom duquel l'homme réclame le droit de penser d'après lui-même et d'exprimer ses pensées dans toutes les

---

[1] A l'exception de l'admiration générale et inexplicable pour Ossian, l'ouvrage assurément le moins propre à trouver grace devant des académiciens et leurs disciples.

[2] New Stead abbey, château de lord Byron.

formes que lui dictent son jugement, ses perceptions ou l'état de la société.

Ce droit, inhérent à la nature de l'homme, quoique annulé dans les derniers âges, a été dans tous conservé vivant dans la pensée. Il pointait à travers les vers classiques de Boileau [1], il jaillissait en étincelles brillantes dans les jugemens de madame de Sévigné [2], il triomphait dans *les Plaideurs* de Racine, *le Cid* de Corneille, et toutes les admirables comédies de Molière ; enfin il fut défendu aussi noblement en théorie qu'en pratique dans les ouvrages de Voltaire [3]. Il a charmé, il charme encore toute

---

[1] « Le temps, qui change tout, change aussi nos humeurs ;
Chaque âge a ses plaisirs, son esprit et ses mœurs. »
ART POÉTIQUE.

[2] Madame de Sévigné préférait Corneille à Racine à cause de la froideur comparative et de la faiblesse du dernier, de ses amours déplacés, de son manque de couleur nationale. « Vive donc, » dit-elle, « vive notre vieil ami Corneille ! pardonnons-lui de méchans vers en faveur des divines saillies dont nous sommes transportés. Despréaux en dit encore plus que moi, et en un mot c'est le bon goût, tenez vous-y. »

[3] Le sort d'*Adélaïde du Guesclin* est curieux. Quand elle fut jouée pour la première fois, elle tomba au milieu des sifflets. Voltaire la remit au théâtre sous le nom du *Duc de Foix*, après l'avoir corrigée et affaiblie *par respect pour*

l'Europe dans Figaro ; et près d'un demi-siècle avant la révolution, il avait influencé, quoiqu'il fût encore sans nom ou désignation quelconque, les opinions de tous les rangs, de tous les partis, à tel point que l'illustre étranger qui fonda lui-même le roman romantique, le dénonça comme un engouement ridicule [1].

Pendant la fermentation révolutionnaire, la littérature française tomba au dernier degré de médiocrité. Tout l'esprit de la nation se portait sur d'autres intérêts. Les philosophes du temps précédent avaient payé le prix fatal de leur attachement à leurs principes. La mort de Condorcet, celle de Lavoisier et de Malesherbes étaient des avertissemens, des exemples bien propres à inti-

---

le ridicule; et ce qui la rendait réellement moins bonne, la fit réussir. Après un certain laps de temps les Comédiens reprirent la pièce originale, dans laquelle tous les romantismes qui avaient été précédemment sifflés furent applaudis avec fureur.

[1] « Qu'ont-ils gagné en abandonnant Molière, Boileau, Corneille, Racine? etc., etc... Souvenez-vous que je les blâme seulement d'avoir quitté le style agréable qui leur était propre pour adopter notre plus mauvaise manière. D'abord, ils ne nous entendent point; ensuite, quand ils nous entendraient ce serait tant pis pour eux. »—H. Walpole. Corresp. (Il fait allusion à l'enthousiasme des Parisiens pour *Clarisse Harlowe.*)

mider les caractères les plus hardis, à réprimer l'originalité des pensées, les élans du génie. La bassesse, la servilité seules pouvaient prendre la plume sous la férule sanglante de la critique d'un Danton ou d'un Marat.

Sous l'empire, les sciences et la littérature dramatique, exceptées de la proscription qui pesait sur le reste des travaux de l'esprit, furent appelées à servir, avec d'autres exilés moins méritans, dans les antichambres de Napoléon, tandis que la philosophie, sous le nom sarcastique d'idéologie, était censée non existante ou végétait sous une obscure surveillance avec les membres survivans de l'Assemblée Nationale, de la garde nationale, tout ce qui désirait encore la liberté ou cherchait à la ramener. Toutefois les encouragemens magnifiques donnés aux sciences, tout en servant les vues du *maître de l'atelier*, étaient utiles au peuple. Les vagues généralités, le *verbiage* sentimental des écrivains révolutionnaires inférieurs, avaient extrêmement affaibli l'intelligence et la morale du peuple : et la discipline des faits, cette rigoureuse logique exigée par les sciences exactes, vinrent en temps opportun pour retremper les ressorts affaiblis de l'esprit national. Leur influence ne se fit pas moins sentir sur la critique et la littérature, en accoutumant l'esprit à juger par lui-même, à soumettre tout au témoignage des sens et à l'épreuve de l'utilité.

L'effet d'une institution nouvelle (projetée par la Convention avec beaucoup de sagesse, mais qui ne fut mise en activité partielle que par la volonté forte de Napoléon) se fit rapidement sentir sur la génération naissante. L'exemple des Cuvier, des Laplace (que l'on voyait favorisés, distingués par le dispensateur de toutes faveurs, de toutes distinctions), remplissait l'École Polytechnique et les lycées d'une jeunesse ardente, ambitieuse, zélée dans la recherche de la vérité, instruite à rejeter tout ce qui n'est pas susceptible d'une rigoureuse démonstration. La langue claire et précise de l'algèbre produisit son effet sur le style national; et la critique des mathématiques et des sciences physiques influa, au bout de quelques années, sur la critique des belles-lettres.

Cependant ce qui restait des écrivains démagogues qui s'étaient rangés successivement sous le patronage des clubs, de la Convention, du Directoire et du Consulat, cherchaient alors à obtenir les sourires de leur nouveau seigneur et maître. Leurs noms peuvent être cherchés dans ce volume où leur faiblesse, leur fausseté et leur plate médiocrité sont inscrites pour l'instruction de la postérité, *le Dictionnaire des Girouettes*. Hélas! on y voit aussi des noms qui appartiennent à de plus nobles annales, qui ont illustré des temps meilleurs; mais la majorité de ceux qui remplissent les dégradantes pages de ce livre, sont des écrivains de circonstance dont le mérite s'estimait, non au poids de l'habileté littéraire, mais du succès de leurs basses flatteries, et de la vraisemblance qu'ils savaient donner à leurs mensonges adulateurs. Il est délicieux de remarquer que le plus grand écrivain prosaïque et le plus grand poète de la France moderne, Paul-Louis Courier et Béranger, ne sont ni l'un ni l'autre dans cet avilissant catalogue.

« *Les héros aimeront toujours le théâtre qui représente des héros*, » dit Voltaire dans une de ses lettres louangeuses à l'Alexandre du Nord; et le drame qui flattait la vaine gloire de Louis XIV devait également plaire à Napoléon. Les fictions qui donnaient un coloris faux et flatteur aux actions d'un Oreste ou d'un César, répondaient également aux vues du conquérant impitoyable du Palatinat et à celles du vainqueur de Marengo et d'Austerlitz. Bonaparte avait coutume de dire que s'il avait eu Corneille dans son empire, il l'aurait fait prince; et cette idée montre sous un jour sensible la différence entre le temps présent et le temps passé. Une petite pension, accompagnée de toutes sortes d'humiliations malicieuses, fut tout ce que l'infortuné Corneille obtint de la protection ministérielle et de la royale bonté. C'était en effet le *prix marchand* de la servilité du génie dans ce moderne *siècle d'Auguste*.

Napoléon était non-seulement le héros de la muse dramatique, il en était de plus le critique et le censeur. Il donnait des avis aux auteurs, des leçons aux acteurs. Il apprit à Talma plus qu'il n'apprit de lui; et le maître de la destinée de tant de souverains était aussi en quelque sorte le directeur du *Théâtre Français*. Les notions dramatiques de Napoléon étaient celles du temps où il avait été élevé; mais son ame forte ne pouvait être satisfaite de l'insipidité de l'ancienne tragédie, et l'absurdité de la vieille école de déclamation ne lui échappa point. «Venez aux Tuileries dimanche prochain,» disait-il à Talma, «je recevrai les rois de Saxe, de Wurtemberg, de Naples et de Hollande. Les autres princes de l'Europe seront représentés par leurs ambassadeurs. Observez ces personnages attentivement, et dites-moi ensuite si vous les avez vus s'élever sur la pointe des pieds, rouler les yeux et faire des gestes extravagans, ou parler avec une emphase ridicule. Au contraire, les manières les plus simples sont les plus distinguées ; et la supériorité du rang comme celle de l'esprit s'annonce par la justesse et la rareté d'actions et d'inflexions de voix trop marquées. » C'était là du véritable et bon romantisme, et Napoléon était romantique *sans s'en douter.*

A la restauration des Bourbons, les muses classiques de l'œil-de-bœuf qui rentrèrent sur les fourgons des alliés, s'occupèrent avec zèle à dicter des sujets pour la royauté impromptue aux candidats des pensions poétiques. Les échos du théâtre furent éveillés par les acclamations *mille fois répétées* à la gloire de *l'envoyé d'en haut.* Apollon reprit sa place aux Tuileries, et les Graces rentrèrent dans leurs niches, vacantes par la retraite du Génie de la Victoire [1]. Les

---

[1] Depuis la restauration, la politique est toujours entrée pour quelque chose dans les élections académiques, comme dans les autres. Sous l'administration de M. de Vaublanc, Arnaut, Étienne, Grégoire, Garat et d'autres furent privés de leurs sièges pour les punir de leur indépendance. Les deux premiers sont rentrés dans leurs honneurs depuis quelques mois. Maintenant un désir bien naturel parmi les jeunes romantiques les fait aspirer à partager la considéra-

classiques modernes triomphèrent à cette restauration d'une partie de l'ancien *régime ;* et plusieurs des plus âgés du parti libéral (qui niait en littérature cette liberté de conscience qu'ils adoptaient en politique) soutenaient d'une main le code d'Aristote et de l'autre la *charte.*

En même temps les jeunes Français, débris héroïques des campagnes de Moscow et de Waterloo, avec toute leur science militaire, se trouvèrent les sujets très-illettrés du monarque le plus lettré de l'Europe. Les insatiables demandes de conscrits, anticipant sur le temps nécessaire pour une éducation libérale, avaient pris les dernières levées tout-à-fait ignorantes dans ces branches du savoir que Louis XVIII avait exclusivement cultivées ; et quand ils se retrouvèrent déchargés des travaux et privés de la gloire des armes, ils se jetèrent avec une ambition bien excusable, une louable émulation sur les champs du classisme, résolus de les conquérir par le rapide *en avant* de leur ancien maître. Oubliant que la littérature a aussi ses écoles polytechniques,

---

tion encore attachée au *fauteuil ;* et les classiques, de leur côté, cherchent à les en exclure ; mais les prétentions des Jésuites dominent celles des deux partis, et les opinions monarchiques et la tartufferie sont les plus sûrs moyens de succès à la haute cour du Parnasse.

et que ses honneurs les plus précieux ne s'obtiennent qu'en passant graduellement par les moins élevés, ils voulurent juger avant d'avoir lu; et les pages de La Harpe leur fournirent l'exemple d'un court procédé pour s'en dispenser. Le *Cours de littérature* de cet écrivain prouve en effet que la critique classique n'implique pas nécessairement une connaissance préliminaire des langues classiques.

Les œuvres de ce père des classiques modernes, qui, de même que les pères de l'Église, prêcha par inspiration ce qu'il n'avait jamais appris humainement, jouissaient alors d'une célébrité temporaire bien opposée à l'obscurité de leur première fortune. Elles se présentaient *tout à point* pour les jeunes aspirans aux distinctions littéraires, sur les tablettes de tous les libraires de la rue Saint-Jacques et de la place de l'Odéon, et jusque sur le seuil des Écoles de Droit et de Médecine. Les beaux jours des Scaliger et des Dacier renaissaient au *pays latin*. Les élèves de Daubenton et de Cuvier se délassaient avec Horace et Longin; et, confondant l'anticlassisme avec l'antipatriotisme, ils criaient : *Vivent les unités! à bas Shakspeare ! c'est l'aide-de-camp de Wellington.* Soutenus par ces jeunes prétoriens du

Parnasse, leurs anciens, les *Frères des Bonnes-lettres*, les écrivains de tragédies rimées, se mirent en campagne, et se jetèrent dans la citadelle de l'Académie. Même quelques journaux libéraux, évangélistes de la nouvelle lumière politique, prêchaient pour les ténèbres de l'ancienne littérature ; et l'un des plus célèbres *rédacteurs* d'un estimable journal (qui, de même que César, a écrit des Commentaires sur ses prouesses) n'admettait point de salut pour une tragédie dans laquelle l'action excéderait d'une seule minute le temps accordé par les lois d'Aristote.

Ce fut en ce moment fatal de réaction littéraire que je mis au jour mon malheureux chapitre sur le Théâtre Français, avec cette épigraphe plus malheureuse encore :

« Qui me délivrera des Grecs et des Romains ? »

Ce fut à cette époque éminemment classique, que je me plaignis, en allant au théâtre,

« De n'entendre jamais que Phèdre ou Cléopâtre,
Ariane, Didon, leurs amans, leurs époux,
Tous princes enragés hurlant comme des loups. »

La conséquence de cette hardiesse a été trop notoire pour qu'il soit nécessaire de la rappeler. Je devins le Paria du classisme, l'excommuniée du

Quarterly Review ; le Journal des Débats me mit hors la loi ; mes hérésies littéraires furent prises en Angleterre comme preuves de mon irréligion, et en France comme preuves de la perversité de mon goût. Ce fut ainsi que je devins le martyr du romantisme avant de connaître son existence ; et que je me trouvai rangée parmi les « mères nourrices » de la nouvelle doctrine, avant d'avoir seulement qualité pour en être une catéchumène.

Tant que la médiocrité servile et intéressée, *dégoûtée de gloire et affamée d'argent*, trouva son compte dans un ordre de choses où l'on payait avec profusion ses timides et insignifians efforts, le génie national sembla, de même que le *maître génie* qui l'avait tenu si long-temps enchaîné, exilé dans quelque région lointaine. On alla même jusqu'à mettre en doute qu'il eût jamais existé, ou du moins qu'il eût survécu à son développement momentané dans le *grand siècle ;* et les adeptes du classisme défiaient leurs contemporains de leur montrer un Racine, un Boileau, un La Fontaine.

Mais sous le profond et mortel repos qui couvrait la surface de la société à la première époque de la restauration, fermentait le principe de nouvelles combinaisons, que l'imagination n'aurait pu même rêver. A mesure que le pouvoir absolu déclinait, que l'opinion s'élevait du milieu d'un chaos de principes destructeurs l'un de l'autre, de nouveaux modes de pensées furent créés par de nouvelles institutions. Le levain d'une presse active sinon libre (ce premier bienfait d'un gouvernement représentatif), travaillait dans la masse d'intérêts hétérogènes ; et une révolution silencieuse se préparait dans l'esprit et l'imagination des Français, et arriva par degrés à son plein développement. Trente ans passés dans la poursuite des institutions libres paraissaient enfin amener au but désiré. Les systèmes cédaient à l'expérience ; la littérature frivole du grand siècle qui, avec toutes ses beautés, n'a jamais rendu le moindre service à la science politique, au perfectionnement social, ne fut plus de mise. Les temps exigeaient une autre nourriture. Le vieil arbre de la science ne portait plus de fruit ; et l'on vit croître une nouvelle végétation plus vigoureuse, dont les branches, comme celles de toutes les plantes naturelles, s'étendaient vers la lumière. L'esprit public se consacrait aux événemens publics, et l'aurore d'une ère nouvelle en littérature parut en France avec des couleurs propres à l'époque. Sous le vieux despotisme des Bourbons, le mécontentement national se soulageait par un vaudeville ou une épigramme. Ces insurrections poétiques, ces résistances sur le papier, étaient les soupapes de sûreté des Richelieu et des Mazarin. Sous les Bourbons de la France régénérée, l'opinion publique se déclare dans le langage naturel de la prose, la véritable expression de l'esprit, coulant avec les pensées, sans s'arrêter, dans sa course rapide, à tourner une rime, à trouver son issue à travers les canaux tortueux d'un mètre ingrat. Personne maintenant ne va consulter Boileau ou étudier Racine pour chercher des formes de style ; le sujet est tout. La résistance au pouvoir arbitraire, et la découverte et le repoussement des tentatives pour raviver d'anciens abus, n'admettent pas le temps nécessaire pour aiguiser une épigramme ou polir une tirade alambiquée. La nouvelle presse en France jeta dans son explosion volcanique des torrens d'opinions en forme de pamphlets, qui, en dépit des nuages de vapeur épaisse d'une première éruption, lancèrent partout les brillantes étincelles, les pures flammes d'un patriotisme incorruptible. Ce fut alors qu'un homme qui fut le symbole des temps où il vécut, dont le caractère et la vie représentaient les trente dernières années de l'histoire de son pays, parut pour montrer dans ses écrits la force des circonstances, non-seulement sur l'intelligence, mais sur le tempérament de la nation. En d'autres temps en effet, et sous d'autres circonstances, la France n'aurait pu produire un caractère ou un écrivain tel que Paul-Louis Courier.

Paul Courier, le Pascal des politiques, le fondateur d'un style approprié aux premiers écrits libéraux que la France ait eus, qui offrit le bel exemple d'une langue d'idées substituée à une langue de phrases, chez qui la logique n'était que la simple vérité, — ne devait avoir, par une déplorable fatalité, qu'une existence aussi courte qu'elle fut brillante. Mais sa mission a été accomplie. Il persuada le monde qu'un style autre que celui par lequel Bossuet effrayait la mollesse de la cour, ou que Fénélon employa pour l'endormir doucement, était nécessaire pour captiver un peuple éclairé, régénéré. Dans ses dessins graphiques, ses *termes pittoresques*, et ses esquisses rapides des mœurs du jour, il prouva que l'on ne peut rien dire en vers qui ne puisse être mieux et plus efficacement dit en prose. On trouve dans ses descriptions épistolaires plus de poésie que dans les *Jardins* du précieux Delille ; et ses groupes ont une fraîcheur à laquelle les fades *poétastres* du Palais-Royal n'ont jamais pu atteindre ; parce que la poésie de la nature n'est jamais qu'où la nature préside environnée de tous ses merveilleux et admirables ouvrages.

Tandis que le style de Courier est regardé en France comme un modèle aussi pur qu'il est original, les opinions qu'il a avancées forment le code d'une population éclairée. Parmi les écrivains ambitieux qui ont occupé l'arène politique, il n'en est pas un, depuis Voltaire, qui ait été lu avec autant d'avidité, qui ait produit autant d'effet sur l'esprit public, et paru plus formidable contre les abus intéressés d'une autorité corrompue.

Contemporain de ce fondateur de la prose romantique, il est un poète dont les inspirations sont aussi nationales que son caractère, et dont les vers rappellent cette *vieille gaieté gauloise*, cette véritable poésie française que l'Académie et les pédans du dix-septième siècle avaient tâché de remplacer par de froides imitations des anciens. Depuis Clément Marot rien d'aussi frais, d'aussi français que les ouvrages de Bérenger, n'a paru en France. La poésie est là dans le fond, non dans la forme; dans les pensées, non dans leur expression. L'esprit, le sarcasme, l'ironie, la plaisanterie, l'invective, servent tour à tour à exciter le patriotisme, le courage du pays, et prennent plus de force par la simplicité, la facilité ingénue du langage. Il n'a point d'inversions, point d'images ambitieuses, de métaphores enflées; mais quand il répète les riches mélodies de la joie ou les plaintifs accens de la pitié, des regrets, il enflamme l'imagination et pénètre le cœur. La muse de Béranger est la muse du libéralisme; et ses vers sont dans la bouche de tous les Français, qui ne sont ni les esclaves de la cour ni les protecteurs des abus. Mais sa popularité ne dépend pas uniquement de cette cause. Tout ce qu'il écrit porte un tel cachet de réalité, de vérité, une si franche inspiration de passion naïve, que leur charme est complètement irrésistible.

Un lecteur purement anglais ne pourra cependant que très-rarement entendre ou goûter la poésie de Béranger. Pour bien sentir ses plus sérieuses attaques contre l'ultra-gouvernement, un Anglais manque de connaissances locales, et d'intérêt personnel; et quant à ses satires légères, ses épigrammes badines, elles ont plus de cette licence qui n'a que trop universellement distingué la *gaie science* en France, pour être approuvée par la saine morale et les bonnes mœurs. On y trouve un manque de tact partiel, ou peut-être une tendance d'instinct à transgresser les convenances, semblable à celle qu'on a si sévèrement censurée dans les écrits de Biron, et qui, bien que familière à la littérature française, n'a jamais été tolérée chez nous. Son mérite n'en est pas moins du premier ordre, et comme auteur de génie et comme patriote, et il sera lu dans la postérité quand les noms mêmes des rimailleurs freluquets de l'insipidité contemporaine seront oubliés.

Quand nous quittâmes la France en 1818, le mot romantisme était inconnu (ou presque inconnu) dans les cercles de Paris. La chose n'était encore qu'une grace intérieure qui ne prenait aucune forme visible. Les auteurs *à la mode*, soit libéraux, soit ultras, étaient ou se croyaient les soutiens et les disciples de la vieille école. Les journaux étaient autant de colonnes de l'orthodoxie littéraire. Tous prêchaient l'infaillibilité de l'Académie, quoiqu'ils missent en question celle du pape. *Les œuvres complètes*, alors jugées nécessaires pour former une bonne bibliothèque, étaient celles des écrivains les plus stricts dans l'observation des règles d'Aristote. Le génie de M. de Chateaubriand lui-même se trouvait comparativement au-dessous de sa réputation ; et les derniers noms que j'entendis répéter par la voix de la Renommée, étaient ceux de MM. Lemercier, Jouy, Duval, Dupaty, Arnault, Étienne,

Andrieux, Pastoret, de Lévis, Soumet, Baour
Lormian et autres de la même croyance, et des
mêmes doctrines. A mon retour en 1829, je
trouvai cet *album sanctorum* converti en un
rôle de l'armée des martyrs [1]. D'autres listes de

[1] Non que ces auteurs distingués aient cessé de mériter
et d'obtenir l'approbation d'un grand nombre de leurs
compatriotes ; mais la guerre du romantisme et l'admiration
pour les produits de la nouvelle école ont donné aux
jeunes écrivains qui la suivent plus de vogue peut-être
que leur fraîcheur, leur nouveauté, leur vigueur, n'auraient
pu en obtenir sans cette circonstance ; et cette vogue rejette
naturellement dans l'ombre leurs aînés. Nous avions le
plaisir de connaître quelques-uns de ceux-ci personnellement,
et j'ai déjà fait mention d'eux dans mon premier
ouvrage sur la France. Je fus heureuse de les retrouver à
mon retour (à très-peu d'exceptions près), jouissant aussi
pleinement de la vie et des plaisirs intellectuels de la société
que quand je les avais quittés. M. de Jouy s'occupait
à composer son *Guillaume Tell*. — M. Duval était dans la
joie du succès de sa dernière comédie de *Charles II*, aussi
vive que celle qu'il avait sentie au triomphe de sa première
pièce, *Henri V*, et conservait la même faveur publique qui
lui avait été accordée pendant vingt-cinq ans.—M. Lemercier
se reposait de sa gloire dans sa consistance politique et son
indépendance littéraire.—M. Charles Pougens travaillait,
malgré son âge avancé et sa cécité, à des ouvrages d'utilité
philosophique ou d'ingénieux amusement.—M. Arnault
composait sa tragédie de *Pertinax* et jouissait du succès de

célébrités avaient cours, et Victor Hugo, Lamartine, Alfred de Vigny, Mérimée, Vitet, Dumas, Beyle, de Barante, Thierry, Mignet, etc., avaient pris la place de ceux que j'avais laissés en possession de la faveur publique. En moins de dix ans un changement au-delà de tout ce qu'il était possible de prévoir, avait eu lieu dans la littérature française. L'esprit de liberté qui s'était développé dans les écrits politiques de 1816, avait en 1829 pris possession de toutes les branches de la littérature. L'homme de lettres et le politique n'étaient plus deux personnages distincts. Le temps et les talens que les poètes français d'autrefois employaient à énerver, à dégrader, ou, dans leur meilleure fin, à amuser simplement le peuple, et à rendre

son recueil de Fables délicieuses, collection d'épigrammes en forme d'apologue, où se trouve le charmant morceau attribué à madame de la Sablière :

> De ta tige détachée,
> Pauvre feuille desséchée,
> Où vas-tu? etc.

— Et M. Dupaty, occupé d'un drame original, de *mezzo carattere*, d'un grand intérêt, était encore aimable, spirituel et gai, comme quand il lut, il y a douze ans, dans mon salon, son poëme excellent et courageux du *Délateur*.

hommage à ses vains et impitoyables dominateurs, sont maintenant consacrés à instruire la nation, à combattre les préjugés et les agressions des classes privilégiées. L'ancienne race des *hommes de lettres*, qui fourmillaient autrefois dans les salons de Paris distribuant leurs *lieux communs* et leurs *flagorneries*, a disparu : ou si l'ombre d'un ex-abbé hante encore les *cafés*, ou vient effrayer les habitués des cercles littéraires, quoiqu'un sentiment de pitié puisse faire accorder quelque respect à l'apparition inattendue, la patience elle-même ne pourrait lui faire accorder la moindre attention. La France lisante, pensante, réfléchissante, n'a pas le loisir d'écouter les oracles détrônés d'une génération passée, ni les jugemens de pratique d'une critique défunte.

Les écrivains populaires du jour, dont les ouvrages sont dans toutes les mains, dont les drames sont toujours accueillis, toujours écoutés avec délices, sont tous au printemps de la vie, saison du véritable enthousiasme, de l'incorruptible honneur. Placés par une situation aisée, maintenant si commune en France, au-dessus des soins et des tentations de la pauvreté, nés et élevés dans un temps où les distinctions personnelles sont seules admises comme droits à l'estime publique, leurs efforts pour atteindre à la renommée sont nobles, purs, exempts de toute prétention aux faveurs de la cour, à la protection aristocratique. Le désir ardent de faire du bien à leur pays en l'amusant et l'instruisant par la représentation des folies et des perversités du passé, les a conduits à dérouler les pages long-temps oubliées de l'histoire nationale, qui, en leur fournissant les données les plus sûres pour les spéculations philosophiques, leur procuraient aussi les matériaux les plus romantiques pour les ouvrages d'imagination. Si jamais un pays fut riche en souvenirs des anciens temps, dans lesquels les ombres et les lumières des âges successifs se réfléchissent avec fidélité et conservent à chaque nuance sa fraîcheur, ce pays est la France. Monstrelet, le moine de Saint-Denis, Félibien, Sauval, Froissart, Ducange, Brantôme, l'Estoile, et les ouvrages plus animés et plus amusans des Daubigné, des Motteville, des Montpensier, des Nemours, des Bussi-Rabutin, des Sévigné, des La Rochefoucault, des Retz, des Conti, etc., etc., sont des trésors littéraires inconnus dans les annales des autres contrées. Ils renferment des développemens plus précieux pour l'histoire de l'humanité que tout ce que nous ont laissé les écrits élégans, mais trop rhétoriques, des historiens grecs et latins.

Malgré la valeur réelle, le grand intérêt de ces écrits, la plupart gisaient depuis des siècles oubliés dans la poussière des bibliothèques publiques, que le public ne consulte presque jamais, et que les antiquaires des temps précédens avaient peu d'occasions de fréquenter. Trop énormes dans leurs dimensions, écrits dans un langage trop difficile, ou trop rares pour avoir place parmi les livres courans, leur existence même était inconnue au grand nombre des lecteurs. Le gouvernement, s'il connaissait leur importance, les regardait comme des témoignages trop offensans de la misère des temps qu'il appelait *bons* seulement parce qu'ils étaient *anciens*, et n'avait garde d'appeler sur eux l'attention de ses écrivains protégés. D'autres chroniques étaient recherchées pour les noms et les localités, des fictions narrées. Les romans de mademoiselle de Scudéri, comme les tragédies de Racine, peignaient Caton galant et Brutus dameret, « tandis que ces superbes romans de la vie réelle avec tous leurs accompagnemens pittoresques que fournissaient l'histoire des Guise, des Valois, des Montmorency. ces légitimes sources de tragédie nationale, de narrations romanesques nationales, étaient négligées ou rejetées par les auteurs du *Grand Cyrus*, de *Clélie* et d'*Alexandre*. Même dans le siècle suivant, quand les recherches sceptiques prirent faveur, la philosophie, qui appelait de tous côtés des alliés pour s'unir à elle contre les antiques abus, oublia ces riches mines de preuves et d'observations, si fort à l'appui de leurs vues. Des hommes d'un génie supérieur, qui voyaient et abhorraient les erreurs de la religion et du gouvernement des anciens temps, ne se trouvaient pas conduits par leurs études habituelles ou leurs associations d'idées ordinaires, à faire usage de ces autorités. Ce travail productif et honorable était réservé aux enfans d'une race nouvelle et plus vigoureuse.

La restauration des Bourbons et la résurrection projetée de toutes les infamies sociales et politiques de l'ancien *régime*, en appelant l'esprit français au combat sur cette même arène naguère le théâtre d'une guerre plus sanglante et plus féroce, a donné lieu à découvrir ces trésors cachés. Les défenseurs du libéralisme cherchèrent naturellement dans les origines et les causes des anciennes institutions des moyens pour prouver qu'elles étaient nées de la fraude et n'avaient produit que des maux intolérables dans leur maturité. En fouillant dans les annales du passé pour expliquer et démontrer le présent, l'énergie dramatique, le coloris pittoresque de l'histoire nationale et ses événemens intéressans, ne pouvaient manquer de frapper l'homme de lettres; tandis que l'immense avantage de dénoncer au mépris public les institutions qui avaient causé tant de malheurs, n'était pas moins évident aux yeux du politique.

L'essai fut tenté, et réussit. Le roman historique et le drame historique, traités avec plus ou moins de talent et de génie, mais avec une égale honnêteté de vues, un courage égal pour exposer le mal dans toute sa laideur, ont amené une nouvelle ère de la littérature en France, et donné le goût d'un style nouveau qu'il sera difficile de détruire. Le principe sur lequel ces ouvrages sont composés est celui d'une libre étude, d'un libre choix de la nature. Ses règles sont, de n'en avoir aucunes, — ou seulement celles qui naissent du sujet; de ne se soumettre à l'autorité d'aucun corps, mais de prendre le mot qui exprime le mieux la pensée, ou peint le mieux le caractère de la personne (le mot auquel Voltaire a si bien appliqué l'épithète de *pittoresque*) et d'user, quand cela est nécessaire, d'un langage nouveau, frappé à un coin moderne, ou tiré de l'ancien vocabulaire que la timide servilité des académiciens a rejeté. La moralité que la nouvelle école veut développer est que, *ce qui a été pourra être encore;* mais la nation, qui dévore ses productions, répond, tout en approuvant l'avertissement, par un intelligible et positif: *Non, jamais.* Jamais la France ni l'Europe ne reviendront à cet état de choses qui produisit la molle, élégante et inutile littérature désignée comme classique, et que l'on oppose aux écrits plus hardis, plus francs, mais moins polis du temps présent.

Dans la longue liste des écrivains de cette école, il serait injuste d'en donner quelques-uns comme modèles de son caractère spécial. Ses historiens nerveux, élevés et brillans, Montgaillard, Mignet, Thierry, de Barante, Guizot, Capefigue, sont déjà connus dans la littérature européenne; et cette riche et amusante classe de productions, portant les noms nouveaux de *scènes féodales, scènes historiques, romans historiques, scènes populaires* [1], *proverbes* [2], est si particulière au temps et à la nation qu'elle dépeint, que la simple men-

---

[1] Par Henri Monnier.
[2] Par Leclercq et par Lemesle.

tion de leur existence suffirait pour attirer l'attention et exciter la curiosité publique. *La Jacquerie*, par l'auteur de Clara Gazul; *la Mort de Henri III*, *les Barricades*, *les États de Blois*, par Vitet[1]; les *Soirées de Neuilly*, par Cavé et Dittmer; le *Henri III* de Dumas; le *Cinq Mars* d'Alfred de Vigny, rivalisent de mérite littéraire avec les meilleurs romans historiques anglais, et les surpassent dans la hardiesse de dessin et la candeur de vues. En Angleterre les écrits de ce genre n'ont eu d'autre but que de gâter la meilleure des causes, de peindre les turpitudes de Charles II comme les erreurs galantes d'un aimable cavalier, et les crimes horribles de Louis XI comme les écarts d'une originalité royale. Mais dans les consciencieux et mâles ouvrages des romanciers et des dramaturges de la France moderne, on voit que la vérité et rien que la vérité, avec le *quand même* des ultra-royalistes, est l'objet et la fin de tous leurs travaux.

[1] Les charmans ouvrages de Vitet et de Mérimée ont mis en pratique la théorie du président Hénaut pour écrire l'histoire, et en ont prouvé la vérité. « Le grand défaut de l'histoire, » dit le président, « est de n'être qu'un récit, et il faut convenir que les mêmes faits racontés, s'ils étaient mis en action, auraient bien une autre force, et surtout produiraient bien une autre clarté à l'esprit. »

Les opposans à la nouvelle école avancent contre elle que parmi ses nombreux auteurs aucun n'a encore atteint le mérite et la réputation des écrivains du grand siècle; et la *médiocrité universelle* est le texte de leurs éternelles lamentations. Mais l'âge des grandes célébrités est passé. La lumière des lettres est trop largement répandue pour permettre à des « étoiles particulières » de briller d'un éclat éminent. Des mesures politiques non des hommes, des choses non des théories, le bien public non l'amusement public, la prose non la poésie, intéressent, occupent l'attention, et modifient la manifestation du génie individuel.

L'abnégation de soi-même, l'abandon de la petite *gloriole d'auteur*, est un sacrifice nécessaire auquel se soumettent sans regrets les jeunes littérateurs de nos jours. L'ambition d'être utile aux hommes en masse l'emporte maintenant sur le désir d'écrire seulement pour quelques élus d'un goût délicat et raffiné.

Mais quand cette objection serait juste, elle s'appliquerait tout aussi évidemment aux imitateurs rigides des modèles classiques. Parmi les observateurs des unités les plus distingués, on n'en voit pas plus approcher de l'excellence et de la renommée de Racine et de Boileau, que parmi ceux qui travaillent avec d'autres moyens. La vérité est que, les premières places une fois enlevées dans la littérature d'un peuple, parce qu'elle a été long-temps exploitée, il n'est pas probable que le même sol produise une seconde moisson de *chefs-d'œuvre*. D'ailleurs il y a quelque chose de tout-à-fait ennemi de l'excellence et du génie dans l'imitation. Le seul espoir de l'avenir est dans le défrichement de terres nouvelles ; et l'on prouve plus de force intellectuelle dans des tentatives même infructueuses, pour trouver de nouvelles sources de plaisir ou d'instruction, que dans la plus heureuse persévérance à puiser dans les anciennes. L'on sait d'ailleurs que les hommes sont sujets, en s'éloignant d'une erreur, à se jeter dans l'excès contraire. Le système souffre sans doute des exagérations de l'ignorance et des méprises de l'inexpérience. Il n'est pas encore suffisamment démontré à tous, que n'être point classique n'est pas être romantique; et que le mépris des lois sévères de l'ancienne école ne doit pas autoriser à dédaigner celles du bon sens. Mais avec tous ses défauts le romantisme est dans l'ordre de la nature, c'est une conséquence nécessaire de causes nécessaires; et soit qu'il conduise ou ne conduise pas ses disciples à la postérité, il est du moins venu en temps utile pour tirer notre siècle de la décrépitude et de la médiocrité qui l'avaient précédé.

« Il s'élève devant nous comme un monde nouveau s'offre aux yeux des marins en détresse, battus de l'orage et privés de provisions; ou comme le soleil se levant pour la première fois sur le chaos où l'on voit encore des restes des anciennes ténèbres. »

PHILOSOPHIE EN FRANCE.

A l'époque où nous visitâmes la France pour la première fois, elle était encore sous l'influence de l'excitation révolutionnaire, préoccupée de certaines idées dominantes que la lutte récente avait réveillées. Les accusateurs et les défenseurs de la révolution s'obstinaient chacun de son côté à considérer tout ce qui avait rapport à cet événement sous un seul point de vue, soit comme purement mauvais, soit comme purement bon. Les deux opinions étaient face à face; aucun intermédiaire modérateur, soit philosophique, soit religieux, soit politique, ne se plaçait entre elles.

La philosophie de cette époque était encore celle qu'avaient laissée les écrivains qui précédèrent la révolution ; car, bien que Napoléon, poussé par l'instinct naturel aux despotes, eût tâché de décrier et de tourner en ridicule toute recherche générale ou abstraite, et eût interrompu l'éducation de la génération naissante par ses demandes de conscriptions anticipées, la tradition restait encore des opinions qui avaient dernièrement prédominé ; et si elles n'étaient pas embrassées avec pleine connaissance de cause, elles étaient adoptées par préjugé et soutenues sans admettre le moindre doute. Les doctrines de Locke, de Condillac, de Cabanis, de Tracy, quoique moins généralement étudiées qu'elles ne l'avaient été, régnaient cependant encore, comme articles de foi nationale [1]. Les personnes les plus âgées avaient été élevées dans leurs principes, et les plus jeunes les recevaient sans examen de leurs aînés. Si quelqu'un eût osé proposer de soumettre les choses à un témoignage différent de celui des sens, on lui aurait ri au nez, comme

[1] Napoléon défigura et mutila le plan admirable des écoles normales, et supprima la classe de l'Institut, dite des sciences morales et politiques, dont la culture était incompatible avec le système de gouvernement qu'il voulait suivre.

à un ignorant, ou bien on l'eût repoussé comme un charlatan.

Le changement opéré depuis ce temps dans l'opinion publique est instructif et remarquable. La société, divisée en catégories par la restauration, s'est subdivisée d'elle-même en sectes et en coteries. La stupeur dans laquelle la volonté toute-puissante de Napoléon avait jeté la nation s'était dissipée instantanément par sa chute, et tous les désirs, toutes les ambitions qu'elle avait comprimés avaient repris leur activité naturelle. La soif d'instruction de tous genres devint universelle, soit pour l'amour pur de la science, soit comme préliminaire essentiel pour obtenir des garanties à la liberté. Les jeunes gens surtout se livrèrent à l'étude des sciences morales, dans le but de reconnaître et d'assurer leurs droits, et la sainte alliance les empêchant de donner à leurs vœux un plein effet, ils se rejetèrent sur la philosophie spéculative, comme une arène dans laquelle ils pouvaient combattre efficacement et sûrement l'absolutisme.

Mais la nation n'avait pas été seule active et alerte. Les diverses parties de l'aristocratie, la cour et les prêtres, avaient aussi leurs intérêts à défendre. La recherche de la vérité avait donc été soumise par les factions à la propagation de l'esprit de parti; et un nombre infini de compromis entre les deux principes extrêmes du droit divin et de la souveraineté du peuple, entre la liberté absolue de conscience et les restrictions papales, entre le scepticisme complet et la foi implicite, avaient été mis en avant pour distraire le public, pervertir son jugement.

Au milieu de ce mélange de faiblesse et de mauvaise foi de la part du gouvernement, de division et d'hésitation de la part de certaines classes du peuple [1], plusieurs théories se sont développées, plusieurs fractions d'opinion ont pris une consistance et une importance momentanées. Les demi-vues en philosophie et les demi-mesures en politique furent adoptées, par nécessité ou par convenance. Le quasi-vrai, la plausibilité partielle eurent cours aux dépens des idées simples et complètes. Pendant les cinq dernières années, et surtout depuis le renversement du ministère déplorable, ce chaos de l'esprit a commencé à se débrouiller, à laisser apercevoir quelque apparence d'ordre. Mais la nouvelle création est encore dans l'enfance, et ses combinaisons telles, que les monstres fabu-

[1] Les auteurs, les législateurs, les professeurs, les aspirans aux places, les philosophes spéculatifs.

leux engendrés par le limon du Nil, sont encore défectueux et gigantesques dans leurs proportions. Tout a été remis en question : religion, morale, politique, philosophie et littérature; et à travers un désir général de liberté pratiqué, une tendance marquée au républicanisme, dans la partie la plus jeune de la société, les véritables bases des raisonnemens théoriques restent encore indécises et flottantes. Diverses sectes d'économie politique, les deux factions romantique et classique,—en littérature, les innombrables subdivisions des partis politiques, royalistes, jésuites, républicains, constitutionnels et doctrinaires, montrent que l'on est dans une époque de transition, où l'opinion est en suspens et la manière de penser sur toutes les grandes questions provisoire et temporaire.

Les opinions philosophiques aujourd'hui dominantes se divisent en trois systèmes, ou sectes, les physiologistes, les théologiens et les éclectiques. Les doctrines des premiers sont fondées sur l'application de la méthode de Bacon à l'investigation de l'esprit. Les écrits de Locke et de Condillac commencèrent à bannir les argumens *à priori* des sciences morales; et Cabanis, en développant les relations entre le cerveau et les autres viscères, dans la production des pensées et des volontés, a fondé sur des bases solides une théorie des phénomènes intellectuels, de laquelle toute hypothèse gratuite est sévèrement rejetée. En laissant à part la considération des premières causes (comme étant au-delà de la portée de l'expérience), les philosophes physiologistes bornent leurs recherches aux phénomènes de l'esprit. Ils ont trouvé qu'ils dépendaient des conditions physiques des organes par lesquels ils sont manifestés; et ils n'ont pas hésité à faire de la structure de l'homme la base de leurs spéculations sur sa nature morale. Toute sensation, disent-ils, tout désir distinct est un phénomène qui a son origine dans des causes physiques, et qui dérive des lois de la force vivante commune à toute la machine. Pour entendre ces causes, la structure animale doit donc être analysée et ses modes d'action déterminés. Tout ce qu'on peut découvrir de cette manière se range parmi les faits certains qui constituent les connaissances réelles. Tout ce qui échappe à ce mode d'investigation doit être regardé comme inconnu et impossible à connaître. Les plus ingénieuses explications, les hypothèses les plus plausibles, n'étant jamais que des *lumières trompeuses*, des principes incapables de conduire à des conséquences utiles.

Suivant les physiologistes, toutes les idées se

rapportent à la sensation, et sans la sensation il n'y aurait point de conscience. Il n'existe rien en nous de semblable à la conscience abstraite de l'existence, indépendante des impressions; mais nous avons la conscience que nous existons de quelque manière définie, bien ou mal portans, heureux ou malheureux, vigoureux ou faibles, languissans ou actifs, mais toujours sous quelque forme spécifique, dans quelques circonstances déterminées, ou sous l'influence de quelque mode d'affection intérieure. La conscience est donc la perception de l'être physiologique complexe avec ses accidens présens, et non cette abstraction que quelques philosophes français appellent le *moi*.

Par rapport à la nature de la vérité, la plus grande certitude que nous possédions concerne la réalité de notre être et la réalité de nos sensations; après celle-ci vient la réalité du monde extérieur, quoique son évidence soit peut-être inférieure à quelque degré.

La connaissance du monde extérieur se borne aux phénomènes; nous ne pouvons rien savoir des premières causes, car ayant été avant les phénomènes, elles ne peuvent être expliquées par eux, et nous n'avons aucun autre moyen de les connaître autrement. La démonstration consiste à suivre une idée jusqu'à la sensation d'où elle a pris son origine. La vérité consiste soit dans la conformité d'une idée avec sa sensation originelle, soit dans la conformité du langage avec lui-même et avec les idées dont il est le signe. Exiger des preuves de la réalité de nos sensations serait donc une absurdité. Les sens d'un individu bien organisé, agissant dans l'état sain, ne le trompent jamais. Un corps angulaire en tournant rapidement peut paraître rond; ce n'est pas une erreur des sens. Nous voyons le corps comme nous devons le voir, d'après les lois qui gouvernent l'action de la rétine; mais l'inférence de sa rondeur est une induction erronée, fondée sur une supposition d'analogie imparfaite et précipitée.

L'induction consiste purement en une association d'idées. Quand un phénomène inconnu se présente avec quelque ressemblance à un autre phénomène connu, tous les attributs de ce dernier, qui se trouvent liés avec les points de ressemblance, sont mentalement attachés au premier, sans aucune autre recherche. Une loi primitive de notre organisation conduit constamment à ce résultat. Par exemple, nous sentons en nous-mêmes la volonté et le pouvoir de produire certains changemens sur les objets extérieurs; et nous trouvons que ces changemens ne peuvent avoir lieu que sous l'influence de ce pouvoir. Nous exprimons cette idée en disant que nous sommes la cause des changemens, et qu'ils sont des effets de nos volontés. Quand nous apercevons d'autres changemens avoir lieu dans la nature, sans notre interférence, mais avec une semblable uniformité de circonstances, nous sommes conduits, par association, à inférer la présence d'une force analogue à notre volonté qui serait la cause de ces changemens. De là est née d'abord la mythologie, ensuite la doctrine des causes premières.

Comme nos connaissances sont renfermées dans les limites de la sensation, il n'est pas impossible qu'il existe des entités que nous ne pouvons connaître, simplement parce qu'elles ne sont pas capables d'exciter des sensations. L'induction nous amène souvent à supposer l'action de ces êtres inconnus comme cause des phénomènes que nous ne comprenons point. Ces agens sont des objets de foi, mais non de connaissance. On ne peut tirer aucune conclusion philosophique d'après eux, ni s'en servir comme indications sûres pour découvrir une vérité ultérieure.

Une erreur de raisonnement analogue donne

lieu aux deux systèmes des idéalistes et des matérialistes, qui à leur tour ont produit le scepticisme. A l'égard des parties hypothétiques de ces systèmes, les physiologistes ne prononcent rien; ils savent qu'ils n'ont et ne peuvent avoir aucunes connaissances certaines sur ces matières; ils ne cherchent point à sortir d'une ignorance inévitable, et qui n'intéresse en rien leur bien-être, et se dispensent de se torturer l'esprit par de vaines et inutiles conjectures.

La modestie et la simplicité du système physiologique, jointes à l'identité de sa méthode avec celle qui a jeté tant de lumières sur les sciences naturelles, et qui donne à la métaphysique la certitude d'une science physique, l'a rendu avec raison très-populaire en France [1]. Mais il existe en tous pays des esprits ardens, imaginatifs, tourmentés du désir insatiable de pénétrer les mystères de la nature et de l'ame, et qui, d'après les idées élevées qu'ils se font de la dignité de l'homme, supposent que rien ne peut rester caché à son investigation. Les per-

[1] La philosophie physiologique est encore, je pense, la doctrine prédominante en France. Son chef actuel est le célèbre Broussais, le penseur le plus original des modernes pathologistes, et de plus très-habile métaphysicien. Voyez son ouvrage *de l'Irritation et de la Folie*.

sonnes ainsi disposées, quand elles sont arrêtées dans leur course par les bornes de la vérité démontrée, s'enfoncent sans hésiter dans un monde de conjectures et vont raisonnant d'hypothèse en hypothèse jusqu'à ce qu'elles aient prouvé, du moins à leur propre satisfaction, tout ce dont ils ont besoin pour leurs systèmes. Cette disposition est en elle-même une maladie. Dans un état sain de l'esprit, les facultés de raisonnement et d'imagination sont en un juste équilibre, qui seul conduit à la vérité. Mais il est des têtes organisées de telle sorte que l'imagination prend chez elles un empire décisif à l'exclusion du jugement. Il est peu d'hommes dans lesquels la balance de ces facultés se trouve parfaite; et, suivant que l'une ou l'autre prédomine, ils s'attachent à des doctrines soit philosophiques, soit conjecturales; car, abstraction faite de l'influence de la mode, la philosophie tient le plus souvent au caractère individuel.

Deux sectes violemment opposées, mais en effet très-rapprochées en principes, se partagent la philosophie imaginative de Paris, et sous leurs drapeaux et sous celui de la métaphysique physiologique se range toute la jeunesse de France. L'une est l'école théologique, l'autre l'école éclectique.

A l'égard de la secte théologique, ce serait

peut-être s'avancer beaucoup que de dire que ses disciples ont été conduits, par une vue philosophique des questions, à se jeter dans les bras de la foi. En adoptant le dogme de la tendance décevante des sensations, et de la faiblesse de la raison humaine, ils ne trouvent d'autre base de certitude que dans ce qui est universellement reçu, c'est-à-dire les traditions et l'autorité. A la tête de cette école sont de Maistre, dont les écrits ont eu une certaine vogue dans les salons; La Mennais, célèbre par un ouvrage remarquable sur *l'indifférence en matière de religion*, grand prôneur de la puissance papale; et le baron d'Eckstein, Allemand, éditeur du journal *le Catholique*. A cette secte appartient aussi un petit parti d'économistes politiques, nommé les *producteurs*, qui adhèrent à l'autorité comme témoignage de la vérité, quoiqu'ils ne conviennent point que le pape soit le dépositaire de cette autorité. L'apôtre des producteurs était M. de Saint-Simon, qui, avec des talens distingués, s'était perdu dans l'opinion par ses vices. Dissipateur, par conséquent souvent dans la détresse, l'on raconte de lui, entre autres folies, qu'il se rendit une fois chez madame de Staël, à Copet, pour se proposer comme le père d'un enfant dont il la suppliait d'être la mère. « Vous êtes, » lui dit-il, « la première femme de votre siècle, et j'en suis le plus grand philosophe ; un enfant de nous sera nécessairement une créature merveilleuse, etc. » A la mort de cet homme, ses extravagances furent oubliées, et ses rêveries devinrent des révélations. « Moïse, » à ce que disent très-irrévérencieusement ses sectateurs, « Moïse a été l'apôtre de la force, Jésus celui de la persuasion, Saint-Simon celui de la conviction de sentiment. »

Les producteurs se composaient dans l'origine d'un groupe de jeunes gens qui s'étaient d'abord réunis pour commencer une active opposition politique à la restauration; mais se voyant désappointés dans leur plan, ils se tournèrent vers les recherches spéculatives. Leur utopie politique est un gouvernement confié à la supériorité intellectuelle; leur système religieux est un panthéisme, mais un panthéisme très-différent de celui de Spinosa. Ils ne croient point à l'esprit séparé de la matière, ni à la matière séparée de l'esprit : la division de ces entités est, suivant eux, une pure abstraction. Dieu est l'univers doué d'intelligence et de conscience. L'homme est une partie de cet univers, vivant en même temps et par sa vitalité individuelle, et par celle de l'univers dans lequel il est compris. Leur croyance à la mission du Christ est une conséquence de leur notion, que toute vérité est une révélation divine. Le Christ, disent-ils, a dit le premier aux hommes de s'aimer les uns les autres. Il leur enseigna le premier la doctrine des récompenses et des châtimens futurs, et ébaucha ainsi le plan d'une société universelle ou confraternité de tous les êtres humains : c'était là une révélation. Ils reconnaissent en Dieu comme dans l'homme une trinité, composée d'une faculté d'intelligence, une faculté d'action, une faculté d'amour ; sympathie, connaissance, action, ou bien amour, science, et industrie. Leur système politique se rapproche un peu de celui de M. Owen : ils proposent la suppression de la propriété héréditaire et la conversion du gouvernement en une banque, à laquelle on accorderait le pouvoir de distribuer des capitaux à chaque individu suivant les moyens qu'il aurait de les employer. Ils ne demandent cependant pas la communauté de biens, ce qui, eu égard aux diverses capacités et industries de chacun en particulier, serait une injustice.

L'exposé succinct et incomplet de cette doctrine suffira cependant pour montrer que ses suivans ne peuvent être nombreux. Ses principes sont trop crus et trop incohérens pour convenir soit à des esprits cultivés, soit à des partisans de la routine pure. En résumé, si toutes les sectes et subdivisions du système théologique étaient mises ensemble, leur nombre serait encore fort petit. Leur dogme fondamental de la validité de l'autorité comme preuve de la vérité, répugne tellement à l'expérience de l'homme et à l'histoire de la science, qu'il ne pourra jamais se répandre dans un pays tel que la France, même quand son alliance avec les abus du catholicisme ne le rendrait pas odieux et suspect.

La philosophie éclectique a obtenu au contraire une vogue momentanée, et peut se vanter de nombreux disciples, spécialement parmi les étudians. Cousin, Villemain et Guizot, avec les principaux rédacteurs du *Globe*, tous distingués par l'érudition, l'éloquence et des talens imposans, sont à la tête de la secte et contribuent puissamment à la propagation de ses doctrines. Toutefois ces doctrines, telles qu'elles semblent être, d'après les enseignemens de leurs professeurs, ont éprouvé quelques variations; elles flottent maintenant entre le mysticisme de Kant et les *pétitions de principes*, un peu plus plausibles, de l'école écossaise. Cousin, le grand hérésiarque de la secte, a, m'a-t-on dit, quelque peu rabattu de l'admiration de la philosophie allémande qu'il avait rapportée de son premier voyage dans le Nord [1], et l'on ne parle plus autant de « l'obscurité qui jette de la lumière sur les profondeurs de la nature. » Toutefois l'éclectisme, en dépit de son nom, est essentiellement un platonisme pur; et ses argumens sont conduits d'après les méthodes *à posteriori* des anciens. En prononçant dogmatiquement sur la nature de l'esprit, les éclectiques supposent l'immatérialité de sa substance et son exemption des lois de la matière. En prenant la conscience, ou la vue de ce qui se passe dans leur esprit, pour base de toute certitude, ils font de la raison un principe indépendant et élémentaire, un oracle duquel on ne peut appeler quels que soient ses

---

[1] Cette philosophie a été critiquée fort plaisamment dans *le Voile bleu*, petite pièce des Variétés extrêmement amusante. Le discours suivant est une parodie des globistes.

« Je vais combattre ici effrontément le matérialisme et le scepticisme, d'où découlent à grands flots l'idéalisme et le mysticisme, le sensualisme et l'éclectisme inscrits dans les annales de la création ; et je dirai à l'honorable collègue : Es-tu philosophe? Sais-tu que nous avons en philosophie le moi et le non moi? Connais-tu ton toi, toi? Le châtelain n'a eu qu'une fille parce qu'il n'avait qu'une idée. As-tu l'idée de l'un et du multiple, du fini et de l'infini, de l'être et du paraître, de la substance et du phénomène, du nécessaire et du contingent, etc., etc.....? »

résultats contradictoires. « La raison, » disent-ils, « est ce qui met l'homme en relation avec l'absolu ¹. C'est une émanation de Dieu qui est lui-même l'absolu. » Le moi (substance tout-à-fait indépen-

¹ L'absolu avait pris possession des imaginations de tout Paris, quand un singulier procès jeta sur lui un ridicule qui désenchanta la plupart de ses adeptes. Un certain Hoiniwrousky, ou quelque nom semblable, avait vendu tous les secrets qu'il prétendait avoir en morale et en physique à un amateur de philosophie, pour une très-grosse somme. La dupe paya le prix convenu et se retira avec le charlatan pendant trois ans dans une campagne, pour se rendre maître de tout le savoir dont le dernier pouvait disposer. A la fin de ce terme convenu, l'écolier fut très-mécontent de trouver que, sans égard à la bonne foi et au marché convenu, son instituteur ne l'avait pas mis en possession de l'absolu : or il voulait absolument avoir l'absolu ; et il cita son marchand de philosophie devant les tribunaux, pour le forcer de lui livrer cet article promis et payé, offrant même de doubler le prix, s'il était nécessaire. Il avoua, quand il fut interrogé, qu'il avait reçu la valeur de son argent sur tout autre point, excepté sur l'absolu, qui lui avait été frauduleusement soustrait, pour quelle cause il s'adressait à la cour afin d'obtenir justice. Mais que pouvaient faire les juges ? Ils ne pouvaient forcer le défendeur à faire comprendre au plaignant l'*absolu ;* ils ne l'entendaient pas eux-mêmes. Ainsi donc, le plaignant fut condamné à payer les frais du procès, et à aller chercher ailleurs l'absolu, s'il n'était point déjà dégoûté de l'enquête.

dante du sujet visible et tangible) est doué de la faculté de percevoir, de vouloir et de comprendre. Il est mis en rapport avec le monde visible par le moyen des sens, et avec le monde invisible par la raison. La raison confère tout ce qui n'est pas fourni par l'expérience; les principes, les lois et des personnes et des choses, et la suprême loi. Les lois, étant nécessaires et universelles, ne peuvent dériver de ce qui est personnel et contingent. Les lois sont absolues, donc la raison est absolue, puisqu'elle n'appartient ni à l'espace ni au temps. Elle paraît individuelle à l'homme tant qu'elle maintient son impersonnalité. »

Ces propositions, qui sont ou des demandes évidentes sur la question même, ou des assertions purement gratuites, ou des phrases dénuées de tout sens précis et intelligible, conduisent à inférer que le visible et l'invisible pourraient avoir chacun leur logique à part; et que plus les sujets seraient éloignés de l'évidence des sens, moins ils seraient astreints aux règles d'une rigoureuse dialectique. Retiré dans le silence et l'*obscurité* de son cabinet, l'éclectique affirme que pour étudier la métaphysique il faut seulement «se recueillir, fermer les yeux et s'écouter penser.» « Affectant, » dit Broussais dans son admirable exposition des erreurs et des faibles argumens des kanto-platoniciens, « le plus grand mépris pour la matière ils n'ont d'attention que pour les forces qui l'animent, et croient par là se placer fort au-dessus des observateurs des faits. L'homme à imagination crédule d'abord, mais surtout orgueilleux, ne peut supporter l'idée d'ignorer; il passe du soupçon vague à la conviction la plus entière; il fait plus, il se hâte de réaliser l'induction; il la personnifie, il la fait agir comme un être animé, comme un homme en un mot; puis il bâtit un roman dont cette induction, devenue force palpable, est le héros, et s'indigne contre celui qui lui refuse son hommage.

« Ce style figuré sied à merveille dans les peintures et dans les fictions qui sont du ressort de la poésie; c'est un style d'idylle, d'épopée même si l'on veut; mais ce ne devrait pas être le style de la philosophie: il ne lui va nullement; l'expérience en a été faite assez souvent depuis Platon. Aussi les jeunes élèves ne peuvent-ils d'abord y rien comprendre; ils se regardent avec étonnement et s'accusent en secret d'un défaut d'intelligence. Toutefois, à force d'écouter ou de lire, il en est qui parviennent à se figurer les êtres fantastiques que ce style représente[1]. »

[1] Broussais: *De l'Irritation et de la Folie*, préface, pages 19, 23, 24.

À cette poésie et à l'ignorance dans laquelle le système guerroyant de Napoléon avait tenu long-temps la jeunesse française, la vogue du système éclectique peut être attribuée ; cette doctrine est néanmoins spécialement adaptée aux dispositions ardentes, impétueuses, du jeune âge. Le sentiment de vitalité est alors si intense que tout ce qui promet d'étendre les bornes de l'existence, soit en durée, soit en compréhension, est accueilli avec transport. Tout ce qui s'adresse à l'imagination et plonge l'auditeur dans un monde de vagues rêveries, lui fait une impression bien plus forte qu'il ne pourrait la recevoir d'un appel calme et froid à l'analyse et à l'expérience. C'est là une puissante séduction pour ceux qui, ayant la conscience de hautes facultés en eux-mêmes, sont envieux de se proposer au public comme maîtres et guides. Quand on démontre des faits on n'a point l'occassion de se démontrer soi-même, on ne peut attirer autour de sa chaire la masse la plus grande des disciples, ceux qui ne raisonnent point, ceux qui, en répétant un jargon, s'élèvent à leurs propres yeux, ceux dont les acclamations contribuent si largement à la popularité.

Une autre grande cause du succès de cette philosophie est sa nouveauté; car le souvenir de

Platon était presque éteint en France quand elle y parut, et les doctrines de Kant y étaient peu connues. La génération qui a cru depuis la révolution, nourrit un dédain très-marqué pour ses prédécesseurs immédiats, qui ont consenti à ramper sous le joug de fer de Napoléon. Émerveillés de leurs propres succès dans les sciences et les lettres, les jeunes gens ne pouvaient manquer de s'apercevoir de l'ignorance de leurs aînés militaires, et ils regardent avec une présomptueuse pitié tout ce qui n'est pas de leur temps. Ce sentiment a été encore exalté par la disposition de la Charte qui exclut de la Chambre des Députés les hommes au-dessous de quarante ans, et qui a fomenté une sorte de jalousie entre les exclus et les privilégiés. Les disputes sur le romantisme qui ont lieu en général entre les jeunes et les vieux, n'ont pas peu contribué à entretenir cette division dans la société.

Une autre cause favorable à toute philosophie nouvelle, était le faux jour sous lequel on voyait en général la doctrine physiologique que l'on confondait avec l'athéisme dogmatique de l'école d'Holbach. Le désir d'immortalité est inhérent à l'instinct de conservation de soi-même, premier mobile de la machine morale; et même les plus déterminés ennemis des révélations religieuses, étaient choqués du *sang-froid* des matérialistes dogmatiques et se détournaient avec horreur du néant, dernier terme de ce système. Les physiologistes, il est vrai, n'affirment rien concernant la première cause des phénomènes vivans; mais ils sont au moins aussi éloignés de nier l'existence d'une essence immortelle, qui ne serait pas nécessairement liée à l'organisation. Ils disent seulement que nous ne pouvons connaître cette essence aussi précisément, aussi positivement que nous connaissons un fait chimique ou mécanique; et c'est en fixant ainsi la ligne qui sépare le domaine de la science de celui de la foi, qu'ils ont donné lieu à de fausses interprétations, qu'ils se sont d'ailleurs assez peu empressés de détruire. Dans l'espoir flatteur d'obtenir la démonstration de ce qui ne peut strictement être démontré, et de donner à la foi théologique une certitude mathématique, on a écouté les promesses séduisantes de l'idéalisme avec une tendre crédulité; et l'antithèse constante que présentait d'un côté un système élevé, ennoblissant, étendu, de l'autre une doctrine étroite, circonscrite, avilissante, fit naître un préjugé au lieu de provoquer un examen.

Séduits par ces causes, les partisans de l'éclectisme ne voient point combien ses dogmes sont identiques avec ceux des théologiens, dont ils affectent de dédaigner les talens, et dont ils rejettent les prétentions avec indignation. Ils ne s'aperçoivent point que les rêveries obtenues par une exclusion forcée des impressions des sens, sont alliées de bien près aux illusions du délire; et que les *confessions d'un mangeur d'opium* pourraient leur faire connaître une philosophie à peine plus transcendante que celle qu'ils professent.

L'activité des chefs de la secte lui a donné dans la société une prééminence qui surpasse son poids réel; car, bien que ses suivans soient nombreux, elle est loin d'être universellement dominante, et chaque jour elle perd un peu de son éclat et de son attrait. Toutefois sa vogue temporaire ne doit pas être considérée comme un pas rétrograde de l'esprit humain, ou comme un pur et simple inconvénient. C'est un événement nécessaire dans la grande série des conséquences de la restauration; et les talens extraordinaires qu'il a mis en exercice, ont favorisé le mouvement intellectuel que les temps exigeaient. Toute discussion est bonne en soi; elle sert de pierre de touche à la vérité, elle empêche l'indifférence, elle ébranle la puissance toujours croissante de l'autorité. Quelques faussetés que l'on puisse trouver dans les doctrines, elles disparaîtront, comme elles l'ont déjà fait en Allemagne, devant le zèle pour la solide instruction. Mais l'impulsion donnée à l'opinion restera, elle appellera la philosophie à de plus importantes investigations, et contribuera à la propagation, à la consolidation des sciences irréfragables.

SCULPTURE FRANÇAISE.

Un des premiers objets qui m'ont frappée parmi les nouveautés physiques de Paris, était le pont de Louis XVI. Jusqu'à l'année 1787, la seule communication qui existât pour les voitures entre les faubourgs Saint-Honoré et Saint-Germain, était le Pont-Royal. On passait en bateaux d'une rive de la Seine à l'autre dans l'endroit même où le beau pont de Louis XVI forme une si noble avenue pour la Chambre des Députés. Le coup d'œil offert de ce point est peut-être le plus beau que puisse présenter un intérieur de ville. Le pont lui-même, en dépit de tous les défauts que les connaisseurs en architecture lui reprochaient, m'avait toujours paru, dans mon ignorante admiration, un ouvrage superbe et complet, qui faisait honneur au goût et à l'invention de Perronnet. Toutefois, il semble que je m'étais méprise dans ce jugement, car les piédestaux carrés qui coupaient de loin en loin la balustrade, quand je le traversais journellement en 1820, étaient destinés à porter des statues que je trouvai, à ma grande surprise, élevées en 1829.

Ces statues de marbre blanc, ont douze pieds de haut, et toutes sont exécutées avec plus ou moins de cette nouveauté de conception qui distingue l'époque actuelle en France. La figure qui attira d'abord mon attention fut celle du prince de Condé. Elle contredisait toutes mes idées de l'art, n'ayant point ce repos qui caractérise la sculpture antique. Dans cette belle statue on ne voyait point ce calme sublime, cette immobilité monumentale, cette expression de solennité contagieuse, qui oblige à marcher sur la pointe des pieds et à retenir son haleine en parcourant les salles du Vatican, comme si les créatures divines que l'on y voit représentées, étaient là dans leur réelle et silencieuse déité, pour inspirer la vénération et commander l'adoration. Mais l'on y trouvait un mérite opposé et peut-être égal, la passion humaine, vivante, agissante, communicative. Le piédestal paraît trembler sous la pression de l'être animé d'indignation qu'il supporte. Le sculpteur a représenté le grand Condé au moment où il jette son bâton de commandement dans les rangs ennemis à Fribourg. Sa main droite saisit son épée ; tandis que l'autre semble faire un défi menaçant à un ennemi qu'il dédaigne. L'attitude est dramatique, comme doit l'être celle de la passion. Les traits et la physionomie s'accordent avec la description contemporaine faite par Bossuet, de ce « *foudre de guerre.* » Ils montrent, ce *coup d'œil admirable*, cette volonté impérieuse et quelquefois violente qui le distinguaient surtout dans l'action. » Tout ce qu'il y avait de bon ou de mauvais, de grand ou de dangereux dans ce guerrier intrépide, remuant, sans frein, est pleinement exposé [1]. Le visage fait portrait, et le jeu des muscles, la colère qui agite les traits sont des indications morales que la sculpture biographique n'avait jamais aussi bien exprimées. Le costume du temps si chargé d'ornemens, est un solécisme d'après toutes les idées reçues dans le plus classique des arts ; mais il y règne un mou-

---

[1] On dit qu'une femme du peuple, en voyant cette figure, s'est écriée : *Ma fine, c'est comme un orage !*

vement qui correspond à celui de la figure et empêche qu'elle ne paraisse lourde. On dirait qu'un coup de vent soufflant de la Seine, agite les plumes et fait flotter l'écharpe de soie. Il y a une hardiesse dans cette conception originale qui n'est pas exempte de danger : car les lignes tendues et fortement accusées, de la passion dans la nature, paraissent moins pénibles parce qu'elles sont passagères. L'œil ne les contemple jamais assez long-temps pour que leur effet moral se perde dans leur effet matériel. Mais dans les arts, surtout dans la sculpture, où les formes ne sont point mêlées de couleurs, les conformations angulaires et cassantes des gestes passionnés étant permanentes, excitent par sympathie, chez le spectateur, un sentiment de peine tel que l'acteur lui-même pourrait l'éprouver en conservant long-temps cette attitude gênée. Les anciens ont évité cette difficulté, qui ne peut être vaincue que par les plus grands efforts de l'art ; et je craignais presque d'exprimer l'admiration que je sentais pour cet ouvrage, de peur d'avoir tort suivant les règles tout en ayant raison suivant mes impressions. Dans les figures de Duguesclin et du cardinal de Richelieu[1], une

---

[1] Par MM. Bridan, et Ramey père.

pose plus tranquille et des draperies plus régulières, approchent davantage des modèles grecs; mais dans la statue de cet illustre marin, Duquesne, le vainqueur de la flotte espagnole (1639), dans celle du brave Duguay-Trouin, au moment où il commande l'attaque de Rio-Janeiro (1711), et dans la figure animée de Tourville, on retrouve le génie de la sculpture romantique [1]. Toutes ces statues sont pleines de mouvement et vêtues des habits de leur temps. Colbert, Sully, Suger et Bayard [2], dans le rapport de la pose et des draperies, tiennent le milieu entre la sévérité des anciens et les innovations de l'école moderne; et Suffren et Turenne [3], rappellent plutôt les premiers essais de la statuaire française à la renaissance des arts. Telle fut du moins l'impression que fit sur moi cette population inattendue sur le véritable Pont-Neuf. Je me reconnais incapable de détailler les mérites relatifs de ces ouvrages, et en risquant même ces remarques générales, je donne plutôt le sentiment d'une personne peu susceptible d'apprécier les beautés techniques, qu'un jugement de connaisseur. Considéré dans

[1] Par MM. Roguier, Dupasquier et Marin.
[2] Par MM. Espercieux, Mihomme, Stouf et Montoni.
[3] Par MM. Lesueur et Gois.

son *ensemble*, l'effet de cet embellissement n'est point agréable. Les figures sont trop près des yeux; et par rapport au pont elles sont trop gigantesques. Ce défaut est universellement senti, et je crois que l'on doit transporter ces statues le long de l'avenue des Champs-Élysées, où elles paraîtront plus à l'aise que dans l'étroit défilé qu'elles encombrent maintenant.

La statue de Condé fut la première qui attira mes regards et s'empara de mon imagination; et le genre d'admiration qu'elle m'inspira, était de nature à éveiller en moi le vif désir de connaître son auteur, dont je sus que le nom était David, nom depuis long-temps célèbre dans les arts. Il arriva que le soir même du jour où j'avais vu ces nouvelles statues, j'allai à la soirée du mercredi du baron Gérard; et parmi les salutations des anciens amis et connaissances, et les présentations, je remarquai un jeune homme qui me regardait si attentivement que je pensai qu'il pouvait bien être un des mille et un amis intimes que j'avais connus en France ou en Italie. Je me préparais donc à lui adresser un de ces discours banals, dans lesquels on fait de si fréquentes étourderies, en demandant à ceux qui n'ont plus de parens des nouvelles de leur père ou de leur mère; et aux divorcés, des nouvelles de leurs femmes; mais Gérard vint à moi, et me dit: « Voilà un jeune homme de mes amis qui désire ardemment, d'abord vous être présenté, ensuite faire votre buste. »

Le buste ne me tentait guère; mais je demandai le nom de cet ami. — « C'est David, » reprit Gérard, « un jeune sculpteur très-justement célèbre. Vous avez probablement vu son prince de Condé sur le pont de Louis XVI? »

Tels sont les agréables accidens d'une vie errante. Nous rencontrons sur la surface du monde des individus des pays les plus éloignés, des sociétés les plus diverses, que nous avons longtemps désiré connaître et qui ont désiré nous connaître, non-seulement pour nos mérites respectifs, mais par l'effet des mots magiques, *vous me convenez ; je vous conviens.* Je savais que l'auteur de la statue de Condé devait être de mes gens (que l'on prenne la déclaration en épigramme ou en éloge), et dans les heures agréables que nous passâmes ensuite avec lui, soit dans son atelier de la rue de Fleurus, soit pendant que je posais pour ma médaille buste, dans notre hôtel, rue de Rivoli, soit dans les diverses sociétés où nous nous sommes trouvés avec lui, ma première impression a été pleinement justifiée, comme le sont en général les premières impressions.

Quoique David soit le sculpteur du romantisme par excellence, il a une si forte inclination pour mouler les profils de tous ceux qui amusent le public, ou lui-même, qu'il n'a sur ce point nul égard à la secte, encore moins à l'intérêt pécuniaire, et même (comme dans mon exemple), aux chances de renommée durable. Il lui arrive un ordre d'un prince ou d'un ministre, d'un personnage puissant ou célèbre, on lui demande une séance au prix qu'il voudra fixer; mais David est tout entier à quelque ouvrage qui ne lui rapporte rien, mais auquel il travaille *con amore*. Il modèle peut-être le buste d'un Washington, d'un Lafayette, les traits élégans de Lamartine, le visage expressif de son ami Mérimée, ou la tête animée de ce véritable enfant de la zone torride, Dumas, il immortalise un sourire de la belle Delphine Gay, ou dessine la figure distinguée de madame Tastu, le profil antique de la divine Pasta, la grace française de mademoiselle Mars. La fortune l'attend chez les grands, à l'ombre du royal patronage; mais bon et simple artiste, il s'amuse à saisir la ressemblance des personnages célèbres, pour sa satisfaction particulière et pour le plaisir de cette jeune génération à laquelle il appartient; la grandeur, la royauté doivent attendre son loisir.

Un des plus beaux ouvrages de cet artiste, celui auquel il doit le commencement d'une réputation bien méritée, est le monument de Bonchamp, pour l'église de Saint-Florent dans la Vendée. Bonchamp était un chef vendéen qui périt dans la guerre « plus que civile » qui désola sa province. Il est représenté sur un brancard, blessé mortellement. Le moment choisi est celui où il demande à ses soldats d'épargner la vie de cinq cents prisonniers républicains qu'ils se disposaient à fusiller, pour venger sa mort prochaine. On le voit se soulever avec peine, et son mouvement exprime tout le sublime d'une généreuse bonté de l'oubli de soi-même au dernier instant de la vie. Une gravure de ce monument m'a permis de juger à quel point son auteur avait réussi à donner à la pierre la vie de la peinture.

M. David a obtenu encore le suffrage public pour sa statue de Fénélon et trois bas-reliefs représentant des traits de sa vie : celui où l'on voit l'archevêque ramenant la vache égarée d'un paysan, est admirable par la vérité, la noble simplicité.

David a de plus exécuté le tombeau de Lefevre avec deux victoires couronnant son buste, et deux trophées d'un goût très-pur; et un autre monument qui sont tous deux au cimetière de Mont-Louis. Sa statue de Racine, à la Ferté-Milon, représente, m'a-t-on dit, le génie de cet auteur plutôt que sa personne. Il est assis, occupé à écrire, à demi vêtu comme s'il venait de sortir de son lit, un manteau est jeté sur ses épaules; une de ses mains est placée sur son cœur et il paraît écouter ce qu'il lui dicte. Les parties découvertes sont très-admirées pour la perfection du modèle; et « rien, » dit un critique contemporain, « ne peut être plus beau, plus grand, plus poétique que la pensée et l'exécution de ce morceau. »

Mais l'ouvrage de David que j'ai le plus admiré, pour sa grace parfaite, est une jeune Grecque sur la tombe de Botzaris. La jeune fille est nue, et couchée sur la pierre, la tête penchée sur l'épaule gauche. Sa main gauche, qui soutient une couronne, est posée sur la tombe, et la droite trace l'inscription. Cette conception poétique où la Grèce s'élevant de son tombeau est figurée dans la personne de l'enfant, est exécutée avec un fini qui conserve toute la pureté des formes et la grace du dessin. C'est un présent de l'auteur au gouvernement grec, et il regarde l'acceptation de ce fruit de son talent par un peuple libre, comme la plus haute récompense qu'il puisse recevoir.

Je peux citer encore ses figures de la Justice et de l'Innocence, dans la cour du Louvre, et son bas-relief du Carrousel, comme très-estimés des artistes. David termine à présent le monument du général Foy, qu'il exécute gratis comme sa part de la souscription nationale. Le général est représenté à la tribune; et les sujets des quatre bas-reliefs qui décorent le monument, sont : ses Funérailles (où les personnages les plus célèbres qui y ont assisté font portrait); une bataille en Espagne; la Chambre des Députés; et deux figures allégoriques, la Guerre et l'Éloquence. Nous allâmes, accompagnés de l'artiste, voir ce noble monument, digne de l'illustre citoyen auquel il est consacré. Un autre objet de notre visite au cimetière du père Lachaise, était le tombeau de Denon. Sa statue en bronze le surmonte : ses cendres reposent au-dessous. *Ses cendres !* — Ce fut le seul jour mélancolique de notre heureux séjour à Paris.

David travaille en ce moment à une statue de Talma pour le foyer du Théâtre-Français, à une Sainte Cécile pour l'une des églises de Paris, et à trois grands bas-reliefs, tirés de l'histoire de Sainte Geneviève, pour sa magnifique église. La prédilection de cet artiste pour copier le visage humain, l'a engagé à exécuter une infinité de bustes en marbre et en bronze, et beaucoup de médailles de personnes célèbres qui font de son atelier une des curiosités que l'on devrait voir à Paris, quand on n'y serait pas suffisamment attiré par le génie et l'amabilité du maître. Il a fait le buste de Visconti dans la bibliothèque de l'Institut; un François I*er*, au Hâvre (dont il a donné une copie en bronze à sa ville natale, Angers); un Henri II, à Boulogne; et il a fait présent à l'école de médecine de la figure d'*Ambroise Paré* avec la devise : « *Je panse et Dieu guérit.* » Il a également donné un buste de Lafayette aux États-Unis; celui de Volney, à la bibliothèque de l'Institut; celui de Lacépède à la ville d'Angers. Parmi ceux de ses ouvrages qui m'ont le plus frappée étaient les bustes de Cooper, le romancier américain; de Jérémie Bentham, de Chateaubriand et de Casimir Lavigne. Dans le buste de Chateaubriand, beaucoup plus grand que nature et qui se termine brusquement au col, l'expression est aussi moralement gigantesque que ses dimensions sont physiquement grandes. Pendant qu'on y travaillait, l'éloquent modèle dictait son discours sur la liberté de la presse, et l'inspiration de l'écrivain avait passé au sculpteur qui l'avait transmise au marbre.

Le trait distinctif des ressemblances prises par David, est leur esprit. Ce n'est pas seulement un dessin matériel [1], c'est l'ame de l'original qui anime tous les contours du visage. Un portrait est la ressemblance d'un individu tel qu'il est vu par l'artiste; cette ressemblance, avant de parvenir à sa toile, à sa pierre, a passé par son esprit; et presque toujours elle prend dans ce passage quelque chose qui lui donne une qualité particulière souvent inexplicable, commune à toutes les têtes du même maître. Dans certains artistes, cette teinte particulière est la grandeur; en d'autres c'est la grace, en d'autres la platitude, la vulgarité; c'est quelquefois une qualité que l'on ne peut exprimer par le langage. Dans les têtes de M. David, l'addition commune à l'individualité des sujets est l'élévation, une expression de noblesse naturelle où la puissance intellectuelle se mêle à la franchise et à la candeur. Tous ses hommes sont des patriotes, toutes ses femmes des poètes; et cela prouve chez l'artiste la force et la vérité des sentimens que son ciseau reproduit aussi irrésistiblement.

[1] Si je choisissais un de mes portraits pour le léguer à ceux auxquels mon cœur s'intéresse le plus profondément, ce serait mon buste exécuté par M. David.

MATINÉES A PARIS.

Rien de plus délicieux, de plus instructif, de plus amusant que nos matinées à Paris. Nous suivions un cours de littérature, de sciences, d'arts, de politique, de philosophie et de modes, *tout en courant*, riant, raisonnant, médisant, étendus sur des sophas, ou roulant d'un monument public à l'autre, d'une collection particulière à un musée ; *assistant*, comme l'on dit en France, à des séances de sociétés pour la propagation des belles-lettres, de l'éducation, de l'agriculture, de l'industrie, de la religion, de la charité ; à des séances de l'Institut royal établi par l'autorité légale, et de la société philotechnique établie par sa propre autorité et composée d'*enfans des véritables bonnes lettres*, des deux sexes; à des concerts d'amateurs dans lesquels Rossini ou Paër ne dédaignent point de faire leur partie. Cette espèce d'étude péripatétique, cet examen ambulant des objets, des lieux, des personnes, est la plus courte et la plus agréable méthode d'instruction. Mais un cours semblable ne peut se faire qu'à Paris; il n'existe pas une capitale en Europe qui puisse en fournir les matériaux. Londres, affairé, préoccupé, ne songeant qu'à l'argent, n'offre rien de pareil; point d'abstraction dans cette forme d'étude, tout est positif, palpable. A peine une hypothèse est-elle avancée, qu'on peut mettre le doigt sur son commentaire, et soit que vous sortiez du logis, soit que vous y demeuriez, l'enseignement va toujours. En d'autres villes on peut apprendre, si l'on veut; mais à Paris on est forcé d'apprendre. Ainsi en courant le monde ou en restant chez moi, en travaillant ou en me laissant aller à la paresse, j'étais sûre d'ajouter à mon petit magasin de sciences sans le chercher, et en prenant simplement les jours comme ils venaient.

Il m'arriva de dire un jour chez le général Lafayette, que je resterais chez moi le lendemain matin pour M. David, qui devait faire mon portrait en médaille. Cet avertissement m'attira un cercle nombreux; quelques personnes vinrent par hasard, d'autres étaient invitées. Depuis midi jusqu'à quatre heures, mon petit salon ressembla à un congrès composé des représentans de toutes les vocations, des arts, des lettres, des sciences, *du bon ton* et de la philosophie, où, de même que dans les loges de l'Opéra de Milan, les allans et venans se succédaient, les étroites limites de l'emplacement exigeant que les premiers venus fissent place aux derniers. Là était Pigault-Lebrun, le patriarche des romanciers révolutionnaires, dont l'esprit et l'originalité ne seront jamais hors de mode, quoi qu'il puisse arriver des formes sous lesquelles ils se sont montrés. Là était Mignet, l'historien de son siècle et l'homme de son siècle, candide, disant la vérité sans détour, sans crainte, donnant à ses narrations une évidence mathématique et une brièveté épigrammatique, dans un style qui est en lui-même une philosophie. Là était Mérimée, simple, naturel, animé comme ses délicieux petits drames. Le brillant Beile, dont les amusans voyages m'avaient fait désirer d'en connaître l'auteur, et dont la conversation est encore plus piquante que ses ouvrages; Dumas, auteur d'*Henri III*, l'un des plus heureux de ceux qui exploitent la riche et nouvelle mine du romantisme [1]; et le spirituel

[1] M. Dumas a produit depuis, sa tragédie de *Christine*,

et intéressant Robert Lefevre, et Montrol qui dit autant de choses ingénieuses qu'il en écrit, et de qui j'ai lu une Vie de Clément Marot aussi naïve en prose que son sujet l'est en vers [1]; et le commandeur de Gazzera, de l'ordre de Malte, auteur de quelques ouvrages ingénieux, l'un de nos plus anciens amis du continent et le plus hospitalier des hôtes; enfin un jeune diplomate des États-Unis, M. B***; M. Miguel de la Barra, secrétaire de la légation du Chili; D. Louis d'Arandada, attaché à l'ambassade portugaise [2]; le colonel russe

composée d'après les principes de sa secte. Un critique français parle ainsi de cette pièce. « M. Dumas a déployé dans cette tragédie des talens dramatiques du premier ordre. Les caractères principaux sont bien soutenus et tracés de main de maître; et les quatrième et cinquième actes offrent des situations plus fortes qu'on n'en voit dans aucune des pièces composées en France ou dans l'étranger depuis bien des années. On peut prédire que si M. Dumas se laissait tout naturellement entraîner par son sujet, et par la pente naturelle de son génie, pour se décider à adopter la forme classique ou la forme romantique, s'il voulait en effet écrire pour le monde et non pour un parti, il pourrait un jour se ranger parmi les premiers écrivains tragiques de l'Europe. »

[1] M. de Montrol est auteur de l'*Histoire de l'Émigration* et de plusieurs autres ouvrages: la *Vie de Marot* n'est pas encore publiée.

[2] De la cour légitime, s'*entend;* un envoyé de don Mi-

Tolstoï; le prince et la princesse de Salm; le comte et la comtesse de La Rochefoucault-Liancourt, dont les principes chez l'un, et les graces chez l'autre, de même que leur nom illustre, sont hors des atteintes des changemens et du temps; les deux Ugoni, frères italiens, pleins de mérite; *son obligeance* M. Julien de Paris, et les deux premiers amateurs du monde musical, même de ce monde musical d'où ils arrivaient, le signor Barberi et le dottore Benati, tous laissant après eux l'offrande votive d'une impression agréable.

David cependant, nullement troublé par l'entrée ou la sortie de mes hôtes mélangés, était assis près de la fenêtre et avançait son ouvrage, prenant l'avis de l'un, écoutant l'idée d'un autre avec toute la modestie du vrai talent et toute son insouciance, sans aucune de ces simagrées, aucune de ces charlataneries d'amour-propre, qui n'appartiennent qu'à une réputation incertaine jointe à une médiocrité certaine. Quelquefois il jetait de côté son ouvrage et se mêlait à la conversation avec l'enthousiasme qui caractérise ses discours comme ses ouvrages, et qui allait par-

guel était aussi à cette époque à Paris, mais il était en général exclu des cercles parisiens, non par rapport à lui personnellement, mais par rapport à celui qu'il représentait.

fois jusqu'à l'inspiration quand la musique de Rossini était de temps en temps chantée et jouée par une voix, dont les tons jeunes et purs et la douce expression avaient reçu l'approbation flatteuse de Rossini lui-même.

Je voudrais pouvoir me ressouvenir de tout ce qui fut dit de sérieux ou de plaisant, de sage ou de fou de toutes sortes de manières et sur toutes sortes de sujets, par ces représentans distingués de la civilisation européenne; — je voudrais surtout pouvoir dépeindre leur franche simplicité, la confiance aimable avec laquelle, à propos de tout ou de rien, ils laissaient échapper de ces choses inattendues, de ces mots heureux dont le mérite est tout entier dans l'abandon, la gaieté qui les inspire, et que la supériorité seule permet de risquer. Quelle leçon pour la morgue stupide, la médiocrité empesée! Malheureusement je me rappelle plutôt l'impression faite par chacun, que les paroles qui l'avaient gravée.

L'auteur de Clara Gazul, sans être notre *meilleur causeur* (comme madame de Villette le disait de Chamfort), était assurément le plus délicieux; non qu'il soit peut-être aussi pétillant d'esprit que Beile, ni aussi profond (je dirais presque sublime) que Mignet; mais sa société a précisément cet attrait qui fait que l'on désire son arrivée et que l'on craint son départ. Simple, original et naturel, ignorant son talent supérieur, ou ne s'en embarrassant guère, parlant plusieurs langues modernes et les connaissant toutes à fond, Mérimée est l'épitome de la jeunesse européenne du siècle, et l'inverse de tout ce que nous savons de l'homme de lettres de l'ancienne France. Il est auteur de vocation non de profession; et la manière facile et ferme avec laquelle il a tracé quelques-unes de ses esquisses dramatiques, prouve qu'il a écrit moins pour la renommée qu'il s'est acquise, que pour exposer les abus et révéler les vices des institutions pernicieuses que tant de gens cherchent à restaurer. *La Jacquerie* et ses *Scènes féodales*, sont évidemment composées dans cet esprit. De même que la plupart de ses jeunes compatriotes, Mérimée est libéral sans penser à l'être; il lui semble que le libéralisme est l'état naturel de l'homme. En causant sur ce sujet avec Beile pendant la matinée en question, il observa que le mot libéral lui-même passait de mode, parce que la qualité qu'il désigne avait cessé d'être une distinction et le libéralisme d'être une secte. « Les jeunes gens, même du faubourg Saint-Germain, » me dit-il, « les fils d'émigrés, s'ils n'ont pas tout-à-fait la même nuance libérale que les enfans de la révolution, sont infiniment moins ultras que leurs pères, qui le sont eux-mêmes beaucoup moins qu'ils ne l'étaient en 1815. Les jeunes nobles répètent les opinions de leurs parens ; mais ils rient avec nous de l'ignorance féodale de leurs ancêtres, et ils rougissent de la dégradation de leur classe sous le règne de Louis XV. Ils ne sont plus élevés par des abbés sycophantes pour passer de leurs mains au harem de Versailles, dans *les ruelles des grandes dames*, ou dans les coulisses de l'Opéra. »

Quelqu'un observa que quelques jeunes nobles paraissent à moitié honteux de leurs titres, maintenant si peu en harmonie avec l'opinion publique; et qu'ils négligent souvent de les inscrire sur leurs cartes de visite. Comme ils ont pris l'esprit de leur siècle, ils aspirent à jouer un rôle actif dans la politique, les lettres ou les sciences; et s'ils ont à cet égard moins d'énergie, par conséquent moins de succès que leurs contemporains des castes roturières, tous sont très-au-dessus de leurs nobles parens. En général ils lisent plusieurs sortes de journaux, et n'attendent point d'être informés des événemens (comme le faisaient leurs prédécesseurs) par ce que leur en disait le roi en changeant de chemise. « Ils lisent *la Gazette* et *le Drapeau Blanc* pour satisfaire leur famille, et les journaux libéraux pour leur propre satisfaction. Il n'est pas rare d'en voir quelques-uns parcourant *le Globe* ou *le Constitutionnel*, dans les Tuileries, en tenant devant ces feuilles un des papiers ultras les plus accrédités, pour faire montre d'un royalisme convenable. »

« Mais, » dis-je, « ne reste-t-il rien du vieux levain des *Richelieu;* rien de la vieille école de galanterie telle qu'elle florissait, par exemple, au temps des *Lauraguais* et des *Bouillon ?* »

« Rien, » fut la réponse unanime; « rien, assurément ne nous reste de la vieille école d'une froide dépravation, d'un libertinage sans frein, sans sentiment. Les héros de cette école ne cherchaient pas à obtenir l'amour mais la perte de leurs victimes et leur ruine propre; car être trompé et dépouillé par une nymphe de l'Opéra était un brevet de *bon ton*[1]. Les jeunes ultras de nos jours font en effet l'amour comme ils lisent *la Gazette*, par respect pour les bienséances de leur rang et pour conserver les anciennes

---

[1] On dit que le duc de Bouillon dépensa quatre millions pour les sultanes de l'Opéra et des Français. Mlle Raucourt avait coutume de dire dans sa vieillesse, que l'Opéra avait ruiné la noblesse en France.

formes. Mais le jeune homme du grand monde actuel, le plus à citer pour les *bonnes fortunes*, n'est certainement pas de la vieille souche. L'ancienne galanterie, de même que l'ancienne politique, est tout-à-fait passée de mode; et la grace et la beauté sont parfois même un peu trop négligées pour *la Charte.* »

« Il est vrai, » dis-je en riant, « j'en ai vu quelque chose l'autre soir. Quelques-uns de vous étiez présens dans une réunion où la jeunesse et la beauté étaient si complètement oubliées, que je ne pus m'empêcher de dire à notre jeune hôte : « *Vous n'aimez donc plus les femmes!* » Et il répondit : « *Nous aimons nos femmes.* »

« Oh! oui, les Globistes sont tous dévoués à leurs femmes et non aux femmes d'autrui, comme dans la vieille école, quand chaque dame littéraire avait son *amant en titre*, comme les Du-châtelet, les d'Épinay, les Houdetot; nous faisons maintenant l'amour moralement et constitutionnellement. C'est à présent le règne des femmes aimables qui cherchent à conquérir notre estime, à captiver notre esprit; elles nous paraissent d'autant plus agréables qu'elles sont plus capables de causer sur les sujets qui nous occupent le plus. Ainsi, *vive le budget!* »

« Mais n'avez-vous aucune de ces *grandes pas-*

sions qui portaient la duchesse de Polignac et madame de Neslé à se battre en duel au bois de Boulogne pour le duc de Richelieu, qui forçaient deux rivales *à s'arracher les cheveux pour une infidélité*, au milieu d'un salon plein de monde, comme le décrit madame de Prie dans une lettre à ce même duc. »

« Rien qui ressemble à cela, » répliquèrent tous les Français présens.

« *Que les gens d'esprit sont bêtes !* » me dit à l'oreille un jeune Anglais qui venait d'entrer, et qui s'était placé derrière moi. « Faites-moi souvenir de vous conter un *démêlé* qui eut lieu entre deux jolies duchesses, hier, dans une loge à l'Opéra, pour un jeune Richelieu anglais. »

Je dois observer ici, par parenthèse, que tout le scandale de Paris est soigneusement recueilli, authentique ou non, par les Anglais, surtout par ceux qui fréquentent peu la société française. Quelqu'un ayant entendu ce que disait M***, répliqua : « Vous ne devez pas juger, Monsieur, des mœurs d'un pays par celles d'une coterie qui affecte d'imiter les manières et de suivre la morale des nobles fashionables anglais, dont plusieurs ont donné ici l'exemple le plus honteux, après l'avoir donné long-temps dans leur patrie. »

« Quel revers de médaille ! Mais, » dis-je, « quelques-uns prétendent que l'esprit français est passé de mode aussi-bien que la galanterie française. »

« Ce n'est pas tout-à-fait cela ; il y a cependant quelque chose de vrai dans la remarque. Mais ce n'est pas qu'il y ait en France moins d'esprit qu'autrefois, c'est plutôt parce qu'il y en a davantage, qu'il n'est pas aussi frappant, que ce n'est plus une distinction. Le mouvement de l'intelligence est trop grand pour que le monde s'arrête à un *bon mot*, répète une plaisanterie. »

« A propos de bons mots, » dit M***, « Lafayette, qui, de même que le diamant devient plus brillant par le frottement, a dit l'autre jour une chose fort spirituelle, suffisante pour faire une réputation il y a un demi-siècle. Le général Sébastiani, lui dit en causant avec lui : Ne pensez-vous pas comme moi, général, qu'une fusion entre l'ancienne et la nouvelle noblesse est nécessaire, désirable ! — *Oui*, répondit Lafayette ; *mais je la veux complète, jusqu'à l'évaporation.* »

« Quel est en ce moment, » demandai-je, « le plus courtois chevalier français, suivant les anciennes formes ? »

« Charles X, » fut la réponse universelle.

« Et quel est l'homme (les présens exceptés), le plus spirituel? »

« Rossini sans aucun doute, » dit Beile. « Ne le croyez-vous pas aussi Lady M*** ? »

« Je l'ai souvent rencontré dans le monde, et je l'ai rarement entendu parler autrement que par des réponses languissantes, qu'on lui arrachait à grand' peine, excepté l'autre jour à un dîner chez Gérard, où il fut extrêmement aimable. »

« Cela ne m'étonne point. Il est en ce moment plongé dans les travaux de sa profession ; il met la dernière main à son *Guillaume Tell*, et ne va en société que fort tard et fatigué comme vous l'avez vu, Madame, chez madame Merlin. »

« Oui, je l'ai vu et entendu là l'autre soir. Il tenait le piano, et la manière dont il accompagna ses airs du *Barbier*, avait quelque chose qui ressemblait plus à l'inspiration divine qu'au génie humain ; je n'ai jamais entendu rien de semblable. »

« Inspiration ! si vous lui parliez d'inspiration, vous le divertiriez infiniment. L'idée seule le fait pouffer de rire, mais il rit de tout et de lui-même; c'est un Méphistophélès ! Pour voir Rossini dans toute la gloire de son génie et tout le développement de son esprit naturel et étendu, il faut le voir à minuit, composant sur un petit pupitre, avec son bonnet de nuit noir, entouré de ses habitués, et nullement troublé de leur babil, de leurs folies, auxquels il se mêle de temps en temps, surtout si son spirituel ami Caraffa est du nombre : alors en effet il est dans sa sphère et personne ne l'égale. »

Je hasardai sur la musique et sur Rossini l'opinion que j'avais émise dans mon « livre du boudoir, » et cela nous conduisit à parler de la révolution effectuée dans cet art, et de ce génie qui avait devancé son siècle.

« Non » dit Mignet, « le génie ne devance point son siècle, il marche avec lui, et c'est ainsi qu'il obtient ses succès. »

Je persistai cependant à soutenir dans mon style de mistress Malaprop [1], que « les hommes d'esprit allaient avec leur siècle et prospéraient; et que le génie qui allait au-delà, était persécuté. » Mérimée et David furent de mon avis.

« Votre Milton, » dit Mignet, « se conformait aux idées de son temps quand il prit la religion et la liberté pour inspiration. »

« Milton, » dis-je, « rendit à son siècle l'impulsion qu'il en avait reçue; mais il alla certai-

---

[1] Personnage d'une comédie de Sheridan.

nement au-delà dans sa Défense du peuple anglais et son Paradis perdu. La première n'était ni la politique du Protecteur ni celle du parlement ; le second ne ressemble en rien au jargon littéraire du siècle et de la secte à laquelle appartenait son auteur. »

En parlant des plus grands génies littéraires que la France ait produits, je m'aventurai à citer Molière et Voltaire, qui l'un et l'autre allèrent avec leur siècle et au-delà de leur siècle. Mignet ajouta Bossuet, et nous cita quelques-uns de ses éloquens passages.

J'observai que l'éloquence ne pouvait fleurir sous un pur despotisme, ni sous la dictée d'un patron tel que Louis XIV. Cependant j'avoue que j'étais un juge prévenu, car Mignet l'emporta sur ce point, de même que sur tous ceux qu'il voulut bien discuter avec moi. J'avais le caractère de cet insolent sycophante Bossuet dans une telle horreur, que je ne voyais en lui que l'évêque de Meaux dominant tyranniquement la faiblesse des rois, tout en servant leurs passions honteuses ; l'homme qui changea la chaire ecclésiastique en tréteaux de charlatans, et osa de l'autel de Dieu appeler les peuples à rendre hommage aux vices d'un despote. En discutant sur les mérites de Bossuet, je glissai un mot en faveur de l'évangélique et doux Massillon, dont le code d'humanité, renfermé dans son *Petit Carême*, vaut mieux, selon moi, que tout ce qu'a écrit Bossuet. On me rappela que le *Petit Carême* avait été écrit par ordre, pour répandre les idées conciliatrices que le régent avait intérêt de propager, et pour donner au jeune roi d'utiles avertissemens. Le succès de Massillon dépendait donc de la conformité de ses vues à celles de son époque.

A mesure que les visiteurs entraient et sortaient le sujet de la conversation changeait, dans le véritable esprit de laisser-aller d'une causerie aisée et décousue; quand nous nous trouvâmes tout à coup, vers la fin de la matinée, sur le champ dangereux de la poésie française. Oh! que de répulsions motivées il nous fallut souffrir, nous autres Anglais, avec nos prétentions aux privilèges exclusifs du Parnasse!

Pour parler de quelque chose de neuf, je pris notre Collins, qui n'est pas très-connu en France, mais ses *Églogues orientales* me revinrent dans l'esprit, et les *Orientales* de Victor Hugo furent citées comme supérieures. Les unes et les autres ont le même défaut: les premières ont été publiées à Londres, les dernières à Paris par des auteurs qui écrivaient pour faire des livres et non sous l'influence des impressions, véritables sources de toute bonne poésie, source et charme de celle de Byron, qui a décrit ce qu'il voyait, et comme il le voyait à travers le prisme de son imagination exaltée. Toutefois l'ode de Collins Au Soir, en vers non rimés, mais où tous les faits, toutes les images, sont tirés de la nature, de cette nature septentrionale de laquelle il était lui-même un des produits poétiques, est pleine de beautés du premier ordre. C'est de la vérité de fait, et rendue avec plus de poésie qu'on n'en trouve dans tout ce que Racine a écrit. Je citai son *coucher de soleil*, son *crépuscule*, sa *chauve-souris et la cloche*, l'*étoile du soir*, le *site de bruyères*. J'avais admiré dès l'enfance ce bel exemple de poésie descriptive, et j'étais ravie de trouver que je le sentais encore aussi vivement qu'il y a... (il n'est pas nécessaire de dire combien d'années).

Le rhythme est une harmonie, chaque mot une mélodie; je choisis le passage suivant:

> Now air is hush'd save where the weak-eyed bat
> With short shriek flits on a leathern wing:
> Or where the beetle winds
> His small but sullen horn.
>
> As oft he rises 'midst the twilight path
> Against the pilgrim, borne in heedless hum.

Now teach me, maid composed
To breath some soften'd strain.

Whose numbers thro' thy dark'ning vale
May not unseemly with its stilness suit,
    As musing slow I hail
    Thy genial loved return.

For when the folding star arising shews
His paly circlet at his warning lamp
    The fragrant hours and elves
    Who slept in buds the day,

And many a nymph, who wreathes her brows with sedge
And sheds the freshening dew, — and lovelier still,
    The pensive pleasure sweet
    Prepare their shadowy ear.

Then let me rove some wild and heathy scene
Or find some ruin 'midst its dreary dells,
    Whose walls more awful nod
    By thy religious gleams.

Or, if chill blust'ring winds or driving rain
Prevent my willing feet, be mine the hut,
    That from the mountain's side
    Views wilds and swelling floods.

And hamlets brown and dim-discovered spires
And hears their simple bell and marks o'er all,
    Thy dewy finger draw
    The gradual dusky veil.

« Je ne crois pas qu'il existe dans aucune langue un poëme à la fois si poétique et décrivant avec autant de vérité les phénomènes naturels. »

« Ah ! » dit un classique français, « vous oubliez le récit de la mort d'Hyppolite. *Écoutez* : » et il cita le discours de Théramène de *Phèdre* dans toute sa longueur.

« Bien, » dis-je, « si c'est là de la poésie suivant les règles françaises, ce n'est pas celle de la nature. Personne ne voudrait annoncer à un malheureux père la mort de son fils avec tous les détails que l'on pourrait donner de la chute d'une diligence, le tout, exposé dans une tirade de quarante vers préliminaires. Qui s'aviserait de crier à ce père :

« Excusez ma douleur ; une peine cruelle
Sera pour moi de pleurs une source éternelle. »

ou prendrait le soin charitable de lui dire que

« De son généreux sang la trace nous conduit,
Les rochers en sont teints ; les ronces dégouttantes
Portent de ses cheveux la dépouille sanglante. »

Mérimée, avec son *espiéglerie* accoutumée, se mit contre moi en me citant le songe de Clarence ;

ainsi, suivant l'usage ordinaire, nous restâmes tous dans notre opinion. Mais nous fûmes tous d'accord à trouver la prose de Courier et les vers de Béranger parfaits chacun dans son genre. Quelqu'un observa que les Anglais et les Français échangeaient ensemble et des mots et des choses; et il cita un idiome traduit de mon anglo-français, qui, bien qu'il choque maintenant les oreilles des puristes, pourrait être naturalisé un de ces jours.

« Nous choquer! » dit Beile. « Oui, mais ce n'est point dans le sens anglais de ce mot. Ces phrases nous font éprouver un choc, une surprise agréable. Vos Anglais ne se doutent pas qu'il y a une simplicité, on pourrait dire primitive, dans les fautes que vous faites dans notre langue de phrases, qui porte avec elle un charme infini. Nous autres, Français modernes, nous préférons, par exemple, les lettres françaises d'Horace Walpole à celles de sa correspondante, madame du Deffand : il y a une force, une naïveté dans ses idiotismes traduits, mille fois plus expressives que les purismes de la dame française, la muse des *lettrés* du temps. Le style de Walpole ressemble aussi peu à celui des *quarante* que son esprit au leur; mais il est quelquefois meilleur. Ses mots sont des idées, et ses phrases, exemptes de la monotonie de notre rhythme, tiennent toujours l'esprit éveillé. »

M.... observa que les Français avaient une grande ressemblance avec les Athéniens par leur sensibilité à la pureté de style ; et cela nous conduisit à parler des Grecs et de leur cause. Nous consultâmes naturellement à ce sujet la brochure du colonel Tolstoi, écrite en excellent français, qui se trouvait sur ma table. Cet officier est, comme on peut le croire, d'accord avec la politique russe. Tous les Français étaient pour la liberté de la Grèce et les plaines de Marathon ; et les Anglais soutenaient plus ou moins les doctrines qui ont produit le massacre de Parga et le pamphlet de M. Sheridan contre les Grecs : ainsi nous étions tous en bataille.

David commença l'attaque comme Praxitèle lui-même l'aurait fait, et si l'on trouve quelque feu dans la médaille qui représente ma stupide face irlandaise, il est dû à celui dont l'esprit de l'artiste était animé en défendant la patrie des arts et les compatriotes d'Apelles.

Cependant quelques personnes de la société, fatiguées peut-être d'un sujet qui les intéressait faiblement, prirent congé. Parmi elles se trouvaient deux messieurs qui n'avaient pris d'autre part à la conversation que de demander les noms de mes autres visiteurs, lesquels, après leur départ, demandèrent à leur tour les leurs. Je répondis que je ne les savais pas, du moins qu'il me fallait recourir à mon livre de visite pour m'en assurer.

« Ne pas savoir le nom de vos hôtes ! » dit madame D***. « *Qu'elle est drôle.* »

« *Que voulez-vous, Madame?* On nous présente dans une nombreuse assemblée une foule de gens de tous les pays. Nous n'entendons pas la moitié de leurs noms étrangers. Ces *présentés* en présentent d'autres. Mon domestique, en les annonçant, donne à leur nom une certaine tournure irlandaise qui ajoute la confusion à la confusion : et les voilà dans mon salon sans que j'en sache davantage sur eux. Quelques-uns se trouvent bien élevés, charmans, aimables comme ce jeune boyard valache, qui vient de nous quitter ; et d'autres sont des discoureurs fastidieux comme..... Mais je ne veux citer aucun exemple désobligeant au milieu d'un cercle où tout est poli, bienveillant, éclairé. »

« Et l'un de ces messieurs, » dit M. de***, « que j'ai vu ici l'autre jour, est un ex-jésuite. »

« *Madonna mia!* vous m'épouvantez ! Je suis dénoncée au saint-office ou du moins à la police. »

« Oh! n'ayez aucune crainte, » dit Beile, « vous n'avez rien à craindre de la police maintenant. »

« Vous ne voulez pas dire cependant qu'il n'y a plus de police en France? »

« A peu près. En quelques grandes occasions des messieurs, bien polis, entrent dans votre appartement, *chapeau bas*, et s'informent civilement du désordre ou relatent l'événement qui les amène; et ils ont plutôt l'air de rendre une visite de cérémonie que de faire une visite domiciliaire. Quant à votre jeune jésuite, qu'il le soit ou non (et ces sortes de choses sont plus aisées à dire qu'à prouver), le pis que vous pourriez en attendre serait une attaque dans les journaux ultras ou dans ces spirituels organes de l'opinion publique qui traitent des chapeaux, des bonnets, *des grands ourlets et du petit manteau.* »

« *Ou de la pluie et du beau temps que voilà*, » m'écriai-je; « mais allons en jouir dans le jardin. »

« *Leverò l'incommodo*, » dit David, posant son petit modèle; alors vint le tumulte des chapeaux, des schals, des ombrelles; et tous ceux qui dirent *oui*, nous accompagnèrent aux Tuileries, où l'air frais et une compagnie nouvelle ranimèrent notre esprit et notre imagination; et de nouveaux sujets fournis à notre causerie par les groupes allans et venans devant nous, et l'addition de M. P—y dans notre cercle, nous donna le plaisir d'entendre un des plus agréables conteurs d'anecdotes du jour, que Paris lui-même puisse offrir.

ROBERT LEFÈVRE.

Je viens de poser pour mon portrait chez Robert Lefèvre, homme extrêmement agréable et instruit. Son agrément consiste dans le *laisser-aller*, et son instruction est celle d'une personne qui a vécu au milieu de grands événemens et avec des personnages remarquables ou extraordinaires. Lefèvre a cet avantage en commun avec Gérard, dont une demi-heure de conversation vaut presque l'un de ses superbes tableaux. Si quelqu'un était capable de me faire rester tranquille en posant, ce serait Robert Lefèvre; car, outre ses mérites propres, il en a un bien grand à mes yeux, celui de ressembler à Denon si exactement, de visage, de taille, de costume, de manières, même de prononciation et d'accent, que l'illusion a été un instant complète. Il m'a presque rendu mon cher et ancien ami, tel que je l'avais vu quand je posai pour une esquisse lithographique qu'il fit de moi, laquelle me ressemble beaucoup moins que M. Lefèvre ne lui ressemble. Le portrait en dessin, si l'on peut appeler dessin les rapides esquisses de Denon, n'était pas en effet le *fort* de celui qui paraissait avoir hérité du burin de Rembrant.

L'un des meilleurs portraits de Napoléon est de Robert Lefèvre, qui en a fait faire sous ses yeux cinquante-cinq copies pour différentes personnes. Chercher à se procurer l'impériale ressemblance était une des mille flatteries alors en usage; cependant, quand je vins en France en 1816, on n'aurait pu s'en procurer une par argent ou par amitié, qu'avec le plus grand mystère. Moi-même enfin qui allais furetant partout, je ne vis que deux de ces portraits; l'un se trouvait dans une sorte de garde-meuble à l'hôtel de Craufurd, l'autre était une miniature pour laquelle Napoléon ne posa point, mais se promena; car toute personne fortement occupée doit être antipathique avec l'action de poser, malgré l'inclination que donne l'amour-propre à multiplier son image. Cette miniature, maintenant en ma possession, m'a été donnée par une amie accomplie à laquelle tous les arts, sont chers et qui excelle dans tous. Les traits du premier consul avaient été représentés par elle avec une grande fidélité [1].

Lefèvre pour me faire rester tranquille plaça devant moi un énorme in-folio. En tirant la riche couverture de soie dont il était couvert, je m'aperçus, par l'inscription, que ce superbe ouvrage était un don royal; il était relié, doré, imprimé avec une magnificence digne du missel d'un pape; mais son extérieur, tout brillant qu'il était, n'approchait pas du prix des trésors de l'intérieur, qui consistait en une collection de gravures d'après les maîtres flamands. Les originaux sont dans la galerie de la duchesse de Berry, et l'ouvrage se fait par les ordres de S. A. R. avec le goût et la magnificence qui conviennent à une protectrice libérale, à une véritable amie des arts. Il est curieux de reconnaître l'influence de l'organisation italienne dans cette aimable passion qui jette tant de charme sur la vie, et augmente ses jouissances. Je laisse au philosophe

[1] Mademoiselle Hervey. — L'une des plus grandes miniatures qui aient été peintes sur ivoire, est sa belle copie de la Vierge à la Chaise.

à déterminer si la puissance qui étend la sphère des sensations agréables, confère des avantages réels sur la vitalité inerte et obtuse de l'huître, ou si l'exemption des peines attachées à cette délicatesse de perception, ne vaudrait pas mieux que tous les plaisirs qu'elle procure : mais je suis certaine du moins, que l'existence d'un goût raffiné chez les personnes que le hasard de leur naissance a placées dans de hautes positions, est profitable à la société. Que de reines frivoles ou galantes, dont les dépenses excessives et les intrigues ont provoqué la ruine du pays, auraient été épargnées à la France, si les souveraines d'Autriche et d'Espagne avaient élevé leurs filles, avaient cultivé leur esprit de manière à les mettre au-dessus du commérage et des dissipations d'une cour. Que de reines bigotes, esclaves de leurs confesseurs et victimes de leur profonde ignorance et de leurs sombres appréhensions, auraient pu être transformées en êtres intelligens raisonnables, pour le bonheur de tant de gens qu'elles ont passé leur vie à tourmenter et persécuter. Si Catherine de Médicis et madame de Maintenon[1] avaient été des femmes éclairées,

[1] Madame de Maintenon avait appris à lire, à écrire et à faire de la tapisserie, seules choses qui constituaient une

la France n'aurait pas eu à déplorer le massacre de la Saint-Barthélemi et l'édit de Nantes. La plus grande princesse de l'Europe, la grande Mademoiselle, comme on l'appelait, avait l'esprit et les manières d'une grossière et vulgaire femme de charge. Grace à son manque de connaissances et de culture, quoique maîtresse d'une douzaine de duchés et de principautés, elle resta toute sa vie dépendante, ne pouvant disposer librement de ses actions ni de son bien ; et après avoir souffert toute espèce de tyrannies, de privations, d'injustices, blessée dans ses plus chères affections, désappointée dans ses plus vives espérances, elle fut enfin obligée d'abandonner au bon plaisir du roi ses propriétés. Elle a laissé dans ses amusans, naïfs et très-instructifs mémoires, un monument de l'ignorance, de la négligence dans laquelle une princesse du dix-septième siècle pouvait être élevée au milieu de la cour la plus polie de la chrétienté.

En feuilletant le portefeuille de Robert Le-

---

bonne éducation dans son temps. Rien ne montre le génie naturel de cette femme spirituelle et de plusieurs de ses contemporaines sous un jour plus brillant, que la nullité de leur éducation. Tous les arts leur étaient inconnus, et fort peu s'occupaient des langues étrangères. Madame de Sévigné paraît cependant avoir bien su l'italien.

fèvre (pendant que madame Grassini chantait au piano cet air avec lequel elle a tourné la moitié des têtes anglaises, il y a quelques années, *paga fui*), un portrait de la charmante Pauline Bonaparte me tomba sous la main. Elle avait posé dans ses habits de cour immédiatement après le couronnement de l'empereur. Quelle exquise, quelle séduisante beauté! quelle simplicité; cependant quelle magnificence de costume! Je me rappelle qu'elle m'a montré à Rome ce même diadème avec lequel elle est représentée; il est composé de grandes émeraudes entourées de diamans.

La première belle tête que j'aperçus ensuite était celle de l'intéressante martyre Charlotte Corday, avec laquelle M. Lefèvre avait été intimement lié. C'était une jeune et charmante créature, dont l'expression de visage avait une simplicité presque enfantine, mêlée d'une teinte de mélancolie qui obscurcissait légèrement l'éclat de sa fraîcheur. Une fermeté douce, mais très-arrêtée, et que l'on sentait au-dessus de toute influence extérieure, se lisait sur ses traits: ils rappelaient sous ce rapport la physionomie de Lafayette, qui pourrait offrir aux peintres le type de l'immuable constance dans le bien. Les martyres de sainte Catherine, de sainte Cécile, de sainte Lucie, n'ont rien de comparable au sacrifice de soi-même de Charlotte Corday. Elles ne cherchèrent point, elles subirent leur sort, dans l'espoir de la couronne immortelle qui devait les faire adorer comme des déités, les associer avec le dieu qu'elles servaient. Leur sacrifice achetait une gloire durable en ce monde, et l'éternelle félicité dans l'autre. Mais quelle devait être la récompense de la moderne Judith? et quel fut son sacrifice? ce fut le sacrifice de sa pure et belle renommée de femme, de ses sentimens, de son humanité. Elle n'avait ni le cœur ni le visage d'un meurtrier; et celle qui sentait si vivement les maux de la patrie a dû éprouver une terrible angoisse en arrachant la vie à l'un de ses plus indignes compatriotes : et quelle devait être la conséquence de cet acte? d'être massacrée par le peuple ou de mourir sur un échafaud où ce n'était plus une distinction de périr; de passer, même sans injustice, pour avoir eu l'ame d'un assassin plutôt que celle d'une femme; de laisser un souvenir douteux, mêlé d'admiration et d'horreur, enfin de tomber dans une obscurité voisine de l'oubli, car ce petit portrait est presque tout ce qui reste d'elle. C'est là le poétique aspect de la conduite de Charlotte Corday. Sous le point de vue philosophique, elle doit être appréciée en considérant la puissance de l'exaltation politique que l'on ne peut juger d'après des raisonnemens abstraits, mais d'après les circonstances dans lesquelles l'individu s'est trouvé placé.

L'atelier de Robert Lefèvre est une galerie de portraits historiques. Parmi eux j'en ai remarqué deux qui offrent, suivant moi, le *beau idéal* de la ressemblance imaginaire : ce sont les portraits d'Abélard et d'Héloïse. Les hypercritiques trouvent quelque chose de trop terrestre dans la beauté et dans la douleur d'Héloïse; et les ultras, qui ne voient de mérite que dans les Magdeleines de Lebrun, disent « *elle pleure, cette belle Héloïse; mais ce ne sont pas les larmes de la Vallière*. Il me semble, quant à moi, que l'Héloïse de Lefèvre est de l'école de la nature. La principale attraction d'Abélard à mes yeux, est qu'il ressemble à Talma comme s'il eût été peint d'après lui; le défaut que lui reprochent les connaisseurs est une attitude trop théâtrale; mais une figure isolée exprimant une forte passion doit toujours être ainsi.

Le tableau qui occupait en ce moment l'artiste était un grand morceau d'autel représentant l'apothéose de saint Louis, dans toute la gloire de la sainteté et de la royauté. Je ne suis pas en état de juger de cet ouvrage sous le rapport de l'art; mais je puis me permettre d'observer que ces sortes de sujets sont généralement ingrats, et mettent le peintre chargé de les exécuter dans une position embarrassante et difficile. Premièrement, toutes les ascensions, jusque et y compris celle de Notre Seigneur, par Raphaël, sont trop corporelles, trop semblables à l'ombre d'Hamlet s'élevant au-dessus de la rampe du théâtre, pour plaire à l'imagination. Elles rappellent trop, malgré qu'on en ait, les lois de la gravitation, pour s'accorder avec des idées de mouvement ascendant ou de spiritualité. Le spectateur est plutôt affecté de la crainte de voir des os brisés, qu'il ne conçoit l'idée d'un mystère divin. De plus, l'allégorie en peinture ou en sculpture est le tombeau du sublime; c'est l'image sensible que l'on représente, non la conception que l'esprit peut se former, et il se trouve ainsi forcé de redescendre de la hauteur où il s'était placé, au niveau d'une explication matérielle. De telles peintures ne sont bonnes que pour donner au vulgaire des notions proportionnées à sa capacité, aussi matérielles, aussi sensuelles, aussi triviales que lui-même. C'est avec un profond sentiment de regret et de honte, que je vois les génies poétiques tels que Lefèvre employés à de tels sujets; le plus grand talent aurait peine à sortir avec succès des difficultés d'une tâche semblable.

LE PAPE PROTESTANT.

N'est-il pas étrange que chacun veuille obliger les autres à penser comme lui, sur des sujets qui resteront dans le doute jusqu'à la fin des temps. Mais ce qui est plus étrange encore, c'est que le désir insatiable d'exciter la sympathie, duquel dérive cette tendance, engendre tant de sanglantes et furieuses antipathies. Les hommes souhaitent des compagnons dans leurs croyances religieuses, comme les enfans, dans l'obscurité, souhaitent d'être accompagnés, par le sentiment du danger et de leur faiblesse : mais ils n'ont pas besoin des appuyer sur autrui tant qu'ils restent sous la brillante lumière des sciences. Entre vingt mille opinions sur les sujets religieux, on ne veut en reconnaître qu'une seule comme vraie; cependant chacune des autres n'est pas moins zélée à s'établir dans le monde en persécutant, ou du moins en décriant tous ceux que leur caractère, leur tour d'esprit, leur position, surtout leur éducation, conduisent à penser d'une manière différente de la sienne. En descendant de voiture devant l'hôtel où se tenait la séance de la Société de la Morale chrétienne, un homme d'une apparence toute méthodiste, avec la longue face, les cheveux plats, et la physionomie d'un véritable *Dieu soit béni*, mit dans mes mains un petit traité, et un autre dans celle de mon mari. En jetant les yeux sur la brochure, nous vîmes que c'était une production méthodique suivant les modèles les plus approuvés des sociétés des *petits traités religieux*, anglaise et française, et une preuve que l'activité des jésuites protestans égale celle des jésuites catholiques. Pendant notre séjour à Genève les méthodistes anglais semaient la division dans cette société, qui, avant l'arrivée de ces colombes de paix, avait été long-temps un exemple de tolérance religieuse, de « paix et de bonne volonté envers les hommes [1]. »

[1] Ce passage est ainsi traduit dans les Bibles protestantes.

La France n'est pas le pays du méthodisme, car le caractère du peuple ne le rend pas susceptible d'un enthousiasme permanent. Mais chez quelques protestans de rang élevé, il s'est glissé à la faveur de la politique doctrinaire et du mysticisme allemand. Je n'ai point lu le livre de Benjamin Constant sur les religions, mais on m'a assuré qu'il penchait vers un méthodisme mystique, et lui donnait le droit d'être rangé parmi les petits prophètes de la secte.

A propos de sectes religieuses, il faut que je note ici, pendant que j'y pense, un grand-prêtre d'une autre doctrine, le chef des protestans éclairés et libéraux de France, le *pape protestant*, M. Marron. Ne sachant point si l'âge et les maux qu'il amène avaient épargné cet excellent homme, dans l'intervalle qui s'était écoulé depuis notre dernière rencontre chez miss Helena Maria Williams, j'attendais que le hasard fît prononcer son nom dans la conversation et m'apprît ce que je souhaitais d'apprendre et ce que je craignais de demander. Mais, *où la vertu va-t-elle se nicher?* et à quatre-vingts ans pour plus de singularité! A un bal, rue de Bourbon, chez mon excellente amie, madame L—s, je cherchai un

Les traductions catholiques donnent un sens différent: *salut aux hommes de bonne volonté.*

refuge contre la chaleur et la foule dans un joli boudoir où, en me jetant sur le premier divan qui se rencontra, je faillis tomber sur un monsieur âgé, assis dans l'un des coins près de la porte. C'était le pape protestant, tel que je l'avais laissé, comme s'il avait été conservé sous verre. Notre reconnaissance mutuelle fut instantanée, cordiale et gaie.

« Je suis venu ici, » me dit-il, « tout exprès pour vous rencontrer, et j'attendais que le cercle formé autour de vous s'ouvrît pour me présenter. »

« J'aurais fait mille milles pour vous voir, » dis-je ; « mais qui se serait attendu à rencontrer votre infaillibilité dans un bal ? »

« Pourquoi pas, » dit-il avec vivacité ; « vous voyez cependant que j'observe *les bienséances*, je ne danse point. »

« Si vous le pouviez, j'espère que vous me donneriez la préférence. »

« Je vous le promets bien, » dit-il ; et oubliant le monde et, pour un instant, oubliés du monde, nous nous mîmes à discourir. Parmi d'autres choses, je lui dis : « J'ai dernièrement cité votre nom dans un petit livre de mes souvenirs que l'on imprime à Londres. J'ai dit que ce fut Bonaparte qui vous donna le surnom de pape des protestans; mon autorité était la pauvre miss Williams de qui je le tenais. J'espère que je ne me suis pas trompée. »

« Pardonnez-moi, » dit-il, « vous vous êtes trompée, ou plutôt votre autorité était elle-même dans l'erreur. Ce fut Pie VII qui me donna ce titre. Voici l'anecdote : J'ai toujours eu la manie de faire des vers latins ; et à propos du mariage de l'empereur je composai une ode dont je fus assez content. En sorte que, comme j'étais dans de fort bon termes avec Sa Sainteté et qu'il était lui-même quelque peu poète[1], je la lui envoyai dans une lettre qui n'était pas d'un caractère extrêmement pontifical. Quand il eut achevé de la lire, il la présenta d'un air solennel à l'abbé Testa : « Padre, » dit-il, « *voici un important document, la lettre d'un pape à un autre pape.* » Testa ouvrit de grands yeux. « *Oui*, » dit Sa Sainteté gravement, « *c'est une épître du pape protestant au pape catholique.* »

« Ce Pie VII, » m'écriai-je, « était un bien aimable homme, sans compter qu'il était aussi un

---

[1] Les deux vers suivans ont couru Paris sous le nom de Pie VII, pendant le séjour de ce pontife en cette ville ; ils étaient censés adressés par lui à M. Marron :

« Vertueux protestant, que je souffre à vous voir !
Tirer Marron du feu n'est pas en mon pouvoir. »

très-bel homme. *Celui-là valait bien l'autre.* » Je voulais parler de Pie VI de qui j'avais ouï conter à Rome assez d'anecdotes pour en faire un volume.

« Je l'ai connu aussi, » reprit M. Marron. « Il n'était rien moins que bigot et avait beaucoup de qualités aimables. Pendant sa captivité à Valence, le colonel M*** reçut à son sujet les ordres les plus rigoureux; et tâcha de les adoucir autant qu'il le pouvait sans sortir positivement de son devoir et de l'obéissance aux lois. Le pape fut sensible à cette généreuse conduite; mais dans la crainte de nuire à son bienfaiteur, il n'osait exprimer sa reconnaissance pour lui. Enfin, la veille de sa mort, il fit prier cet officier de se rendre auprès de son lit et lui présenta une superbe coupe d'argent (qu'il avait sauvée du trésor papal), le priant de l'accepter comme un souvenir de la gratitude et de l'estime du donateur. Le colonel M***, de qui je tiens l'anecdote, se fit quelque scrupule de recevoir un présent aussi considérable de l'illustre prisonnier, et après l'avoir vivement remercié, il déclina l'offre sous le prétexte de sa religion. « Peut-être Votre Sainteté ignore-t-elle qu'elle remet ce don si précieux et presque consacré, à un hérétique. J'appartiens à l'église de Genève. » — Que fait cela? » dit le pape avec un éclair de vivacité. Puis il ajouta, après avoir refermé ses yeux mourans, et d'une voix affaiblie: « Ne sommes-nous pas tous enfans d'un même père? »

O vous, bigots catholiques et protestans; vous, méthodistes mystiques, jésuites intrigans, pourquoi n'avez-vous pas entendu conter à mon pape cette anecdote du pape romain? pourquoi n'avez-vous pas vu cette belle et vénérable figure s'animer en exprimant un sentiment si bien d'accord avec tous les siens, avec sa croyance, avec ses opinions? Mais des sectaires ne deviendront jamais des chrétiens: on pourra faire des prosélytes, convertir à une secte, en faire abjurer une autre; mais on ne pourra jamais engager les convertis à se rapprocher d'un seul pas de celui dont la doctrine est l'amour; car leur bouche ne prêche que l'exclusion, leur cœur ne renferme que le désir de la domination: c'est là l'essence de toute secte, quelle que soit sa dénomination.

Mais pour revenir à mon divan et au pape protestant, nous parlâmes beaucoup et longtemps de notre célèbre amie mademoiselle Williams, et j'appris avec peine que quelque temps avant sa mort elle avait éprouvé des revers de fortune que son esprit indépendant et fier l'induisit à cacher tant qu'il lui fut possible de le faire : son excellent neveu M. C***, membre respectable de l'église hollandaise et l'un des plus célèbres prédicans d'Amsterdam, ayant enfin appris l'état de ses affaires, vint la chercher pour l'emmener chez lui. Cependant la privation de sa délicieuse société de Paris et la différence des habitudes hollandaises, lui causèrent un choc au-dessus de ses forces ; la mélancolie s'empara d'elle, et sa santé s'altéra tout-à-fait dans ce changement. Son parent dévoué, poussant sa sollicitude jusque sur ses plaisirs, lui fit une rente sur ses propres moyens très-limités, et la ramena à Paris. Mais hélas! ce fut seulement pour la conduire à sa tombe modeste, au milieu des cyprès du cimetière du Père-Lachaise. Ainsi finit la vie de l'élégante muse de Johnson. Ses fautes doivent être attribuées au temps extraordinaire pendant lequel ses sentimens ardens et ses talens brillans se développèrent : née et élevée dans une autre ère, elle eût sans doute dirigé vers d'autres fins ses rares facultés, et probablement elle en aurait obtenu des résultats plus heureux. M. Marron fut de mon avis.

« C'est, » dis-je, « un grand tort, un défaut absolu de philosophie, que de juger des gens sans avoir égard aux temps et aux circonstances dans lesquels ils ont agi. »

« Et c'est manquer le plus essentiellement de charité chrétienne, » ajouta-t-il. Le charmant vieillard! Oh! combien je souhaitais avoir une douzaine de papes protestans en Irlande!

Comme il se formait un cercle autour de nous, nous rompîmes notre conversation intime, je pris le bras de son infaillibilité, et nous allâmes rejoindre les danseurs.

MADAME JACOTOT.

A mon retour d'Italie à Paris, en 1820, comme j'étais assise par une belle matinée, travaillant à quelque parure, tandis que le célèbre docteur Gall causait et riait à côté de moi, dans ce ton de conversation si agréable qui n'appartient qu'à certaines organisations supérieures; il me proposa tout à coup de prendre mon ombrelle à la place de mon aiguille, et d'aller faire une visite à madame Jacotot, si connue par ses belles peintures sur porcelaine et sur émail. Comme j'ai toujours préféré la promenade à la couture, et que d'ailleurs j'aurais été volontiers jusqu'à la Mecque avec un tel compagnon, je n'hésitai point, et je fus à l'instant *sous voiles*, et trottant sur le dur pavé du faubourg, mon bras passé sous celui de Gall, bien que, chose singulière, jamais ma tête n'eût été entre ses mains. Le docteur Gall est une de ces personnes qui excitent l'intérêt par elles-mêmes, indépendamment de leurs titres à la distinction; et la conversation de l'homme faisait oublier ses doctrines. C'est le plus grand triomphe social que puisse obtenir le génie; avec la médiocrité et les prétentions, l'auteur et l'ouvrage ne sont jamais séparés.

Tout en riant et babillant nous arrivâmes chez madame Jacotot, et tout en continuant de rire et de babiller sur les arts et en admirant les beaux ouvrages de notre hôtesse, nous passâmes quelques heures si délicieuses, que l'impression qu'elles m'avaient laissée était encore fraîche dans ma mémoire quand je revins en France en 1829. Mais, hélas! je ne retrouvai plus un Gall pour renouer la chaîne si agréablement formée et si brusquement rompue. D'autres anneaux d'association ne nous manquaient cependant pas; et nous allâmes avec M. Buchon, un homme de beaucoup de talent, notre ancienne connaissance, et une amie de madame Jacotot, revoir cette artiste, la première de son sexe en

Europe, et repaître nos yeux et notre esprit de ses intéressans ouvrages.

Elle n'occupait plus l'appartement dans lequel nous l'avions vue; elle habitait celui de Denon, quai Voltaire! Il se passa plusieurs minutes avant que je pusse me remettre de l'émotion et de la tristesse que mes souvenirs excitèrent subitement en moi. Tout était changé dans ce local: les murs, autrefois couverts de monumens de tous les âges et de toutes les nations, étaient maintenant presque nus. Je cherchais en vain mes vieilles connaissances, le magnifique portrait de La Bruyère, le Ruisdael, si bien gravé dans ma mémoire, et la belle dynastie de Bonaparte, que le dernier maître de cet appartement avait eu le courage moral de montrer, quand les suivans et les flatteurs de cette famille cachaient soigneusement ces *dieux lares*, jadis l'objet de leur adoration servile? Où étaient aussi les superbes monumens égyptiens, les pierres précieuses que la main du génie avait rendues plus précieuses encore? les antiquités grecques et romaines, les restes du moyen âge; les brillans échantillons de l'industrie moderne, les consoles, les commodes et les guéridons du temps de Louis XIV; et le Jupiter tonnant; la main d'une Vénus, le pied d'une autre? Où était celui dont l'éloquence aimable décrivait ces objets curieux ? où étaient ses gracieux saluts, ses réparties piquantes, ses anecdotes si naïvement contées, ces *mots* remarquables qui faisaient valoir la science profonde de l'antiquaire, les lumières du philosophe moderne, et la galanterie de l'ancien courtisan?

Nous trouvâmes madame Jacotot comme nous l'avions laissée, et paraissant de même que ses émaux, hors des atteintes du temps. C'est toujours avec un sentiment agréable que l'on voit le talent, le génie, promettre une longue durée. La perfection à laquelle cette dame a poussé l'art qu'elle professe et les avantages qu'elle a conférés ainsi à la manufacture de porcelaine, lui donnent de justes droits à l'éminente réputation dont elle jouit parmi les artistes de son pays. La peinture sur émail, depuis Petitot, était à peu près tombée en France, sauf une ou deux brillantes exceptions. Maintenant elle est supérieure à ce qu'elle a jamais été dans aucun temps et dans aucun pays. En adoptant pour exécuter ses peintures des tables de porcelaine très-épaisses, dont la dureté les garantit contre les accidens extérieurs, madame Jacotot a pu leur donner des dimensions qui surpassent de beaucoup celles des productions de ses prédécesseurs. Sa Sainte Famille, sa Belle Jardinière d'après Raphaël, son Espérance et sa Corinne d'après les célèbres tableaux de Gérard, conserveront encore ces chef-d'œuvres de l'art, quand les toiles sur lesquelles ils ont été tracés au seizième et au dix-neuvième siècle seront également devenues la proie de la destruction continuelle à laquelle il est miraculeux qu'elles puissent échapper pendant un seul siècle, et que le temps amène de tant de diverses manières. Le plus intéressant de ces ouvrages à mes yeux est cette collection unique de portraits de tout ce que la France a produit de grand, d'historique, des Sévigné, des Condé, des Ninon et des Turenne, qui avait été commencée pour le cabinet de Louis XVIII, et se continue par l'ordre de Charles X, ordre également honorable pour l'artiste et le souverain.

Madame Jacotot nous montra quelques beaux tableaux de Bourdon et d'autres éminens artistes; des portraits de Christine, reine de Suède, de sa victime Monaldeschi, d'Anne d'Autriche dans le déclin de sa beauté et de sa puissance, (l'une et l'autre cependant encore visibles sur son visage et dans son air), de madame de Maintenon *jeune et belle*, et du terrible Richelieu, avec ses traits d'une douceur de tigre, si remarquables par leur expression de froide cruauté. On voyait là aussi un portrait du Régent, dont la belle et ouverte physionomie n'offrait point cet air « léger, audacieux, tapageur, » qu'un *roué* doit présenter.

Madame Jacotot n'est pas seulement une des premières artistes du temps, elle compte parmi les femmes les plus aimables et les plus spirituelles de France, et du genre d'esprit et d'amabilité particulier à ce pays : ses manières comme son pinceau ont cette ame, cette vivacité bien plus durables que les formes qu'elles animent. Je ne pus m'empêcher de lui dire qu'il lui faudrait encore beaucoup de temps pour vieillir ; elle me rendit mon compliment avec plus de grace qu'il n'avait été fait. Puissions-nous toutes deux avoir été de vrais prophètes!

AMEUBLEMENT.

A notre première visite au comte de Ségur, je fus extrêmement surprise de trouver les degrés de son escalier couverts d'un tapis! Un tapis sur l'escalier d'un hôtel parisien! Peu de temps après, notre voiture ayant été arrêtée par un embarras dans la rue Saint-Marc, j'amusai mon ennui en lisant les enseignes autour de moi, divertissement auquel je me livre volontiers. Mes yeux se portèrent d'abord sur celle-ci : « *grand dépôt de tapis.* » Je demandai au marchand, qui s'approcha de la portière pour me demander si je voulais acheter quelque chose, s'il avait quelques tapis anglais : sa réponse fut évasive à la manière des

Irlandais. « Nous avons » dit-il, « toutes les sortes d'étoffes de laine que l'on emploie dans les ameublemens; et quant aux tapis, nous avons *les plus superbes tapis d'Aubusson, et les moquettes les plus nouvelles, les tapis jaspés, les tapis à la vénitienne, et les tapis de drap imprimé de Ternaux.* »

Bref, je trouvai que les métiers de Wilton et Kidderminster avaient passé en France, et que les nouveaux besoins de la civilisation se faisant sentir dans tous les rangs, aussi-bien que dans les rangs élevés, donnaient lieu à de nouvelles branches d'industrie, et multipliaient la meilleure de toutes les classes, la classe industrielle. Que dirait madame de Sévigné ou madame de Lafayette de tous ces tapis si différens de noms et d'étoffes? ou la grande Mademoiselle, qui traînait partout avec elle comme un privilège royal, son lambeau de tapis de pied, qui n'était destiné qu'à être placé devant le *fauteuil*, ce sujet de tant de disputes chez tous les potentats de l'Europe? Que dirait le cardinal de Richelieu en voyant un marchand de la rue Saint-Denis, les pieds sur un tabouret et le corps mollement posé sur une pile de coussins; tandis que Son Eminence, roi de France réel et dictateur de l'Europe, était obligée, au milieu de sa haute puissance, de couvrir de joncs le parquet de sa chambre et de se priver de tapis en présence de la royale marionnette qu'il gouvernait et méprisait? Ce n'était pas à de telles fins que tendaient les misérables et laborieuses intrigues qu'il prenait pour du gouvernement. Ces fins ont cependant été obtenues en dépit de tous ses efforts et de ceux de sa classe pour maintenir le peuple dans l'ignorance et l'esclavage. S'il pouvait apercevoir de la tombe le spectacle du bien qu'il a en vain tâché d'empêcher, et la lumière qu'il jette sur la vile et mesquine ambition qui gouverna son existence politique, la mémoire de ses actes sanguinaires et perfides lui serait encore plus amère.

De tous côtés, dans toutes les rues, je trouvais de nouveaux marchés ouverts pour la commodité et le bien-être du peuple, dont l'aisance étendue est un des fruits de cette révolution qui, malgré les obstacles qu'elle a rencontrés, et ses erreurs, a fait avancer et continue à faire avancer la civilisation européenne. Parmi ces nouveaux établissemens de l'industrie de l'homme, appliquée à son utilité, les bazars sont les plus remarquables. Là vous pouvez tout à votre aise en bon air et sous un abri commode, faire les emplettes qui conviennent à votre goût ou à votre bourse, depuis un franc jusqu'à un million ; là le prince et le pauvre peuvent trouver de quoi meubler l'un son palais, l'autre sa cabane, avec tout ce qu'exige soit le luxe le plus raffiné, soit la plus stricte économie.

Mais si le perfectionnement s'aperçoit dans toutes les classes de la société, on trouve cependant plus de confortable anglais, de goût italien, plus de commodités réelles de la vie, et d'ornemens des arts, dans les demeures de cette classe maintenant désignée sous le nom d'industrielle, que chez les anciens nobles, les ouvriers ou les paysans. La France est sans doute le pays du monde où l'on s'astreint le plus volontiers à des formes de convention. Même à présent, depuis le salon des Graces (salon de compagnie de madame la dauphine), jusqu'au taudis du suisse, et au cinquième étage de la couturière, l'ameublement semble partout disposé d'après le même modèle, et ne diffère que par la valeur des matériaux et l'art avec lequel ils sont mis en œuvre. Les meubles de rigueur sont partout les mêmes. Une pendule sur la cheminée, avec ses accompagnemens obligés, les deux chandeliers flanqués d'autant de vases ; un canapé, une rangée de sièges contre les murs, une table au milieu, un guéridon à l'un des coins ; et l'éternelle alcôve contenant partout un lit arrangé de la même manière, drapé dans le même style, soit en calicot à un franc l'aune, soit en mousseline brodée à un louis, constituent l'ameublement de la chambre d'une princesse et la loge d'un portier de *la vieille roche;* quoique celui-ci appartienne à la classe qui reçoit la dernière les innovations et les perfectionnemens.

AU GRAND VOLTAIRE.

Je crois en effet que rien n'est resté en France précisément comme nous l'avions laissé. Il nous semble du moins que tout est changé. En revenant du faubourg par la rue du Bac, je cherchai, en passant sur le quai Voltaire, à reconnaître la vieille et noire façade de la maison où Voltaire mourut, et sur laquelle il circulait tant de contes. Mais à l'exception du portrait du roi de la littérature, sur la porte du marchand d'estampes à côté de la maison de Voltaire, rien n'était demeuré *in statu quo*: encore ce seul fragment de l'ancien arrangement était-il fraîchement repeint.

Les volets mystérieux étaient enlevés, les fenêtres toutes ouvertes, le devant de la maison rebâti, et tout y semblait aussi propre, aussi soigné que le plus joli hôtel de la Chaussée-d'Antin.

Le tour joué aux pères Théatins par le marquis de Villette, à propos de cet édifice, maintenant si célèbre, est plaisamment conté par Grimm. Ce bâtiment avait fait partie du couvent des Théatins, et touchait à l'hôtel de M. de Villette, qui, soit par nécessité, soit par caprice, le loua aux moines et le joignit à sa maison en faisant ouvrir une porte de communication. Il surloua le rez-de-chaussée à un marchand sous la condition, écrite et signée, qu'il prendrait pour enseigne et inscrirait sur sa porte en grandes lettres d'or :

AU GRAND VOLTAIRE.

Les Théatins furent au désespoir. Que leur ordre demeurât à l'enseigne du *grand Voltaire*, ce dangereux ennemi de l'Eglise, et par conséquent à leurs yeux le patriarche de l'impiété; c'était une monstruosité. Cependant toutes leurs remontrances furent vaines, les actes étaient en bonne forme, et un procès n'aurait fait que rendre scandaleux ce qui n'était que ridicule.

Ainsi l'enseigne demeura, et elle demeure encore à sa place quand les Théatins ont perdu la leur, et sont effacés complètement de la mémoire d'un peuple qui chante toujours « *et Voltaire est immortel*[1]. »

Voltaire arriva en 1778 à l'hôtel de Villette accompagné de sa nièce, madame Denis, et il fut reçu par sa bien-aimée *Belle et Bonne*, alors l'aimable marquise de Villette. « Il occupe, » dit Grimm (qui écrivait dans le moment même), « un cabinet qui ressemble plus au boudoir de la Volupté qu'au sanctuaire des Muses; et c'est là que l'on prétend que M. de Voltaire veut faire ses pâques. Il a reçu dans cette maison, à quatre-vingt-quatre ans, non-seulement les hommages de toute la France, mais de toute l'Europe, auxquels il a répondu avec cet esprit, cette grace, cette politesse dont il a seul conservé le ton. Là il récita, le soir qui suivit son arrivée, toute sa tragédie d'*Irène* à une société choisie, et le lendemain matin il était à son bureau, corrigeant les deux derniers actes! Là, enfin, il mourut épuisé par le mouvement et la fatigue de la vie de Paris, de laquelle il s'était depuis long-temps déshabitué, et par l'empressement de toutes les

---

[1] Vaudeville de Figaro.

classes à venir le contempler et l'admirer, plutôt que par le déclin absolu de ses forces malgré son grand âge. »

J'ignore quel fut le sort de cet édifice historique pendant la révolution; mais en 1820, nous trouvâmes les volets de l'appartement de Voltaire, du voluptueux cabinet et de la chambre à coucher constamment fermés; le bruit courait même qu'il ne devait être ouvert que cinquante ans après sa mort, suivant l'injonction expresse qu'il en avait laissée. Plus d'une supposition, plus d'une espérance, furent accueillies par la crédulité littéraire à ce sujet, et furent toutes dissipées en 1829 par l'ouverture de l'appartement à la mort de la propriétaire, madame de Montmorency-Gensac. On trouva l'appartement mystérieux tel qu'il devait être après avoir été abandonné pendant un si long intervalle, ruiné par le temps et couvert de poussière. Le secret de sa *clôture* gisait tout simplement dans l'insouciance et la bizarrerie de la vieille dame à laquelle il appartenait. Cette maison, ainsi que d'autres qu'elle possédait, tombait en ruine depuis nombre d'années; et comme elle ne voulait ni prendre le soin, ni faire la dépense nécessaire pour la réparer, elle la tenait fermée et réservait à ses héritiers le plaisir d'éclaircir un mystère qui se trouva, comme beaucoup d'autres, n'être pas un mystère du tout. Point de satire manuscrite trop horrible pour la publication contemporaine; point de mémoires secrets, trop dangereux pour être mis au jour dans leur temps; rien à combattre, rien à brûler; pas un chiffon de papier, pas une lettre, ne récompensa l'attente patiente des *badauds* de Paris; et tous les secrétaires de toutes les académies de s'écrier comme dans le *Micromégas* de Voltaire : *Ah! je m'en étais bien douté.*

DES LECTEURS ET DES AUTEURS.

En parlant l'autre jour de l'étrange état de société dans lequel des hommes tels que le chevalier de Grammont et Pomenars, l'un et l'autre fripons avérés, étaient regardés comme l'ornement *de la cour et de la ville*, on me dit que le représentant actuel de l'ancienne maison de Grammont, le duc de Guiche, s'occupait à écrire un livre sur l'amélioration des races de chevaux en France. Quand le spirituel Lauraguais, répondant à Louis XVI qui lui demandait ce qu'il avait appris en Angleterre, dit au roi : « Sire, j'ai appris à penser, » Louis répliqua ironiquement, « *à panser les chevaux.* » Mais nonobstant *le bon mot* royal, j'ose dire que quand le duc de Guiche ne se serait instruit que sur ce sujet en Angleterre, il aurait encore un avantage très-décidé sur son célèbre aïeul; et j'espère qu'il réussira aussi bien à galoper à la postérité sur son ouvrage *chevaleresque*, que l'autre Grammont l'a fait par l'inspiration de ces brillans Mémoires, où sont consignées si agréablement la fatuité, la couardise, la fraude, l'insensibilité de la cour de Charles II. Le sujet peut être moins récréatif; mais, comme il comprend des faits, exige de l'observation, de la réflexion et quelques connaissances pratiques, il prouve que son auteur est capable de quelque chose de mieux que de perdre son temps, comme ses ancêtres, à l'œil-de-bœuf ou autour d'une table de jeu. Il est probable qu'en écrivant sur le perfectionnement des chevaux, il contribuera en même temps au perfectionnement de l'ordre auquel il appartient.

« *A quoi bon tant lire?* » disait Louis XIV au plus assidu de ses courtisans et à son trop fidèle journaliste Dangeau. Nous savons en effet, par des témoignages historiques, que ce monarque tant vanté ne lut jamais Pascal; et qu'il ne daigna pas non plus parcourir le *Télémaque*, qu'il appelait un livre frivole. Il dit une fois au prince de Marcillac[1], *Je hais les gens qui raisonnent;* et l'abbé de Longuerue a dit de lui, qu'il n'ouvrit jamais d'autre livre que *ses Heures;* mais qu'il était savant dans les choses de cérémonial : « Il est là, » ajoute l'abbé, «*dans sa sphère.*» Tout ce qui avait existé avant lui était perdu pour lui, puisqu'il ne lisait point l'histoire; et quant à son propre temps, il en était lui-même à ses yeux le commencement et la fin. Ce fut cette ignorance profonde, que sa mère et Mazarin avaient soigneusement entretenue pour conserver leur pouvoir, qui le mit dans une si honteuse dépendance de ses directeurs religieux. Quand son confesseur, le jésuite Letellier, pour apaiser ses scrupules périodiques, qui revenaient après les indigestions, suites de ses succulentes médianoches, l'assurait que tous les biens de ses sujets étaient sa propriété, et qu'en s'en emparant pour son usage personnel, il ne faisait que reprendre ce qui était à lui; il le croyait et agissait en conséquence. Alternativement dupe de son confesseur et de ses maîtresses, il croyait expier par sa soumission au premier les irrégularités qu'il commet

---

[1] Fils du célèbre duc de Larochefoucauld, que le roi, par ces paroles, interrompit brusquement au milieu d'une définition très-claire et très-ingénieuse.

tait avec les dernières. Et supposant qu'il avait assuré son salut par les *dragonnades*, il reprochait au ciel de l'abandonner dans ses affaires temporelles, pendant les revers de la fin de sa vie; car on l'entendit s'écrier : « Dieu a donc oublié tout ce que j'ai fait pour lui ! »

Il n'existe pas en ce moment à Paris un commissionnaire, un portier, un porteur d'eau, qui ne soit plus instruit, plus éclairé que ce royal protecteur des lettres du grand siècle de France. On voit maintenant des livres dans toutes les mains. Entrez dans la plus humble loge de portier du quartier le plus reculé, vous y verrez des éditions des meilleurs auteurs, à un prix que l'extrême indigence peut seule trouver au-dessus de sa portée; vous y verrez aussi des lithographies d'après Gros, Gérard et d'autres éminens artistes, dont les ouvrages instruisent sous la forme la plus propre à faire impression. Si le simple artisan peut trouver un instant de loisir, il l'emploiera à se procurer des connaissances, ne fût-ce qu'en suivant les amusantes expériences des professeurs ambulans des *Champs-Élysées*. Comme je causais sur ce sujet avec l'obligeant éditeur de la Revue encyclopédique, il me dit : « Il faut que vous veniez voir une preuve de votre remarque, dans la personne d'un bottier qui s'est instruit de lui-même, et a construit un jouet astronomique très-ingénieux. »

« Je ne demande pas mieux, » répliquai-je, et le lendemain matin nous fîmes notre visite au Newton de l'alène et du tirepied.

L'humble demeure de l'astronome était située dans le vieux quartier du Louvre, rue des Prêtres, derrière l'une des plus anciennes et des plus historiques églises de Paris, Saint-Germain-l'Auxerrois. En traversant cette paroisse royale pour sortir par l'une de ses portes latérales, nous nous arrêtâmes quelques momens pour jeter un coup-d'œil sur sa nef. Quelle scène et quels souvenirs! Les tapisseries de la Fête-Dieu n'étaient pas encore enlevées. L'obscurité religieuse, les formes d'architecture grossières, les ornemens gothiques rappelaient la barbarie des temps où la cloche de cette église sonna le massacre de la Saint-Barthélemi.

Quel contraste forme le peuple de Paris à cette époque et pendant les barricades, avec la population actuelle, dont l'un des membres les plus obscurs attire l'attention des étrangers par ses travaux scientifiques, ses ingénieuses inventions!

Notre astronome logeait au second étage de l'un de ces tristes édifices si communs dans les vieux quartiers de Paris, dans lesquels une porte étroite et un escalier escarpé conduisent à plusieurs petits appartemens, comme dans les maisons d'Édimbourg. Je fus étonnée de la propreté de la petite chambre et des ornemens de la cheminée : la pendule inévitable, les chandeliers, les vases de fleurs. Le *système du monde mis en action*[1], inventé par le maître du logis, occupait le

[1] La Notice suivante, sur cette œuvre plébéienne, nous a été donnée dans un programme qui nous fut présenté en entrant.

Système du Monde mis en action.

« Démonstration du mouvement de rotation de la terre au centre du globe céleste, système de Ptolémée avec modification. La terre, par son mouvement d'ascension et de déclinaison, tournant toujours à gauche devant la lumière qui représente le soleil; les villes qui passent devant cet astre prennent tour à tour l'heure de midi. Ce système démontre le croissant et décroissant des jours, les éclipses de lune et de soleil; donne l'heure qu'il est dans les principales villes du monde et les quatre saisons; il démontre la longitude et les degrés du méridien, sans avoir recours à une éclipse de lune ni aucun autre signe vu dans le ciel.

« Il fait connaître aussi le nombre de lieues que la terre fait par heure et par minute.

« Le globe céleste, dans lequel est le globe terrestre, a dix pieds de diamètre, monté sur son mécanisme qui fait tout mouvoir sans y toucher. L'on peut, par ce moyen tout nouveau, apprendre la géographie en peu de leçons.

« Rue des Prêtres-Saint-Germain, n° 13, au deuxième. »

milieu de la pièce. Comme je ne peux me vanter d'avoir reçu du ciel le bienfait d'une tête mécanique, je n'essaierai point de décrire cet instrument, ni de faire aucune réflexion sur son utilité. Toutefois, même pour moi ignorante, il montrait une industrie, une patience, un esprit de recherche et d'observation, qui, en de plus favorables circonstances, auraient pu conduire leur possesseur sur l'un des fauteuils de l'Institut. C'est en vain qu'on espère continuer de duper et de gouverner contre ses intérêts un pays où la dernière classe du peuple se livre à de tels amusemens.

DANDIES FRANÇAIS.

Nous avons été à un bal magnifique donné au bénéfice de familles ruinées par un récent incendie. Quand la charité et la danse se réunissent, elles ne peuvent manquer d'attirer les Français ; car elles comprennent la plus douce de leurs vertus, et le plus vif de leurs goûts. Le bal de l'incendie était superbe en tout. Une enfilade de pièces dans un bel hôtel, rue de Rivoli, avaient été drapées de tentures du *garde-meuble*, avec la permission du roi, qui, par une sorte d'inconséquence assez commune chez les souverains les plus enclins au despotisme, est toujours des premiers à encourager la charité par son royal exemple, quoique toujours lent à faire abnégation de sa volonté royale, quand il s'agit d'une justice à rendre à tous. Les tentures étaient de drap écarlate, bordées d'or et ornées de guirlandes de fleurs entremêlées de lampes de formes variées. Les escaliers, les vestibules ressemblaient aux bocages des vieilles vignettes françaises. La parure des femmes était aussi fraîche que les fleurs, et aussi uniforme dans ses façons que les lois de la végétation. Les hommes paraissaient beaucoup plus occupés des femmes que d'eux-mêmes; chacune d'elles était une *petite suzeraine* qui avait ses *hommes-liges* pour la soirée. Le plus bel homme qui existe peut-être en Europe était présent; et, avec son teint rembruni, ses traits nobles, il suivait les sinuosités d'un quadrille avec une gravité espagnole qui me rappela un tableau représentant le bal donné à l'Escurial à Charles Ier, alors prince de Galles [1]. C'était le comte de Loulé; la danseuse qui figurait en face de lui était sa royale épouse; et si l'on pouvait supposer que la sœur de D. Miguel dût participer du caractère qui a fait commettre à son

---

[1] Cet admirable tableau d'un peintre contemporain est au château de Malahide, séjour de mon ancien et estimable ami le colonel Talbot, membre du parlement pour Dublin.

frère des crimes si exécrables, la douce mélancolie de son aimable physionomie repousserait la supposition en montrant la bonté, les qualités heureuses que chacun se plaît à reconnaître en elle.

En cette occasion, et en plusieurs autres semblables j'eus l'opportunité de remarquer combien l'espèce des dandies est plus rare en France qu'en Angleterre. La fatuité convient si peu aux goûts, aux habitudes de l'intelligente et studieuse jeunesse de ce pays et aux idées d'égalité qui y dominent, que le merveilleux, comme l'on appelle le dandy parisien, est regardé généralement plutôt comme un ridicule que comme un modèle. Il a même peine à conserver les honneurs de sa profession ; car, en dépit des soins journaliers et ponctuels qu'il apporte à sa toilette, il paraît toujours *endimanché;* parce qu'il est exagéré dans tous les articles de mode, depuis le nœud de sa cravate jusqu'aux cordons de ses souliers. Cependant les Anglais, parmi les autres *excellences*, qu'ils ont généreusement tâché de partager avec leurs voisins (telles, par exemple, que la théorie et la pratique de la jurisprudence du libelle, l'influence aristocratique, et l'art de conduire les élections), ont beaucoup *anglifié* les notions de parure des jeunes gens du grand monde, avec lesquels ils se trouvent en contact fréquent. Il est des Français, même des Français de goût et d'esprit, qui semblent avoir oublié ce que dit Horace sur les dangers de l'imitation, et qui, en adoptant la propreté anglaise dans leurs vêtemens, se sont aussi approprié les absurdités de nos modes.

Un merveilleux d'un grade assez élevé dans la hiérarchie du bon ton parisien, me fit l'honneur de m'offrir son bras l'autre jour pour aller à la Bibliothèque du Roi, décider un point douteux de l'habillement de Louis XIV dans sa jeunesse, en consultant le trésor de costumes que renferme le cabinet d'estampes de cet établissement. En passant dans la rue de Richelieu je vis un joli *saut de lit à la giraffe*, suspendu à la porte d'une boutique; et comme l'étiquette marquait un prix *très-raisonnable*, je m'arrêtai et dis que j'emporterais volontiers cet article en Irlande si je pouvais l'y faire passer en contrebande.

« *Quelle horreur!* » s'écria mon dandy, en m'entraînant, « une chose pareille dans votre *maison-bijou* (comme M...t...llo, me l'a dépeinte) lui donnerait un *mauvais ton* dont elle ne pourrait jamais se relever. »

« Comment cela? » dis-je.—« D'abord parce que la giraffe est complètement passée de mode, surtout depuis l'arrivée de la baleine royale; ensuite, parce que l'on a définitivement arrêté que les sauts de lit en tapisserie seraient remplacés par des peaux de tigre. »

« Est-il possible, » dis-je en riant, « que votre idole la mode, soit assez universellement adorée pour qu'on soumette les meubles eux-mêmes à ses caprices, à sa tyrannie? »

« Caprices! dites ses lois, Madame, car en général elles ont toute la sagesse, toute l'utilité des meilleures lois; et il n'est rien de ce qui concerne les personnes qui ne puisse profiter par leur opération. Un de mes amis a perdu dernièrement l'occasion de s'introduire dans la *coterie du petit château*, uniquement parce qu'il avait une jardinière remplie de toutes sortes de fleurs dans son salon, quand il reçut la visite de la duchesse de F***; car après tout, la Chaussée-d'Antin est toujours de quelques jours en arrière des modes, avec le faubourg. »

« Vous ne parlez pas sérieusement, je l'espère? » dis-je, songeant en moi-même que cet article banni de l'ameublement élégant, figurait dans mon appartement.

« Pardonnez-moi : la jardinière est passée de mode depuis plus de trois semaines; elle n'est propre actuellement qu'à encombrer les magasins d'ébénisterie ou les bazars d'occasion. Ce printemps, la *corbeille* orne seule les salons élégans; *sans la corbeille point de salut.* »

« Mais la corbeille tient beaucoup moins de fleurs ? »

« Sans doute, et c'est pour cela même qu'on la préfère. Un seul rosier du Bengale ou une camelia est tout ce que des organes civilisés peuvent supporter, tout ce que la mode du jour peut autoriser ; tout ce qui dépasse cette proportion *sent le marché aux fleurs* ou *le festin de noce* à la Grande-Chaumière. »

« Bien, bien. Je respecte fort la mode, parce que je connais son omnipotence; mais sur le chapitre des fleurs je lui refuse mon obéissance. Il est impossible d'avoir trop de leurs belles couleurs ou de leurs douces odeurs. »

« Comme c'est anglais ! Vous avez, vous autres Bretons, des organes pour lesquels aucune odeur n'est trop forte, aucune couleur trop vive. La lavande est la base de tous vos parfums et vous n'avez pas l'idée d'une couleur qui ne serait pas prismatique. »

« Mais quelle autre couleur peut-il exister hors celles de l'arc-en-ciel? Il peut y avoir des nuances, si vous voulez, mais non pas des couleurs, j'en suis certaine. »

« *Oh! qu'elle est charmante avec son arc-en-ciel!* » dit le merveilleux, s'arrêtant pour rire : « mais quelle couleur est celle-là? » dit-il en montrant son gilet.

« Cela, » dis-je fort intriguée par cette teinte vraiment équivoque, mais désirant montrer mon petit savoir « ce n'est pas une couleur, c'est une *nuance*, peut-être ce que vous appelez *soupir étouffé.* »

« *Pas mal,* » dit-il avec une gravité magistrale, « quoique ce ne soit pas précisément cela. Le *soupir étouffé* est aussi vieux que le temps, du moins que le temps du bon roi Louis XVIII, de bienheureuse mémoire! c'était un *vaporeux oriental*, formé par le mélange de l'orange, du blanc et du bleu. »

« Eh! c'était l'ancienne *eau du Nil* qui faisait fureur, quand je quittai Paris en 1820. »

« Oh! ma chère dame, » reprit le merveilleux piqué et mortifié de la remarque, « il n'y a pas à disputer avec des gens qui remontent à l'an 1820. Je conviens avec vous et Salomon qu'il n'y a rien de positivement nouveau sous le soleil. Et vous pouvez bien croire que je ne m'amuse pas à étudier des chroniques. Je puis seulement vous certifier que la mode n'a jamais inventé ou adopté une couleur plus originale que celle que j'ai l'honneur de vous signaler. Le gilet lui-même qui a paru hier pour la première fois aux Tuileries et qui sera vu demain dans tout Paris, ne se montrera plus nulle part la semaine prochaine, si ce n'est dans quelque coin du Marais, le grand dépôt des choses oubliées et l'antipode de la mode. »

« Et quelle est l'étoffe ? elle me paraît singulière. »

« Je le crois bien, » répliqua-t-il d'un air triomphant. « C'est de la *zinzoline*, coupée à la *Marino Faliero*, par Delisle, rue Sainte-Anne. »

Je croyais n'arriver jamais assez tôt chez moi pour écrire tout cela; mais le voilà écrit.

TORTONI.

Un soir nous refusâmes toute invitation pour nous abandonner aux chances des boulevards, « sans boussole ni gouvernail. » *Aux boulevards* fut le *mot d'ordre* donné à notre cocher : *des Invalides!* » répondit-il en souriant ironiquement.

« *Comme vous voudrez.* » Et il voulut nous mener aux Boulevards Italiens qu'il suivit lentement, et poussa jusqu'à l'ancien site des jardins fantastiques de l'auteur de Figaro, faubourg Saint-Antoine [1]. En revenant sur nos pas, nous

[1] Parmi d'autres changemens, le curieux hôtel et les beaux jardins de Beaumarchais, auxquels j'ai consacré une

fîmes quelques stations auxquelles nous engageaient de temps en temps les objets qui nous frappaient le plus au milieu de ce spectacle mouvant. Nous observâmes que la plupart des petits théâtres plein-vent qui nous avaient tant divertis à notre dernier voyage avaient disparu. Bobêche lui-même et son ami Paillasse, le théâtre portatif de Polichinelle, et tous les autres temples d'amusemens vulgaires, plus dignes des tréteaux du temps des Valois que de l'âge actuel, ne se voyaient plus. Toute la bourgeoisie de Paris, en toilette du dimanche, se récréait sur le boulevard. Amans, amis, familles, composées de plusieurs générations, entouraient des bandes de musiciens ambulans, écoutant les airs de Rossini, de Caraffa et d'Auber. Des milliers de gens étaient assis sur des bancs ou des chaises devant les innombrables cafés, dont les glaces splendides réfléchissaient une lumière presque aussi éclatante que le soleil qui teignait de ses derniers rayons la cime des arbres au-dessus de nos têtes.

Les uns lisaient des journaux, soit pour eux seuls, soit tout haut pour leurs femmes et leurs amis. D'autres paraissaient causer avec intérêt. Un air composé, tranquille, sérieux, je dirais

page de ma *France en* 1816, ont maintenant totalement disparu; il n'en reste pas le moindre vestige.

presque grave; mais à travers lequel l'influence des douces jouissances sociales se faisait sentir, dominait sur tous les visages. On n'aurait pu apercevoir un seul exemple de cette scandaleuse et bruyante ivresse qui distingue toujours la pharisaïque observation du dimanche dans les pays où, comme en Angleterre, elle défend au peuple les amusemens innocens et sains [1]. Mais la fausse interprétation des préceptes religieux, la politique mal entendue, qui fait intervenir l'autorité dans les choses de conscience, ne sont pas les seules causes de l'adoption de ce système anti-libéral. Notre aristocratie en général est adonnée aux maximes exclusives, à cet orgueil qui fait regarder les hommes des rangs inférieurs

[1] Dans toute l'Europe catholique, la soirée du dimanche est consacrée à la récréation des classes laborieuses, dont les travaux pénibles, pendant le reste de la semaine, exigent quelques délassemens, la jouissance du grand air et l'exercice pour entretenir sa bonne santé et sa bonne humeur. A Rome les théâtres, qui sont toujours fermés le vendredi, ouvrent le dimanche; et les palais du pape, avec tous les précieux monumens des arts qu'ils renferment, sont offerts à l'inspection du peuple. Combien de fois mon attention n'a-t-elle pas été partagée, au Belvédère du Vatican, entre un groupe de paysans de la *campagna* et cette statue unique au monde, devant laquelle je les voyais rester dans une muette et instinctive admiration.

comme des créatures d'une autre espèce : leur joie scandalise, ses bruyans éclats importunent ceux auxquels la sympathie pour leur semblable est inconnue. Les restrictions législatives sur les plaisirs populaires sont donc plutôt l'ouvrage de ce dédain injuste de l'humanité, quand elle se trouve hors des cercles du bon ton que du zèle religieux.

Au moment où je copiais ces pages pour la presse, il a paru un nouvel ouvrage attribué à l'évêque de Londres, dans lequel on tâche d'imposer silence aux cris du peuple contre les richesses du clergé, en déployant un excès de zèle pour la sainte observation du jour du Seigneur, et en excitant indirectement les personnes influentes dans la société à faire une nouvelle croisade contre les amusemens en plein vent des ouvriers de Londres. Mais quel que soit l'auteur de cette brochure, il s'est déplorablement trompé dans ses calculs. Si les hauts dignitaires de la religion de l'État désirent jouir paisiblement de ces richesses, de ce rang, que l'Évangile du Christ, non moins que la sagesse politique et le simple bon sens font juger déplacés, ils doivent laisser à leur tour aux classes moyennes et basses les humbles plaisirs dont elles se contentent. Le temps des déceptions est passé ;

l'Église établie par les lois humaines ne se confond plus avec l'Église établie par le divin fondateur du christianisme. L'indifférence égoïste des grands pour les sentimens du peuple et leur avidité de pouvoir ne pourront plus passer pour de la morale ou de la piété.

Nous terminâmes notre promenade devant Tortoni, et nous parvînmes, non sans difficulté, à nous procurer des sièges à l'une des fenêtres du salon, où la collation accoutumée de glaces, etc. nous fut servie avec une promptitude, une élégance, qui ne se trouvent que dans cette capitale de Paris, dont les frontières sont le Palais-Royal et la Chaussée d'Antin. Tortoni était occupé, non comme les autres jours de la semaine, exclusivement par les Anglais, mais par des compagnies de jeunes gens causant en petits groupes, avec beaucoup d'énergie et d'action, d'un ton bas et animé, comme si ce qu'ils avaient à dire ne devait pas être entendu de tout le monde. Quelques-uns prenaient des glaces ou des eaux glacées, le plus grand nombre ne prenait rien. Je fis observer cette singulière sobriété à un jeune homme de nos amis qui s'était détaché d'un de ces cercles pour venir nous rejoindre.

« Nous sommes tous des *habitués* d'ici : c'est notre jour de rendez-vous. »

« Et qui êtes-vous, *nous?* » demandai-je en riant.

« *Nous autres jeunes gens,* » répondit-il *avec intention*, « pour user de la phrase d'indication du Théâtre Français. »

« Et pourquoi vous rassemblez-vous? »

« Pour causer! Séparés pendant toute la semaine par nos études ou nos affaires, nous nous retrouvons ici et nous nous communiquons mutuellement nos opinions, nos sentimens sur toutes sortes de sujets, spécialement sur la politique. C'est ici, en prenant des glaces, que nous avons fait le plan de notre résistance à la tentative pour restaurer le droit d'aînesse. »

« Mais, » lui dis-je, « vous êtes l'aîné de votre famille. »

« Cela ne fait rien à l'affaire : il n'y a sur ce point qu'une seule opinion parmi les frères aînés ou cadets, excepté dans les *petites grandeurs* du faubourg, qui représentent les vieux temps *corvéables* et *taillables*, et qui n'attendent guère d'autre héritage que des préjugés, des idées gothiques, dont ils commencent même à devenir honteux. »

« Quand on raisonne sur de tels sujets en prenant des glaces, adieu la contre-révolution. Mais cependant, que sont devenus mes bons amis

Paillasse et Polichinelle, et le *café des Muses,* où l'on trouvait des rafraîchissemens et un spectacle pour un franc? »

« Ils ont tous disparu avec la police, qui était leur principal directeur, comme de tout autre amusement semblable. Les Bobêches, les Paillasses, n'étaient que les restes de la police de *circonstance* de Napoléon, adoptée par les Bourbons, au commencement de leur règne, comme chose à leur convenance, mais dont la Charte a fait raison. Le peuple maintenant s'amuse de lui-même, et il est beaucoup moins dissipé. Il préfère les jouissances positives des sens et de l'esprit aux illusions préparées pour le distraire. Il aime la musique plus qu'il ne l'a jamais fait, et il n'écoute que la meilleure. Mais ce sont principalement les journaux et les livres à bon marché qui remplacent les Bobêches et les Galimafrées. »

Nous observâmes qu'il y avait bien moins de femmes à Tortoni que l'on n'avait coutume d'en voir.

« Aucune femme de *bon ton*, nous dit notre ami, ne va maintenant au café, excepté les Anglaises qui y vont plus que jamais. »

« Mais quand nous visitâmes dernièrement Paris, je vous assure..... »

« Oh! il y a un siècle, » dit-il en riant, « mais

alors même, si les françaises allaient au café, c'était un reste des manières révolutionnaires. A présent aucune *femme comme il faut* ne voudrait se compromettre en entrant dans un lieu ouvert à toutes sortes de personnes. Elles font arrêter leurs voitures à la porte de Tortoni, en revenant de l'Opéra, des Bouffes, ou dans les intervalles de leurs soirées, et se font apporter des glaces, sans jamais entrer ; vous voyez, » et il me montrait la voiture de la jolie madame M......, la Pasta des amateurs, qui venait d'arriver, et que les garçons entouraient avec leurs plateaux d'argent, chargés de glaces et de gâteaux.

« Pour nous autres jeunes gens, *à la mode* ou non, » continua-t-il, « c'est différent ; tout ce qui appartient au monde, à ses intérêts, à ses plaisirs est de notre compétence ; nous voulons tout voir, tout connaître. — Mais où passez-vous la soirée ? »

« Chez M. de Tracy. Voulez-vous que je vous y mène ? »

« Les dames ne seraient pas encore rentrées de leur promenade, il est de trop bonne heure. N'avez-vous aucune visite à rendre ? »

« J'en ai toujours. Je dois, par exemple, mettre des cartes chez madame Montgolfier[1],

[1] L'aimable veuve du célèbre aéronaute.

d'aérienne renommée, qui loge rue de Seine. »

« Alors vous allez visiter les bords ultrapontains? »

« Justement. Voulez-vous venir avec nous? »

De tout mon cœur, fut la réplique; et nous roulâmes de l'autre côté de la Seine. Quelle région différente s'offrit à nous; tout était sombre, tranquille, muet; c'était une autre ville habitée par un autre peuple. Les vieux concierges, assis devant leurs portes cochères, rompaient seuls le silence solennel, en transportant leurs caquets de maison en maison. Tout le monde était sorti dans celle où nous allions; nous laissâmes nos cartes, et nous retournâmes à temps pour la soirée de M. de Tracy.

OPINION PUBLIQUE EN 1829.

Depuis l'an 1816, une génération nouvelle est entrée sur la scène du monde. Des sentimens, des intérêts différens influencent les affaires publiques. En 1816, la révolution qui venait de s'effectuer avait décomposé les classes influentes dans la société, et blessé leurs préjugés les plus invétérés. Une suite de calamités aussi mortifiantes que destructives avait accablé la nation française. Son territoire avait été occupé par des armées étrangères, une campagne meurtrière et dévastatrice avait eu lieu sur son sol même. Les souverains de l'Europe, assemblés dans sa capitale, lui avaient imposé une dynastie deux fois rejetée. Le *régime* impérial, qu'une durée d'un petit nombre d'années avait déjà entouré d'intérêts et d'affections, venait d'être renversé. La noblesse émigrée était rentrée triomphante, important avec elle des doctrines tombées et des mots d'ordre oubliés. L'opinion publique apparut alors, et des questions de morale et de gouvernement auxquelles depuis long-temps on ne pensait plus devinrent l'objet de vives discussions. La nation, désolée du passé, mécontente du présent, et désespérant de l'avenir, ne vivait que dans l'attente de quelque catastrophe qui viendrait dissiper le cauchemar sous lequel elle étouffait et la tirer d'un état aussi incompréhensible qu'intolérable. Des fragmens des factions diverses que la révolution avait produites, républicains, jacobins, royalistes et bonapartistes, flottaient sur la surface de la société, et s'efforçaient de diriger le gouvernement dans leur sens; tandis que les masses, qui sentaient par instinct que leurs intérêts les plus intimes étaient compromis, s'agitaient sans but, et attendaient avec impatience l'impulsion des événemens. Cette impulsion ne tarda point à être donnée. Les Bourbons, quoiqu'ils dussent leur trône au prince régent d'Angleterre, et fussent appuyés par près d'un million de baïonnettes étrangères, se trouvèrent trop faibles pour tenter de rétablir le despotisme de Louis XIV dans toute sa plénitude et sa pureté. Ils sentirent que de grandes concessions étaient nécessaires pour réconcilier la France avec sa nouvelle situation. L'empire que Napoléon avait exercé n'était pas un exemple auquel ils pussent se fier. La force et une main ferme peuvent maintenir un usurpateur, mais les ménagemens bien concertés et la ruse sont les seuls instrumens qui conviennent au despotisme légitime. L'amour de la liberté, quoique restreint par la nécessité urgente de recomposer une nation tombée de l'anarchie sous un règne dans lequel la gloire militaire absorbait toute l'énergie de la société, cet amour sacré n'était pas entièrement éteint. Le peuple avait gagné trop d'avantages à la révolution et les avait achetés trop chèrement, pour les abandonner sans peine. Les traditions des jours brillans de cette époque vivaient encore dans la mémoire de la nation ; et du moment où la puissance commença à échapper de la main de Napoléon, ils furent invoqués comme les guides de la législature et du pays. Il est vrai que treize ans d'un despotisme éclatant de gloire et populaire avaient éloigné le peuple de l'étude de ses droits civils. La théorie de la liberté constitutionnelle avait été stygmatisé d'idéologie[1]. Mais si les hommes avaient cessé de raisonner, ils n'avaient pas cessé de sentir; et ils étaient prêts à s'embarquer avec toute l'ardeur de leur éducation militaire, dans les entreprises qui pouvaient leur rendre leur indépendance, et en répudiant les Bourbons à venger l'insulte faite au pavillon national.

En de telles circonstances l'*octroi* de la Charte fut adopté par le roi comme expédient nécessaire, et sanctionné par les alliés. Les formes d'un gouvernement où le peuple participait, quoique odieuses au congrès des puissances et peu en faveur auprès de la dynastie restaurée, furent jugées indispensables pour consoler la France de ses revers et la réconcilier avec la famille régnante imposée par l'étranger, mais surtout pour occuper les esprits remuans du temps, sans mettre le monarque en contact trop immédiat avec le peuple.

Comme mesure de sagesse et de justice, cette résolution eût été excellente; mais comme expédient machiavélique, elle ne devait produire que des résultats illusoires. En établissant une

[1] Ce terme dépréciateur rappelle Falstaff reprochant à mistriss Quickly d'être « une chose dont il faut rendre grace à Dieu. »

constitution libre, dans laquelle tous les droits essentiels du peuple étaient garantis et, en l'administrant de bonne foi, l'on pouvait au contraire fermer les plaies de la révolution, rendre l'affection de la France à ses souverains et tranquilliser l'Europe.

Mais concéder un pacte national dans le but de le violer immédiatement, conserver la lettre de la promesse et la rompre dans son esprit, c'était rallumer toutes les passions hostiles et leur mettre entre les mains des armes que l'expérience avait montrées irrésistibles. On ne peut cependant maintenir l'essence d'un gouvernement représentatif sans tolérer des canaux ouverts à l'émission des opinions individuelles, qui doivent enfin contribuer à l'éducation politique. Ainsi se développa une force qui défie tout pouvoir établi, celle de l'opinion publique. Dans les formes constitutionnelles le peuple trouve de plus une défense efficace, si le despote y trouve des obstacles embarrassans; et il ne peut faire un pas pour étendre sa prérogative, ni tenter de punir les opposans à ses volontés, sans fouler aux pieds ces lois salutaires. La concession d'une charte était donc l'abandon virtuel du pouvoir arbitraire; et toutes les restrictions mentales du monarque ne pouvaient que placer le trône entre le danger d'une révolution et la honte de reculer dans ses mesures [1].

Ainsi donc, du moment où la Charte fut accordée, un nouvel esprit se répandit dans le public; la liberté de la presse, quoique restreinte et limitée, suffit pour favoriser le développement des saines doctrines politiques, et les discussions des Chambres leur donnèrent une valeur pratique qui intéressa toutes les classes à les étudier, et disposa tous les talens, toute l'énergie du pays à résoudre le problème des forces constitutionnelles. Les doctrines de 1789 furent hardiment avancées, et l'opposition prit la place des conspirations. La rentrée sur la scène législative de quelques-uns des membres les plus éminens des assemblées constituante et nationale, tels que Lafayette, Lanjuinais, etc., que le temps et la hache révolutionnaire avaient épargnés, ranima

---

[1] Dès le début du Gouvernement restauré, la liberté de la presse fut attaquée comme incompatible avec les intérêts du despotisme. Elle fut mutilée par la complaisante législature, diffamée par les gens du roi devant les tribunaux, anathématisée par le clergé, et dénoncée par les missionnaires; mais l'opinion publique, soutenue par la minorité des Chambres, l'emporta sur ces forces combinées. La censure fut abolie, et les juges, nommés par le roi, intervinrent pour protéger l'accusé contre la malice du Gouvernement.

l'esprit populaire et le remit dans ce chemin duquel les insensés conspirateurs de Pilnitz l'avaient détourné d'une manière si funeste.

Respectables par leur âge, leur probité incorruptible et leur intrépidité, ces vétérans patriotes rallièrent autour d'eux la génération naissante, qui, délivrée du joug de la discipline militaire, se jetait dans les études de tous genres avec toute l'ardeur qu'inspire la nouveauté et le zèle d'une louable ambition. Sous leur tutelle, les jeunes gens prirent graduellement les habitudes de réflexion et d'action, nécessaires aux citoyens d'un État constitutionnel. Les manières tranchantes, l'active énergie des enfans de l'empire, firent place à une gravité composée, à une conduite mesurée. A l'habitude de l'obéissance militaire, on substitua l'esprit de recherches philosophiques. Toutes les branches de la littérature servirent à propager les idées saines et les principes d'un gouvernement libre. On analysa le mécanisme de la nouvelle constitution, on estima ses forces, et des sociétés furent formées pour les faire marcher congrument. L'esprit de liberté auparavant concentré dans la capitale, commença à se répandre dans les provinces; et à mesure que la raison du peuple se fortifia, il apprit à agir avec promptitude et ensemble.

On ne pouvait imaginer un système plus misérable, plus impossible à soutenir que celui de gouverner despotiquement par le moyen d'une charte. Chaque jour les violations de cet acte montraient l'absurdité de cette tentative. Il est plus que probable que Louis XVIII était, jusqu'à un certain point, sincère dans ses concessions sur les libertés publiques. Il avait trop d'habileté pour ne pas sentir le danger et les difficultés d'une politique trop illibérale; et son âge et son voluptueux épicurisme, devaient également l'en éloigner. Il avait d'ailleurs éprouvé personnellement et trop sévèrement les maux de l'exil, pour ne pas comprendre l'imprudence extrême de risquer son trône dans l'espoir de gagner des prérogatives, inutiles à qui veut gouverner loyalement.

Mais les émigrés ne pensaient pas ainsi. Les événemens qui avaient rendu au roi sa couronne n'avaient rien fait, ou du moins avaient fait bien peu pour eux. La restauration ne leur avait ni rendu leurs biens confisqués, ni donné le moindre privilège dans l'État. En rentrant en France ils ne se sentaient pas à l'aise, et ne pouvaient endurer sans répugnance les changemens effectués pendant leur absence. Leur pauvreté leur semblait d'autant plus dure qu'ils la comparaient avec l'opulence dont ils jouissaient avant la

révolution. Avec cette masse de mécontentemens
ils apportaient une ignorance non moins funeste
de l'esprit du temps et du peuple, au milieu
duquel ils venaient vivre. Faibles par le nombre,
mais pleins de confiance dans leur rang et leur
influence, ils prirent les suggestions de la vanité
pour celles de la raison. Fiers de leur supériorité
imaginaire, de leurs raffinemens de convention,
ils crurent que leur élégance de mœurs leur
donnait droit à la suprématie politique ; et tandis que ces préjugés les séparaient du reste de la
nation, ils les empêchaient aussi de connaître
ses besoins, ses vœux, son intelligence, et ses
moyens de résistance à l'oppression. La concession de la Charte était aux yeux de cette classe de
la société, une dérogation de la dignité royale,
un odieux abandon des principes, et surtout un
obstacle au recouvrement de leurs antiques privilèges. L'encre avec laquelle cet acte fut signé
était encore fraîche, quand il devint l'objet de
leurs sarcasmes amers et de leurs secrètes hostilités. Toute l'énergie d'intrigue qu'ils possédaient
fut dirigée à conduire ou à entraîner le roi à
éluder sinon à annuler cette importante transaction [1].

[1] « Dès le premier jour de la mise en exécution du nou-

La révolution, que l'on a considérée en général comme une attaque contre la monarchie, était en effet non moins dirigée contre l'aristocratie féodale. Les classes privilégiées, quoique leur importance politique se fût éteinte sous Louis XIV, restèrent en possession de cette partie de leur pouvoir qui ne s'exerçait que sur le peuple; et pour la conserver elles se placèrent dès le commencement du mouvement révolutionnaire entre le roi et la nation, et empêchèrent les paisibles réformes qui auraient rendu la révolution inutile et l'auraient ainsi prévenue. Ce fut pour l'amour de leurs privilèges, non dans l'intérêt du roi, que les courtisans engagèrent ce monarque dans des mesures qui le conduisirent sur l'échafaud. Ce fut cette faction qui combattit les intentions de Louis XVI, renversa Turgot, Malesherbes, Necker, et tous les ministres qui avaient des vues assez bienfaisantes pour désirer des améliorations, et assez d'habileté pour comprendre leur nécessité. Avec de tels hommes, le pouvoir monarchique n'avait à craindre aucune perte; il n'aurait perdu tout au plus qu'un droit abstrait, dont l'exercice devenait tous les

veau pacte, il y eut des germes trop visibles de défiance et de division. — Benjamin Constant, *les Cent Jours.*

jours moins politique et moins désirable. Mais la noblesse et le clergé avaient beaucoup de sacrifices à faire. Les privilèges féodaux, les exemptions d'impositions, les *lettres de cachet*, et mille abus arbitraires, étaient menacés; et si quelques-uns de ces abus atteignaient quelquefois la noblesse, ils étaient bien plus souvent exercés à son bénéfice. L'aristocratie féodale et le peuple de France étaient réellement, depuis le commencement de la monarchie, deux nations distinctes; et ces deux nations se trouvaient encore en 1789 aussi différentes d'opinions et de sentimens qu'elles l'étaient à la première invasion des Francs. Cette séparation de vœux et d'intérêts se manifesta quand la révolution éclata, par l'émigration de la presque totalité de la noblesse, et son alliance avec les étrangers contre les enfans du sol; événemens qui prouvent évidemment que les familles féodales étaient plutôt campées que domiciliées dans le pays.

L'aristocratie n'a jamais été vue de bon œil par le peuple français. On s'est plu à représenter très-faussement dans les romans, le *seigneur du village* vivant comme un patriarche au milieu de ses serfs et de ses vassaux, dont il était révéré comme un père. Mais dans tous les cas où la puissance de mal faire existe, l'expérience n'apprend que trop que la nature humaine est prompte à user de cet avantage. Sans doute des exemples particuliers de bonté ont contrebalancé accidentellement les maux produits par les institutions ; et la reconnaissance en ces occasions était proportionnée à la rareté des bienfaits conférés. De telles exceptions cependant ne prouvent rien dans l'estimation de l'opinion générale. Il est même certain que la bienveillance naturelle aux Français, et leurs habitudes de libre commerce et de douce familiarité avec leurs dépendans, qu'une supériorité incontestable et définie leur permettait d'ailleurs de conserver sans danger, ne pouvaient tout au plus faire naître qu'une affection bien peu profonde ; car elle n'était pas accompagnée du sentiment d'une justice rendue, et de l'intérêt de l'estime. Les plus grands propriétaires ne résidaient pas ordinairement sur leurs terres, et n'étaient connus de leurs tenanciers que par leurs demandes pressantes d'argent ; quant à la petite noblesse de campagne, elle était en général plus infatuée des honneurs et privilèges de son rang, que les grands seigneurs de la cour. La protection que les personnes de cet ordre accordaient quelquefois à leurs dépendans immédiats et personnels, était toujours celle de la supériorité envers l'impuissance absolue, et leur courtoisie elle-même avait un fond de dédain. La peinture que Beaumarchais a faite, dans son Figaro, des sentimens nationaux, est conforme aux antécédens connus, et peut être regardée comme fidèle et complète. Toutefois ce n'est point chez les simples paysans que l'opinion publique s'est formée, mais dans les villes, parmi les hommes des professions libérales et les bourgeois, propriétaires ou marchands. La haine de la féodalité fut propagée dans ces diverses classes par l'insolence oppressive des nobles. De ce côté il existait un choc d'intérêts et de vanité qui devait nourrir des sentimens d'aversion entre les deux parties opposées. Quand la révolution commença, le mépris de la noblesse devint le principe dominant chez les Français, et ils l'ont conservé à travers les divers changemens de gouvernement qu'ils ont subis. L'amour de l'égalité est un trait du caractère national; et les efforts de Napoléon pour ramener le goût des distinctions personnelles, ne purent jamais reconcilier le peuple avec la noblesse privilégiée.

A ces sentimens naturels la vente des biens confisqués, et la loi qui ordonne l'égalité de partage dans les héritages paternels, vint ajouter un intérêt pécuniaire. Le rétablissement des dîmes et la restitution des biens nationaux, sont donc des sources réelles de dangereuses contentions, c'est le corps de Patrocle autour duquel les partis combattent à outrance¹. Ces objets sont le but de toutes les intrigues du faubourg; et les motifs de toute la désaffection montrée par le peuple, de ses défiances contre l'ultra-administration. Les voyageurs anglais qui ne peuvent observer que la superficie de la scène politique en France, et qui fondent leur jugement sur les opinions des salons des émigrés, qu'ils fréquentent particulièrement, répètent sans cesse, *qu'est-ce que veulent les Français?* Ils voient régner l'abondance et la tranquillité, la justice tolérablement administrée, les propriétés respectées, les cafés et les théâtres remplis, et les promenades publiques animées par la musique et la danse; et s'ils sont de haute naissance et penchent vers le torysme, ils se récrient contre la presse et les agitateurs libéraux qui s'acharnent contre un gouvernement si doux et si pacifique!

Les Français désirent, et désirent avec toute

¹ Les indemnités accordées par les Chambres ne sont acceptées que comme à-compte, et sous la réserve tacite du droit d'extorquer tout ce qu'on pourra avoir de plus dans la suite.

raison, toute justice, des garanties suffisantes pour leurs droits contre les invasions des ultras. Quatorze millions d'acquéreurs de biens nationaux veulent s'assurer de leur destinée; et vingt-huit millions de Français demandent à être débarrassés pour toujours des réclamations de l'Église sur les dîmes, et de la triviale tyrannie des missionnaires, qui, envieux de revoir les vieux abus ecclésiastiques, cherchent à les restaurer par l'abrutissement du peuple.

L'inquiétude excitée par ces causes empêche seule la France d'accepter avec joie une constitution théoriquement imparfaite, il est vrai, mais qui cependant, depuis quatorze ans, a donné au pays une tranquillité comparative, et admis un degré de développement de la puissance industrielle, tel que la génération présente ne peut se rappeler rien de semblable. Si les Bourbons avaient pu consentir à s'unir franchement à la nation en lui accordant les lois qui pouvaient désarmer l'émigration, leur domination serait peut-être devenue aussi arbitraire qu'ils auraient pu le désirer; car les Français, si sensibles à ce qui touche à l'inégalité politique ont cependant long-temps supporté le gouvernement prétorial de Napoléon, et ils auraient été lents à se mouvoir pour défendre les détails de la liberté civile, si leur importance ne lui avait pas été indiquée par la fausse direction que le Gouvernement avait prise.

Malheureusement pour la cause de la royauté en France, elle a négligé cette partie essentielle de l'opinion publique. Egarée par le sophisme long-temps prédominant qu'une puissante aristocratie est un soutien nécessaire à la couronne, elle a, dès les premiers momens de la restauration, plus ou moins fait cause commune avec la noblesse.

Dans l'état actuel des sentimens et de la propriété publique, et avec le développement rapide de l'industrie commerciale, le rétablissement des privilèges féodaux est impossible. Toute la force réelle est dans le peuple, et la cour, en s'appuyant sur les émigrés, s'unit à une puissance qui peut renverser le trône, mais non l'aider à gouverner arbitrairement[1]: Il existe un parti peu

---

[1] « Avec notre disposition nationale, notre amour pour l'égalité presque absolue, la division de nos propriétés, leur mobilité perpétuelle, l'influence toujours croissante du commerce, de l'industrie et des capitaux en portefeuille, devenus des élémens au moins aussi nécessaires à l'ordre social actuel, des appuis plus indispensables au Gouvernement que la propriété foncière elle-même ; une puissance héréditaire qui ne représente que le sol, qui re-

nombreux dans les classes les plus riches qui, déçu par l'exemple de l'Angleterre, imagine qu'une aristocratie pourrait être graduellement reconstruite pour satisfaire l'ancienne noblesse, renforcer le roi et former une barrière contre les excès démocratiques. Quand il n'y aurait pas d'autres raisons pour douter de la justesse de cette mesure, il suffirait de lui objecter qu'aucune volonté humaine ne peut créer les ordres de la société et déterminer leur poids relatif. En politique comme en physique, la force créatrice ne peut être dominée par une volonté absolue, et aucune loi ne peut triompher de l'influence de l'opinion et des choses existantes. Entre la France et l'Angleterre la différence est si grande sous ce rapport, qu'on ne peut y trouver aucune analogie. En Angleterre le droit d'aînesse, établi depuis si long-temps qu'il est presque regardé comme un droit naturel, a investi l'aristocratie territoriale d'une immense force, concentrée en un petit nombre de mains, et cette force a été habilement employée pour faire obtenir à ses possesseurs une puissance formidable. Pendant une longue suite d'années, toutes les lois ont été

pose sur la concentration du territoire dans les mains d'un petit nombre, a quelque chose qui est contre nature. » — Benjamin Constant.

faites dans leur intérêt, tous les usages sociaux se sont conformés à leur suprématie. Arguer de ce qui se fait en Angleterre par cette influence, ce que l'on peut espérer d'elle en France, où les propriétés sont si peu étendues et le droit d'aînesse aboli, c'est tomber dans une grossière et palpable erreur. Dans les deux cas, il n'y a non-seulement aucune ressemblance, mais il y a contraste absolu. La charte française elle-même, imprégnée comme elle l'est des idées et des prétentions de l'ancien régime, est encore moins exclusive, moins aristocratique que la constitution anglaise telle qu'elle est pratiquée. La nation française, alliée aux États-Unis, témoin de leurs triomphes auxquels elle a contribué, a naturellement adopté les idées américaines, emprunté les institutions américaines, quand elle a tenté de constituer un gouvernement libre. Tout ce qui reste de bon et de populaire dans la *charte* vient de cette source, et par conséquent conserve une teinte républicaine. *Les juges de paix*, par exemple, ont été long-temps nommés par les citoyens; et, bien que l'autorité se soit emparée de leur nomination, on les prend encore dans le sein du peuple: de plus, comme ils sont exempts des préjugés et des sympathies qui influencent la hautaine confédération des juges de paix anglais *non payés*, ils administrent plus impartialement la justice, et sont moins décidément des instrumens du gouvernement arbitraire.

Le corps électoral, malgré ses fréquentes épurations, est encore infiniment moins aristocratique que la même classe en Angleterre. En bornant le droit d'élire aux citoyens qui paient au moins 300 francs d'imposition directe, le nombre total des électeurs a été réduit au-dessous de cent mille. Mais pour donner plus de poids à la propriété, on a voulu qu'un quart des électeurs pris parmi ceux qui paient les plus fortes contributions eût le droit de voter une seconde fois; et ils forment ce qu'on appelle les collèges de départemens. Toutefois, l'effet salutaire de la division des propriétés est tel, que même ce quart, composé des plus riches citoyens, n'est point séparé de la masse de la nation; et la France, avec un nombre d'électeurs moindre que ceux d'une province irlandaise, a obtenu une Chambre sur laquelle l'influence du pouvoir a été nulle, et qui s'est montrée également inaccessible à la corruption.

Dans les municipalités des départemens, en dépit de tout ce que Napoléon et la Charte ont fait pour extirper le principe démocratique, l'influence populaire se fait mieux sentir que dans nos grands jurys, nos commissions de paroisses, qui, en pratique, sont toujours exclusifs, aristocratiques et dominés par l'intérêt de corps. Les lois judiciaires actuelles de France sont une preuve encore plus décisive de la prédominance des idées constitutionnelles, et par conséquent d'un plus haut degré de probité politique que celui qu'on trouve dans le peuple anglais. La comparaison des maximes qui gouvernent les tribunaux en France ou en Angleterre dans les jugemens en matière de libelles, est infiniment en faveur de la première; et les sentences y sont plus douces presque dans la proportion des mois aux années, et des francs aux livres sterlings. L'absurde accusation de provocation au mépris pour le gouvernement est en usage dans les deux pays mais en France la noble indépendance des juges et la grave austérité avec laquelle ils motivent leurs jugemens, tient les accusateurs publics en échec; car souvent même, en obtenant la condamnation d'un écrivain de libelle, ils reçoivent une utile leçon pour le pouvoir existant et apprennent à respecter la liberté d'opinion.

Mais ce n'est pas seulement en France, c'est dans toute l'Europe que le principe féodal est discrédité. L'éducation, plus généralement répandue, a élevé l'homme à un juste sentiment

de sa valeur personnelle, et a donné cours à l'idée
que la terre est pour son usage, non pas lui
pour le sien. Le commerce, de plus, a créé une
aristocratie en même temps plus profitable à
l'État, et plus populaire dans ses sentimens, qui
peut combattre l'intérêt de propriété foncière,
et limiter son influence. Peut-être, même en Angleterre, l'aristocratie a-t-elle passé son zénith et
marche-t-elle rapidement vers son déclin, par
l'abus criant et grossièrement égoïste qu'elle a
fait de ses pouvoirs usurpés et son opposition
ouverte aux privilèges et au bonheur du peuple.
La dynastie restaurée en France, en se liant aux
émigrés, a donc agi contre l'esprit du temps et
du pays, et s'est préparé une longue suite d'embarras, sinon une chute prématurée. Les habitudes, les opinions bien enracinées sont plus
puissantes que les lois; et aucun système de
majorats ou de privilèges ne pourrait investir
la Chambre des Pairs en France du crédit de la
Chambre haute en Angleterre. La Chambre haute
en France n'a rien d'aristocratique, hors son
nom; ses débats ont lieu à portes closes; de
nombreux renforts de partisans de chaque ministère y ont été introduits, et ont ajouté au nombre de ses membres des hommes très-peu imbus
de sentimens patriotiques; mais le corps est ce-

pendant loin de servir implicitement les vues de l'autorité; et la couronne ne pourrait compter sur sa docilité pour sanctionner un coup d'État. Cependant les Français d'à présent pourraient bien moins encore tolérer un corps privilégié dont les prétentions seraient mêlées au renversement de tous les droits assurés par la Charte, et dont l'influence sur les affaires serait une conspiration perpétuelle contre toute idée libérale, tout système d'administration honnête.

Mais comme si l'impopularité du parti émigré n'était pas suffisante, la cour a encore ajouté au mécontentement en faisant cause commune avec l'Église. L'établissement ecclésiastique en France est complètement usé, comme instrument agissant sur la conscience et dirigeant les volontés. On ne peut déterminer jusqu'à quel point le clergé en abandonnant d'injustes réclamations, en adoptant les principes politiques libéraux, et en laissant tomber certains articles de discipline choquans et surannés, aurait pu réussir à ramener la nation à des formes de culte trinitaire; mais il est évident que le système qu'il a suivi en attaquant à la fois la bourse, la conscience et les objets d'amusement ou de bien-être de leur troupeau, devait ramasser sur sa tête le mépris de l'incrédulité et la haine de l'amour-propre offensé. On se moqua d'eux comme prêtres, on les détesta comme ultra-royalistes.

Toute l'utilité que la noblesse ancienne pouvait tirer de son alliance avec le clergé dépendait entièrement de l'opinion publique; mais l'opinion publique était décidément contre l'Église telle qu'elle cherchait à s'établir [1].

Dans l'aveuglement de leur zèle, ils imaginèrent que leur volonté de tromper et de gouverner trouverait chez le peuple une disposition correspondante à être dupé et maîtrisé. Les ultra-royalistes pensaient qu'il fallait simplement envoyer une armée de missionnaires bien endoctrinée, avec des crucifix hauts comme de grands mâts, des prédicateurs à voix de Stentor et d'insinuans intrigans, et ordonner aux maires et préfets de donner l'exemple de la soumission, pour que la France entière pliât le genou de-

---

[1] On a mis en question si Napoléon aurait pu ou non établir en France une église réformée au lieu de faire son concordat avec le pape. L'un de ces plans pouvait être meilleur que l'autre; mais aucun d'eux n'était suffisamment en harmonie avec le temps pour ramener le peuple à la foi athanasienne. Une complète séparation de l'Église et de l'État, d'après le système américain, était seule capable de calmer le ressentiment national contre les intrigues sacerdotales et le mysticisme religieux.

vant ces apôtres, et vît rétablir sans inquiétude tous les abus de l'ancien régime pour *l'amour du ciel.* Cela pouvait réussir en Belgique où une poupée inspire autant de vénération que le Jupiter de Phidias. Mais en France, au dix-neuvième siècle, espérer quelques succès d'un manège si grossier, était le plus faux des calculs. En matière de religion, le sublime touche de bien près au ridicule; et le Français est un peuple essentiellement moqueur. Dans les provinces éloignées, la population mâle, plus directement menacée dans sa fortune, gênée dans ses entreprises et assujettie à d'infinies vexations de détails, par les prêtres, a adopté en quelques exemples un vernis d'hypocrisie extérieure; mais même là on voit clairement, par la prédominance des femmes aux offices religieux, la froideur du grand nombre des citoyens et l'impossibilité de rétablir, à l'aide de l'autorité, ni les abus, ni les fins utiles des institutions ecclésiastiques. Quant à la capitale et aux autres grandes villes, où l'opinion est plus libre, où les autorités ont une influence moins directe, l'esprit de moquerie est général. La présence des fonctionnaires publics dans les processions et les autres cérémonies religieuses, et la dévotion affectée du faubourg, donnent lieu à des torrens de sarcasmes, d'épigrammes, de plaisanteries; et l'intervention du clergé dans une cause politique quelconque est le plus prompt et le plus sûr moyen de la déconsidérer.

Soit que ces mauvais calculs tiennent à une éducation rétrécie, au manque d'intelligence ou à la longue absence de France du clergé émigré, ils s'est totalement mépris sur l'esprit du pays, et, dès le commencement, il a joué ses cartes trop à découvert. Au lieu de se servir de l'ascendant obtenu sur les femmes pour ramener les hommes au sentiment religieux, les prêtres en ont usé seulement pour remplir leur bourse. On persuadait les femmes que c'était un péché irrémissible que de retenir les biens ecclésiastiques. On travailla sur leur sensibilité, sur leurs craintes, pour les pousser à cajoler ou à tourmenter leurs maris et parens afin de les engager à rendre les propriétés du clergé acquises pendant la révolution. Les conséquences inévitables de ces insinuations furent la froideur, l'aliénation, la discorde dans les familles, le relâchement ou la rupture des liens les plus chers. Obligées par leurs directeurs d'observer de minutieux et ridicules rites, et de se priver des plaisirs de la société [1], les femmes étaient virtuellement séparées des hommes, leurs

[1] Plusieurs curés ont prêché contre la danse et imposé des pénitences à ceux qui se livraient à cet exercice.

devoirs domestiques étaient négligés, leur bonheur domestique détruit : le tout pour la plus grande gloire du *parti-prêtre*, et pour ses intérêts les plus sordides et les plus anti-nationaux.

L'impertinente introduction des jésuites dans l'éducation publique blessa encore plus l'opinion générale; et les contradictions perpétuelles entre leurs doctrines et les connaissances du siècle, achevèrent de convaincre les politiques qu'ils ne tendaient à rien moins qu'au renversement de la liberté civile et religieuse[1]. Dans cette masse de motifs de haine les émigrés, et au milieu d'eux le trône, furent enveloppés, et on les rend responsables non-seulement de leurs offenses contre la société, mais encore de celles d'un corps qui ne peut leur être d'aucune utilité, et pour les inté-

---

[1] L'irréligion qui prédomine chez les laïques en France, est l'ouvrage du clergé. Les richesses excessives et la vie scandaleuse des prélats, les intrigues des moines, et l'obstination des uns et des autres à maintenir des pratiques absurdes et des contes de nourrices, que le temps rejetait, mais surtout les procès barbares de Calas et de Labarre, firent faire des réflexions au public, qui le disposèrent à recevoir Voltaire et les autres écrivains philosophes non-seulement avec fureur, mais avec affection. L'esprit d'examen fut éveillé par un sentiment de souffrance; et les griefs personnels donnèrent un intérêt vif et profond aux discussions sur ce sujet.

rêts duquel ils ont au fond la plus complète indifférence.

Ces considérations générales expliquent suffisamment la tendance politique des Français, et démontrent avec une incontestable évidence, qu'en combattant pour conserver ou obtenir les garanties de leurs droits civils et religieux, ils ne font que remplir un devoir sacré envers leur pays et leurs descendans. Le parti libéral en France a été représenté faussement comme désirant le renversement de l'État et le retour des violences révolutionnaires. Mais en politique le passé ne revient jamais ; la république de Robespierre est aussi moralement impossible en France que le despotisme de Louis XIV. La brutale ignorance, la férocité des sans-culottes étaient les résultats d'une éducation reçue sous un gouvernement pervers. Les jacobins tiraient leur immoralité des sources de corruption qu'ils détruisaient ; et quand toutes les autorités seraient abolies dans le pays, il serait impossible qu'il retombât dans l'anarchie politique et morale qui désola l'Europe lors de la chute de la royauté à la fin du dix-huitième siècle. Le penchant des peuples, dans leur état actuel de culture intellectuelle, est pour édifier, non pour détruire ; pour consolider, renforcer, non pour renverser. Il faut observer que le parti libéral se compose de la partie la plus active, la plus industrieuse de la société, qui, ayant goûté les douceurs de la paix intérieure et reconnu par expérience qu'il existe une connexion nécessaire entre un gouvernement régulier et la prospérité du commerce, considère une révolution, une guerre civile, avec une aversion bien fondée, et ne pourrait y être poussée que par la haine du despotisme et l'entière extinction des droits civiques. Toutefois, une préférence théorique pour le gouvernement républicain existe peut-être au fond du cœur d'un grand nombre de Français; mais ils auraient horreur de lever un doigt pour renverser le gouvernement existant quel qu'il soit, s'il les laissait jouir en paix de leur liberté et ne leur donnait aucune inquiétude pour l'avenir. Le temps du fanatisme politique est passé; et les hommes ne sont plus disposés à combattre pour une forme ou une autre, ni à déifier des abstractions. En France, de même qu'en Angleterre, l'utilité positive devient la mesure d'après laquelle on dirige les spéculations et l'on règle les actions.

En accordant la Charte, le roi, quoiqu'il n'agît probablement pas avec une mauvaise foi qu'il s'avoua à lui-même, fut empêché, et par ses propres préjugés et par ses conseillers, de faire tout ce qui était nécessaire pour la sécurité du trône et le bonheur du pays. En insistant pour que la concession de la Charte fût reçue comme un acte de sa propre volonté, un don *octroyé* au peuple, une impulsion de bonté, non la reconnaissance d'un droit, il avait sans doute en vue une pure matière de formes, qui sauvait son orgueil royal et n'apportait aucune différence essentielle à la valeur intrinsèque du présent. Mais ce vain attachement à une phrase dépouilla non-seulement une grande et noble mesure politique de toute sa bonne grace, il insulta encore à la nation que cette mesure devait pacifier; il ouvrit une source de maux et d'inquiétudes, dont le parti ultra ne tarda pas à tirer avantage. Le mérite fondamental d'un tel pacte est un caractère bien déterminé : son office est de présenter, ainsi que les mesures et les poids modèles, pour le commerce, une règle immuable à laquelle on puisse en appeler dans les dissensions accidentelles; et pour remplir efficacement cet office, le pacte doit renfermer en lui-même tout ce qui peut inspirer une confiance, une approbation universelle, et se trouver placé hors des atteintes du caprice et de l'influence individuelle. Mais ce qui est accordé par l'autorité absolue, par la volonté d'un despote, peut être modifié, détérioré, annulé par un autre ; et, comme l'observa fort bien Benjamin Constant, la révocation de l'édit de Nantes était un sérieux précédent. Cette vérité fut vivement et promptement mise en évidence par les journaux ultra-royalistes et le côté droit de la Chambre, qui, ne se croyant pas engagés par les dispositions de la Charte, provoquèrent ouvertement sa violation. Tous les efforts des absolutistes tendent à pousser le roi à dissoudre les Chambres, ensuite à refaire par ordonnance (c'est-à-dire par sa pure volonté) une loi élective par laquelle la nomination des députés tomberait entre ses mains et ferait ainsi de la Chambre une simple cour d'enregistrement.

Dès les premiers momens du régime de la Charte, les émigrés ont employé toute leur influence à la convertir en instrument de tyrannie, à renverser les barrières qu'elle opposait aux empiètemens de leur ambition. L'histoire de France, depuis ce temps, consiste d'un côté en une suite d'intrigues et de conspirations contre les libertés garanties par la Charte; de l'autre, en efforts constans et intrépides de la presse et des députés patriotes, pour déjouer ces intrigues en éclairant le peuple. Dans l'organisation du gouvernement impérial, on trouva d'amples matériaux pour les fins du despotisme; et comme cette organisation avait été adoptée provisoirement en attendant que des institutions plus analogues à l'esprit de la Charte fussent établies, on exploita avec soin les moyens qu'elle offrait pour influencer les élections et imposer silence à l'opinion. Mais quand cette influence devint insuffisante pour atteindre le but de la cour, la loi d'élection elle-même fut changée par une Chambre dévouée au pouvoir, et l'on espérait que cette mesure aurait encore l'avantage de priver la Chambre de son caractère populaire. Cependant comme les dernières sessions se sont occupées de lois utiles pour s'opposer aux fraudes électorales, la législature, quoiqu'elle ne soit plus une pure représentation du peuple, paraît encore un frein efficace contre les usurpations ministérielles.

Aux yeux d'un clergé intolérant et d'une noblesse hautaine et absolue, toute liberté d'opinion est une abomination. De plus, le despotisme jaloux de Napoléon a servi merveilleusement ses successeurs. Les détails de son administration offraient des précédens et des moyens et des instrumens pour une sévère censure de la presse; et pendant la réaction de la restauration il ne fut pas difficile d'obtenir la sanction législative pour le rétablissement de cette odieuse et criminelle mesure.

Toutefois sur ce point la France est invulnérable. Tant que les journaux ne seront pas absolument prohibés et l'imprimerie défendue, l'intelligence éveillée et la conception facile du peuple cherchera et trouvera l'instruction dans les allusions les plus indirectes. En proportion du danger croissant et des difficultés d'exprimer directement les opinions, l'effet des insinuations détournées deviendra plus piquant, et ces traits spirituels que les Français savent si bien asséner seront plus goûtés du public. Cependant quand la réaction royaliste commença à se calmer, les Chambres reprirent leur office naturel de protectrices de la liberté d'opinion ; la censure fut abolie, et les lois graduellement débarrassées de quelques restes de tyrannie. Les deux plus grandes restrictions qui pèsent actuellement (1829) sur la presse sont la non-intervention du jury dans ses délits et le pouvoir donné à l'autorité de priver un journal de sa licence, pour la plus légère et la plus insignifiante condamnation; en sorte qu'aucune sentence au-dessous d'une complète décharge ne pourrait mettre les fonds des propriétaires d'un journal à l'abri des intrigues gouvernementales qui le menacent sans cesse. Mais telle est la force de l'opinion en France, que les juges, quoique nommés par le roi, en expliquant en général la loi sur ces sujets de la manière la plus correcte et la plus libérale, ont mis un frein salutaire au zèle des procureurs du roi; et sous leur protection un assez haut degré de liberté pratique est laissé aux journalistes et aux écrivains politiques.

Un autre sujet de contestation entre les libéraux et les ultras, est l'éducation nationale. Avec une malice diabolique accompagnée, heureusement pour l'humanité, d'une ignorance et d'une maladresse extrêmes, le parti émigré a remué ciel et terre pour abattre et enchaîner l'esprit du peuple[1], en confiant l'éducation de la jeunesse à

---

[1] « Une classe d'hommes, » dit Gibbon, « dont les mœurs ne sont plus celles du temps présent, et dont les yeux sont éblouis par la lumière de la philosophie. » Cette perversité profonde qui fait abuser de la plus précieuse des charges publiques, celle d'élever le peuple, et qui mène à rendre l'enfant incapable d'exercer jamais dûement les facultés d'un homme, est poussée en France à un degré difficile à imaginer. Les plus grossières superstitions sont inculquées à la jeunesse, et dans la chaire et dans le confessional, et lui sont présentées comme des vérités importantes démontrant l'existence de la Divinité. Heureusement cela se fait avec plus de zèle que de discrétion, et le public, au lieu d'être édifié, est indigné de cette scandaleuse charlatanerie.

des prêtres qui ne leur donnaient que des leçons d'esclavage passif et d'abjecte superstition. Le Gouvernement, dans la plupart des sociétés chrétiennes, s'est arrogé le privilège d'établir des écoles, où, sous le prétexte de l'instruction, l'on façonne les jeunes intelligences pour l'adoption de quelque doctrine étroite de secte. Que cette pratique n'est ni utile, ni juste de la part du Gouvernement, c'est ce qu'il est facile de prouver. Et il n'est pas moins facile de démontrer qu'elle est aussi défavorable à la religion qu'à la vérité et à la liberté. Mais la discussion sur ce point est conduite des deux parts en France dans des bornes très-étroites. Le Gouvernement, non content d'avoir aidé de son influence et de sa bourse le parti de la fraude ecclésiastique, a visé et a réussi un instant à obtenir pour l'Église le monopole absolu de l'éducation. L'ostensible rétablissement des jésuites qui avaient été expulsés par le parlement, sous l'ancien régime, se lie à des tentatives systématiques pour pervertir et dégrader l'humanité.

Des opinions très-diverses ont été émises sur l'importance de cette transaction et sur la sagesse de ces craintes, de cette désapprobation, que la France a exprimées en voyant reparaître les jésuites sur la scène politique. Mais en de telles matières l'instinct des peuples est un guide sûr.

L'homme reconnaît souvent dans sa capacité corporelle, de même que les animaux, suivant leur espèce, l'ennemi qu'il doit craindre, même avant que l'expérience lui ait fait connaître sa griffe ou que la raison lui ait démontré ses intentions malfaisantes. Il est vrai que le temps du jésuitisme est passé. Ce n'est plus un instrument de déception adapté aux circonstances; et s'ils étaient abandonnés à eux-mêmes et privés de l'appui du Gouvernement, on aurait pu les laisser monter sur leurs tréteaux et pratiquer les ruses de leur morale équivoque : ils n'en auraient obtenu aucun résultat. Le monde est maintenant suffisamment éclairé pour faire tête à tous les enfans de Loyola passés, présens et futurs. L'ennemi du genre humain ne serait plus chassé d'un corps duquel il se serait emparé, par l'invocation de

« Speluncam Dido dux et Trojanus eandem ; »

Virgile ne passerait plus pour la Bible : du moins de semblables manœuvres ne pourraient duper que les plus ignorans, les plus dégradés de l'espèce.

Les jésuites français, en eux-mêmes, ne sont formidables, comme agens politiques, que par quelques autres corporations de fanatiques et d'imposteurs, dirigées en leur nom, et associées à leurs principes par un engagement secret. Des fonctionnaires publics, des citoyens de tous rangs, composent ces associations, couvrent le pays d'un réseau d'espionnage, et constituent une calamité publique qui exige toute la sagesse et toute la fermeté des honnêtes gens pour la détruire. Le jésuitisme, tel qu'il existe en France, est moins une machine religieuse qu'une machine politique. Il est vrai que les membres de cet ordre cherchent à s'emparer du pouvoir pour le faire servir à l'agrandissement de l'Église; mais leurs confréries de robe-courte ne considèrent leur religion et eux-mêmes que comme des instrumens à employer dans leurs desseins propres; et c'est cette alliance qui a fixé sur les jésuites l'attention du public. Par le moyen de ces liens secrets d'association une franc-maçonnerie politique s'établit, et étendit ses ramifications jusqu'aux derniers confins de l'administration de l'État. Être attaché au jésuitisme devint la route la plus sûre pour avancer dans tous les départemens ministériels; et l'initié qui se trouvait ainsi placé à la tête des affaires conduisait tout suivant les vues de la contre-révolution. Les préfets jésuites avaient surtout une influence décidée sur les élections, et contrôlaient la libre action des citoyens; et une correspondance universelle et minutieuse faisait connaître aux chefs de la conjuration les principes, les appuis, la conduite des hommes de la plus légère importance.

Sous un système aussi puissant, aussi protégé, cet ordre ouvrit une carrière à l'ambition de la jeune France, presque aussi séduisante que celle des armes sous Napoléon. Un certain nombre de jeunes gens à imagination ardente et à passions vives s'enrôlèrent dans les bandes de Saint-Acheul, et seraient devenus par la suite des temps fort dangereux pour la société.

Les contre-révolutionnaires, se confiant à l'influence qu'ils avaient ainsi obtenue, marchaient à grands pas, sous le ministère Villèle, à l'accomplissement de leurs vœux les plus extravagans; mais agissant, comme ils l'ont toujours fait, dans l'ignorance complète du véritable esprit du peuple, au moment même de leur triomphe présumé ils éprouvèrent une défaite signalée, et tombèrent dans la disgrace de la nation par sa volonté irrésistible et déterminée. La cour, l'émigration, les jésuites, les ministres, tous reculèrent devant l'opposition prochaine. Le gouffre d'une nouvelle révolution s'ouvrit aux pieds du trône, et Villèle y fut précipité pour fermer, Curtius involontaire, cet abîme menaçant.

La fermeté des députés et l'énergie du peuple sauvèrent encore une fois la France de la violence des ultras. A l'époque de notre arrivée à Paris, la nation était encore dans la plénitude de sa joie de la défaite de ses ennemis. L'administration de Villèle, teinte du sang du peuple et chargée de son exécration, avait été chassée honteusement. Un cabinet dont les vues étaient plus libérales avait succédé au ministère stygmatisé du nom de *déplorable*; les jésuites étaient dépouillés d'une partie de leur influence directe sur l'éducation; la presse était moins comprimée par le pouvoir, de nouvelles lois assuraient la pureté des élections; l'énergie industrielle se développait, sauf un petit nombre d'exceptions locales, avec un succès remarquable; le Gouvernement marchait sans entraves; et les députés libéraux, loin d'être portés à prendre leurs avantages intempestivement, étaient peut-être trop modérés dans leurs demandes de réforme. L'extérieur des affaires publiques annonçait l'état sain et florissant du pays, le prompt rétablissement des pertes que l'occupation étrangère lui avait causées, et sa restauration prochaine dans le rang et l'influence qu'il doit avoir en Europe. En ce moment la monarchie constitutionnelle paraissait avoir pris racine dans les affections et les habitudes nationales, et la rage de la politique avait tellement diminué, que les salons de Paris étaient exclusivement occupés de discussions littéraires ou des disputes des divers professeurs de philosophie. Les débats de la Chambre n'eurent qu'un seul objet intéressant, la nouvelle organisation départementale et communale : le reste porta sur des détails de finances. La presse jouissant d'une liberté de fait, était activement employée à disserter sur des matières purement administratives ; et les questions agitantes des principes élémentaires étaient mises de côté momentanément. On ne comptait pas moins de cinq nuances d'opinions dans la Chambre des Députés. Le *centre* avec ses subdivisions de *centre droit* et *centre gauche*, s'interposant entre les ultra-royalistes et les ultra-libéraux, garantissait la modération de la législature, et par son équilibre empêchait qu'aucun mouvement révolutionnaire n'eût lieu à l'une des extrémités. Dans un tel état de choses, avec les lumières du siècle pour guider et soutenir les hommes d'Etat, le système constitutionnel aurait pu gagner d'un pas lent et sûr le plus haut degré de perfection que puissent atteindre les institutions humaines ; et le trône, appuyé sur les affections du peuple, serait devenu plus solide que s'il n'eût jamais été ébranlé.

Mais l'esprit de discorde était repoussé et non détruit ; la conspiration des émigrés demeurait *en permanence*, et les partisans des abus entouraient le roi et répandaient le poison de leurs espérances et de leurs craintes à son oreille trop complaisante. Le ministère Martignac, quoiqu'il ne fût point franchement libéral, et qu'il manquât d'énergie pour provoquer les réformes, était encore trop populaire pour les Tuileries ; et des menaces de changement de ministère et de *coups d'État* commençaient à troubler la tranquillité des Chambres et de la capitale.

La position des ministres eux-mêmes n'était pas sans difficultés. Privés de la confiance et de la faveur du roi, parce qu'ils lui avaient été imposés, ils étaient traversés dans leurs intentions libérales par la cour, et poussés à des mesures de sévérité par un pouvoir caché derrière le trône, et bien plus grand que lui. Dans une position semblable, des hommes fermes et indépendans, appuyés de l'opinion publique qui les avait mis en place, et de la force de leur caractère, auraient repoussé les prétentions du faubourg ou donné leur démission. Des esprits supérieurs auraient dédaigné de ruser ou de temporiser avec leurs ennemis. Des hommes habiles auraient évité une lâche condescendance comme un suicide politique. En adoptant une mâle et noble conduite, les ministres auraient pu être déplacés par des intrigues de cour; mais ils se seraient retirés forts de l'opinion publique, et seraient rentrés en place plus puissans qu'auparavant, au premier accès de royale appréhension.

N'ayant pas porté son attention sur ces considérations, ou manquant de la fermeté nécessaire pour agir d'après elles, le ministère Martignac essaya de désarmer la faction émigrée par la soumission, et de maintenir un cabinet libéral, en le montrant le moins libéral possible. A mesure que la session avançait et découvrait de plus en plus la nullité et les tergiversations du ministère, il perdit son influence sur la Chambre et son crédit dans le public, jusqu'au moment où sa popularité s'étant changée en indifférence et cette indifférence en mépris, il fut remplacé sans efforts par le ministère Polignac : et il est déjà oublié comme s'il n'eût jamais existé.

Si d'autre part le parti de la cour avait pu abandonner ses craintes et ses jalousies, admettre de bonne foi l'existence d'un gouvernement réellement représentatif, le ministère

Martignac n'aurait rien fait pour exciter un mécontentement marqué. Ses principes étaient suffisamment monarchiques et aristocratiques pour renforcer les privilèges légitimes de la couronne; et, arrivant après l'atroce violence de Villèle, il aurait paru à la nation assez libéral pour inspirer sa confiance. Son renvoi montrait donc que la querelle entre les privilèges et les droits civils ne pouvait se terminer par aucun compromis; que la révolution n'était pas pardonnée, et qu'une nouvelle expérience sur la patience du peuple menaçait la France d'une autre révolution et les Bourbons d'un autre voyage à Hartwell.

Le jeu qu'ils jouent à présent n'est autre dans le fait que celui qu'ils ont tenté plus d'une fois et toujours au détriment de la faction aristocratique. Le ministère de 1814 et 1815, en de semblables circonstances, ramena Napoléon de l'île d'Elbe. En 1819 l'ultra-faction poursuivant les mêmes objets, mue par les mêmes passions, réitéra ses attaques contre la liberté et fut encore défaite. L'administration Villèle eut le même sort. Quand on se rappelle ces événemens si récens, il n'est pas difficile au public d'expliquer l'énigme des intentions du prince de Polignac en acceptant le ministère.

Les Français sont accusés, même par nos journaux libéraux, de précipitation en jugeant le nouveau cabinet par ses antécédens, sans attendre que ses actes donnent des motifs réels à la désapprobation, à la résistance nationale : mais jamais accusation ne fut plus mal fondée. Les individus qui composent le nouveau ministère ne sont pas des hommes « inconnus à la renommée; » le parti qui les a poussés a été dès longtemps jugé par le pays; leurs vues, leurs projets, ont été annoncés avec orgueil par les journaux à leur solde. Le choix d'un homme que sa conduite à l'armée aurait dû rendre le dernier auquel on pût penser, était une insulte à la nation, et une déclaration de guerre contre le patriotisme et les sentimens de la France.

Les événemens qui ont suivi ne sont pas de la compétence du présent ouvrage, et ils ne sont pas de nature à donner le désir de dévier de son plan pour les décrire. La noble et généreuse conduite de la Chambre des Députés, dans laquelle la corruption de vingt membres eût déterminé un triomphe ministériel que tout l'or du trésor royal ne put acheter, offre un trop honteux contraste avec une autre Chambre partagée en factions de guérillas qui ne s'accordent que pour certains faits sordides et personnels, pour qu'une plume anglaise le retrace avec plaisir. La comparaison est humiliante, mortifiante, dégradante. Il y a bien loin en effet de l'indécente parade d'une assignation du bourg de East-Retford, ou des efforts pour tromper le public par l'émission d'un papier non convertible; il y a bien loin du misérable triomphe, consistant à supprimer 900 livres sur la masse d'une dépense abusive et exorbitante, à cette adresse énergique qui a valu à la Chambre les honneurs de la prorogation, et l'amour et la vénération de ses constituans. Il y a plus loin encore des électeurs parjures des bourgs anglais qui envoient au parlement les nominations dictées par la noblesse, aux honnêtes citoyens de France que l'argent ne peut corrompre ni le pouvoir intimider.

Il est d'autant moins nécessaire de hasarder des conjectures sur les résultats de cette lutte dans laquelle la cour de France s'est imprudemment engagée, que la question pourrait être décidée avant que ces pages soient livrées à l'impression. Mais quelle que soit l'issue de cette lutte, les destinées ultérieures de la France sont assurées par le jugement sain et le patriotisme de la nation, les progrès des connaissances politiques, la fermeté et la modération générales. Chaque jour qui s'écoule ajoute à la force du peuple et enlève quelque chose à la coterie des privilèges exclusifs et du despotisme illégal. Une consolante vérité pour l'Europe, c'est que la France sera toujours un pays libre : on peut le prédire par les relations inévitables de causes et d'effets. Si cette liberté doit être paisiblement et heureusement gagnée, ou arrachée par de sanglans efforts, c'est ce qui dépend de la sagesse et heureusement aussi du courage politique de la dynastie régnante.

LA GIRAFE.

En jetant les yeux ce matin sur notre liste de visites, après être montés en voiture, nous fûmes frappés par les singulières associations qu'elle présentait ; car elle commençait par Cuvier et finissait par la girafe, en comprenant le plus célèbre médecin et physiologiste, le plus éminent naturaliste et le premier mathématicien de France ; en un mot, MM. Broussais, Geoffroy Saint-Hilaire et Lacroix !

Comme la girafe n'est pas (ainsi que le disait Béranger de lui-même) *l'animal le moins remuant*, et qu'elle pourrait un jour quitter Paris ; de plus, comme sa compagne, en Angleterre, était morte ou mourante, nous étions extrêmement empressés de faire la connaissance d'un être si fort à la mode, et très-curieux de voir quels étaient les fondemens de sa popularité. Son joli mot à son arrivée, quand elle dit en passant au milieu des Parisiens émerveillés : « *Mes amis, il n'y a qu'une bête de plus;* » l'élégante nouveauté dans les vêtemens, à laquelle son nom donna de la vogue ; et les hautes qualités morales que lui accordent les naturalistes français, avaient élevé la girafe dans notre esprit à la dignité d'un lion [1]; nous étions par conséquent tenus de « la connaître sous peine de passer nous-mêmes pour inconnus. »

En arrivant à sa résidence au Jardin des Plantes, nous trouvâmes Sa *Célébrité* prenant l'air dans un petit enclos devant son pavillon. A côté d'elle était son premier gentilhomme de la chambre, un ami fidèle, un compatriote, qui l'a accompagnée dans l'émigration.

Sa grande et belle taille, son teint de jais, son attitude et son costume pleins de grace, joints à l'apparence du gigantesque animal avec lequel il semblait en entière communication, présentaient les traits caractéristiques de leurs espèces

[1] On sait qu'en Angleterre les objets de curiosité publique momentanément à la mode, sont nommés *lions*.

respectives. Rien de plus remarquable dans la girafe que la disproportion de ses formes et la grace de ses mouvemens. Son intelligence se manifeste par sa docilité, sa douceur, qui approche presque de la politesse. La cour rassemblée autour de l'illustre étrangère paraissait aussi envieuse d'attirer son attention que celle qui remplit la chambre à coucher royale de Charles X l'est de saisir le bon augure de son sourire matinal, tandis que son premier gentilhomme ou valet de chambre de l'ancienne pairie lui présente sa chemise et son mouchoir. La girafe cependant, comme si elle comprenait les vœux de ses courtisans, s'avançait, baissait son long cou, et passait la tête à travers les barreaux de la clôture, pour recevoir leurs hommages. La scène était amusante, caractéristique, et rappelait la courtoisie royale tant vantée en une semblable occasion : la *bête de plus* ne perdait pas à la comparaison.

Les voisins de l'aimable et spirituelle girafe sont un ours inquiet, rechigné, et un stupide buffle. Je ne crois pas qu'avec tout ce que Pestalozzi et Owen ont jamais pu inventer on pût jamais donner à cet ours, à ce buffle, l'intelligente affabilité si évidente chez leur gigantesque associée.

Quelques délices que nous ayons trouvés à voir ces formes belles et nouvelles, ces preuves du grand pouvoir créateur (soit qu'elles aient été amenées de l'Indus ou du pôle, au centre de la civilisation); cette visite à la girafe nous procura un plaisir plus vif encore, le spectacle des humbles classes de Paris qui, ce jour-là, remplissaient le Jardin des Plantes pour lequel on obtient facilement des billets ainsi que pour tous les autres établissemens publics de France. C'était un jour de fête, et les petits marchands et les artisans y venaient étudier le Créateur dans ses ouvrages, rassemblés là des climats les plus divers et les plus éloignés, pour leur instruction et leur profit. Une curiosité bien dirigée, exprimée avec *naïveté*, un vif désir de s'instruire, étaient les traits les plus remarquables dans la conduite de cette foule mélangée (parmi laquelle se voyaient un assez grand nombre de soldats [1])

---

[1] Ayant été plusieurs jours de suite à la Bibliothèque du Roi pour prendre des extraits de livres, je remarquai un soldat assis en face de moi qui s'occupait d'un semblable travail : il avait une des plus belles têtes que j'aie jamais vues, et fut une fois rejoint par l'un de ses camarades qui travaillait comme lui dans une autre pièce. Si tels sont les spécimens de l'armée française, que ceux qui comptent sur l'obéissance aveugle d'une brutale force militaire y regardent à deux fois.

qui errait, dans une discrète admiration, à travers les parterres de fleurs et de plantes précieuses et parcourait les salles d'un Musée sans pareil, en marchant sans bruit et en faisant à voix basse ses observations.

Nous procédâmes avec un redoublement d'intérêt à l'accomplissement de nos visites projetées à MM. Cuvier, Broussais, Geoffroy Saint-Hilaire et Lacroix, car c'est à de tels hommes que la France moderne doit et les établissemens semblables au *Jardin des Plantes*, et cette étonnante diffusion de connaissances que l'on observe dans l'intelligente population que nous venions de contempler [1].

[1] Pendant cette agréable journée nous fûmes accompagnés par M. Warden, ex-consul des États-Unis et notre ancien ami, lequel, bien qu'il n'exerce plus aucun emploi diplomatique, est le *cicerone* des Américains à Paris. Trente ans de séjour en cette ville en font un guide aussi intelligent que sûr; et je fus heureuse de trouver mes observations sur la dernière et les moyennes classes du peuple confirmées par son opinion. « Ils sont si avides de connaissances, » disait M. Warden, » et ils les estiment si haut, que lorsqu'une personne inconnue leur est recommandée, soit pour la société, soit pour les affaires, une de leurs premières questions est : *a-t-il reçu de l'éducation?*

GÉRARD. — SACRE DE CHARLES X.

Combien les contemporains, les concitoyens de Raphaël, de Michel-Ange, du Titien et des autres grands maîtres de l'école d'Italie, étaient dignes d'envie! Quel plaisir de visiter le matin leurs sublimes ouvrages, et de pouvoir le soir causer avec eux; de pouvoir demander à Raphaël quel sentiment l'inspirait quand il peignit sa sainte Cécile, à Salvator ce qu'il avait dans l'esprit en retraçant la conjuration de Catilina!

Le *Musée* a rempli toute notre journée d'hier, surtout les tableaux du salon carré d'exposition. Une foule immense entourait le tableau du *Sacre de Charles X* par Gérard, et ne nous permit d'en approcher qu'au bout de quelques minutes. Le succès d'un peintre dépend toujours autant de la nature de son sujet que de l'exécution ; car le jugement du spectateur est toujours influencé par ses sensations et ses affections. Sous ce rapport, il y a une énorme différence entre le *Sacre* et l'*Entrée d'Henri IV*, ou la *Bataille d'Austerlitz* par le même maître. Tout ce que l'art pouvait produire pour une scène telle que le Sacre, avec des originaux et des incidens tels que ceux que le peintre devait représenter, a été fait ; mais quels étaient ses modèles ? C'est en vain que son admirable puissance de dessin a été prodiguée pour donner de l'ame et de l'harmonie à des figures qui n'en offraient aucunes : qu'il a donné un air grave à des visages niais que tout son art n'aurait pu faire paraître intelligens ; qu'il a tenté de donner aux *Polonais* de la cour une expression spirituelle que la nature leur a refusée. Le cachet du temps et des principes l'emporte sur les efforts du plus grand peintre du siècle pour dérober, ou décorer de quelque dignité, l'insignifiance, pour anoblir ce qui est en soi-même ignoble [1]. Parmi les divers personnages, princes,

---

[1] M. Gérard a traité ce sujet d'après les ordres du roi. Il avait évité de se trouver en présence de Charles X lorsque ce monarque distribua des marques de distinction aux

ducs, cardinaux, évêques, qui remplissent ce vaste et brillant tableau, un seul m'a singulièrement frappée comme heureusement placé ; c'était le cardinal de Clermont-Tonnerre : il tourne le dos au spectateur qui n'aperçoit que sa robe et sa tonsure, en effet les seules parties essentielles de la personne de cet ultra-prêtre et prélat.

Ce tableau, tel qu'il est, prouve le génie du peintre par sa grande supériorité, comme composition, sur les autres représentations du même sujet, commandées par le ministre Corbière, dont la mauvaise administration sous le rapport des arts nous a été souvent citée.

Le soir nous allâmes chez Gérard, l'esprit encore trop préoccupé de ce tableau pour n'en pas faire le premier sujet de notre conversation. Je lui demandai pourquoi il avait choisi le moment où la cérémonie est terminée ? L'*Accolade* me paraissait moins pittoresque à représenter que le sacre lui-même.

« Le moment dont vous parlez, » dit-il, « était indiqué par l'autorité supérieure ; mais je

artistes, dans le Louvre. Le roi remarqua son absence et dit : « Je regrette que monsieur Gérard ne soit pas ici pour apprendre de ma bouche que je le charge de faire le tableau du Sacre. »

ne pus me résoudre à montrer le roi de France prosterné aux pieds des prêtres[1]. »

Peu de temps après j'allai voir Gérard dans son atelier, où presque tous les potentats de l'Europe étaient venus chercher la seule immortalité qui leur est réservée. Je le trouvai donnant les dernières touches à un ouvrage bien plus intéressant que le sacre de Charles X, c'était le tombeau de Napoléon à Sainte-Hélène. Ayant encore présent à ma mémoire le premier de ces tableaux avec ses larges lumières, ses couleurs brillantes, son mouvement, combien mes yeux se reposèrent doucement sur ce petit tableau harmonieux et mélancolique! Sous le rapport de l'art, il montrait que si Gérard s'était voué à la peinture de paysage, il aurait fondé une école. Sous le rapport du sentiment, il lui faisait plus d'honneur que tous les tableaux commandés par la munificence impériale ou royale à son habile main. Quatre belles figures représentant la Renommée, la Science, l'Histoire et la Guerre soutiennent le tableau; elles sont célèbres pour la beauté du

---

[1] A mon retour chez moi, je feuilletai l'*Histoire des sacres* de M. Lenoble, où je trouvai la pleine justification du choix du peintre. Le roi doit rester à genoux devant les prêtres assis, pendant plus d'une heure. — *Voy.* p. 593 de *l'Hist. des Sacres.*

dessin, et furent exécutées sur un plafond des Tuileries, dont le centre était occupé par le portrait de Napoléon. A la restauration, cette tête fut effacée, et Gérard a groupé les figures autour de la tombe du héros vaincu.

Près de cette peinture mélancolique est le tableau de *la Bataille d'Austerlitz*, l'une des belles productions de l'école moderne. Il est plein de détails admirables et caractéristiques. Le moment représenté est celui où le général Rapp s'approche à cheval de l'empereur entouré d'un brillant état-major, pour lui annoncer que la bataille est gagnée. La joie, le triomphe brillent dans les yeux, agitent tous les muscles de la figure militaire de Rapp. Les traits expressifs de Berthier, Junot et Bessières, qui sont auprès de Napoléon, contrastent par leur coloris vivant, vigoureux, avec les teintes livides d'un soldat mort et d'un officier mourant, dont la physionomie au milieu des dernières angoisses de la mort, exprime les sentimens les plus élevés. Tous sont maintenant réduits au même niveau ! ces créatures du temps et de la nécessité ; et leurs braves dont bien peu ont survécu à la honte de leur caste ou à sa gloire. Parmi les derniers, il est doux pour ceux qui apprécient les qualités humaines les plus aimables, de distinguer le brave, le fidèle Bertrand.

Trois tableaux modernes peuvent seuls, je pense, être comparés à celui-ci; *la Bataille d'Aboukir*, *la Peste de Jaffa*, de Gros, et *la Bataille de Jemmapes*, de Vernet.

Nous retrouvâmes les mercredis de madame Gérard, en 1829, tels que nous les avions vus en 1816-18, dignes d'être rangés parmi les plus délicieuses assemblées de Paris, et suivis par tout ce que cette capitale de l'intelligence européenne possède de talens éminens. Je demandais un jour à Gérard comment il pouvait se résoudre, par une chaleur si étouffante, à quitter ses charmans jardins d'Auteuil pour l'atmosphère dense de son hôtel du faubourg Saint-Germain; il répondit : « En cette saison c'est un sacrifice, sans doute, mais un sacrifice bien payé. Depuis trente ans, mes amis, mes confrères de tous les pays me trouvent le mercredi soir heureux de les recevoir dans mon salon; et quand je vivrais trente ans encore, tant que ma santé et mes moyens me le permettront ils m'y trouveront toujours. »

Un trait charmant, parmi plusieurs autres, du caractère de Gérard, c'est que sa maison est toujours ouverte aux jeunes talens. Il n'attend pas que le monde ait imprimé son cachet d'approbation pour reconnaître les justes droits du génie non protégé. Son salon est une académie où non-seulement les jeunes artistes peuvent étudier les arts, mais acquérir ces bonnes manières, cet air aisé, élégant, modeste, qui fait rougir l'arrogante médiocrité quand elle les voit chez un des premiers artistes de son pays.

SOCIÉTÉ PHILOTECHNIQUE.

Les Françaises joignent au talent de causer agréablement celui d'écouter avec la plus imperturbable patience. Cette réflexion m'a été particulièrement suggérée dans les nombreuses séances littéraires et scientifiques auxquelles je les vis assister. Pour moi, de telles réunions sont de purs objets de curiosité; pour elles, ce sont des sujets d'intérêt profond. Je m'y rendais pour voir ce qu'étaient ces sortes d'assemblées; elles y cherchaient de l'instruction par le moyen qui m'a toujours paru le plus fastidieux.

Quand nous arrivâmes à la séance publique de la société Philotechnique qui se tenait dans l'une des salles dépendantes de l'Hôtel-de-Ville, je ne fus pas peu surprise d'y voir un grand nombre de *chapeaux fleuris*, mêlés aux têtes chauves, aux cheveux gris et aux autres formes symboliques du temps et de la sagesse. L'assemblée, très nombreuse était remarquable par la diversité des âges qui la composaient. Au fond de la belle salle oblongue, une sorte de théâtre était élevé où l'on avait placé le fauteuil du président, le pupitre des lecteurs, et des sièges de chaque côté pour les étrangers et les hôtes les plus distingués. Le corps de la salle, occupé par des banquettes, était rempli d'une foule mêlée et très-pressée. Le programme de la séance nous sembla curieux, en ce qu'il montrait la possibilité de passer la matinée d'un dimanche, d'une manière innocente et instructive, également exempte *d'ennui* et de dissipation.

Beaucoup de fatigues pendant la journée, et une soirée prolongée très-tard la veille, m'avaient mise hors d'état de donner aux sujets toute l'attention qu'ils méritaient. Le *rapport sur les travaux de la Société* n'avait aucun rapport avec mes associations précédentes.—Les femmes françaises ne m'avaient jamais paru moins piquantes que dans le fragment du poëme que M. Bignan leur a consacré. Pendant la lecture des extraits d'un morceau sur la dernière époque de *la restauration des arts en France*, par M. Alexandre Lenoir, je tâchai de tenir mes yeux ouverts en les fixant sur un grand tableau où la figure d'un Paillasse qui occupait le premier plan se trouva n'être rien moins que le roi Charles X ; car c'était un autre tableau du sacre fait par un protégé du ministre Corbière [1]; et *les quatre âges de l'homme* me firent tomber ou me trouvèrent tout-à-fait endormie. Je ne sais quel fut le mot, le nom, le son magique par lequel je fus tout à

---

[1] La protection ministérielle accordée aux beaux-arts en France, si souvent vantée par les écrivains anglais, est la source de beaucoup d'inconvéniens. Chaque fonctionnaire tendant seulement à profiter de l'opportunité que lui donne sa place pour servir ses amis, les invite à produire et à montrer leurs œuvres au public, sans égards pour leurs talens ou leur savoir. Paris regorge des essais avortés de jeunes gens d'une habileté réelle, mais qui ont été poussés à entreprendre des choses au-dessus de leurs forces. Le tableau du sacre ci-dessus mentionné en est un exemple, il n'est pas dépourvu de mérite ; mais la composition d'un grand tableau d'histoire exige une maturité de jugement et son exécution une connaissance approfondie de l'art qu'un jeune artiste ne peut avoir acquises. Mais il faudrait une rare abnégation de soi-même, pour qu'un artiste aspirant à la renommée et peut-être nécessiteux, ait le courage de refuser une commande flatteuse pour son amour-propre et utile à ses besoins actuels.

coup tirée de mon assoupissement, et préparée à écouter avec intérêt un récit en prose. C'était un fragment de la Vie de Marot. Il y avait une fraîcheur dans le thème, une vigueur dans la manière de le traiter qui convenaient à tous mes sentimens ; et j'écoutai tout le passage sans clore une seule fois les paupières, sans étouffer un seul bâillement, sans jeter un seul regard pour me distraire sur l'inappréciable figure de Paillasse dans le rôle de Charles X.

Quand la séance fut terminée, quant à sa partie littéraire, et pendant que l'on accordait les instrumens, nous passâmes avec les principaux membres de la société dans une autre pièce, où des fenêtres ouvertes et de l'espace pour se mouvoir nous ranimèrent et récompensèrent notre patience. Nous trouvâmes là notre ancienne connaissance Pigault Lebrun. Je lui exprimai le le désir qu'il voulût bien faire rire ce triste monde encore une fois. Il répliqua avec un soupir : « A soixante et dix ans, l'on ne peut plus ni rire, ni faire rire les autres ; et cependant je me rappelle avoir ri de bon cœur tout le temps que je passai à écrire *l'Enfant du Carnaval*, parce que c'était une esquisse vraie de plusieurs de mes compatriotes de Calais, qui, j'en étais sûr, devaient s'y reconnaître. Le défaut que je trouve dans les romans de Scott est qu'ils ne me font ni beaucoup rire ni beaucoup pleurer[1]. Ses héros d'ailleurs, sont d'insipides créatures. L'ensemble offre un bon tableau de genre. Mais Fielding ! Je n'ose dire de lui tout ce que j'en pense. Ce n'est pas de l'admiration, c'est de l'idolâtrie que je sens pour Fielding. »

En cette occasion et en plusieurs autres, je remarquai qu'un éclair de vivacité était suivi, chez Lebrun, d'une sorte de distraction mélancolique. Je sus depuis que les persécutions qu'il avait souffertes du Gouvernement, avaient considérablement altéré sa gaieté naturelle.

M. Gohier, ex-directeur de la République, qui se trouva président du Directoire à l'époque du 18 brumaire, et qui à quatre-vingt-quatre ans s'amusait encore à cultiver les lettres, se joignit à nous, avec M. Julien de Paris et d'autres membres de

---

[1] Cela peut être généralement vrai : mais Walter Scott a souvent du pathétique, et du plus vrai, du plus profond pathétique. Qui pourrait s'empêcher de pleurer en lisant la fin de *Wawerley* et le procès d'Effie Deans, dans *la Prison d'Édimbourg ?* Avec une muse moins féconde, ce grand et prolifique écrivain aurait jeté plus d'intérêt dans ses romans, qu'il n'a cru nécessaire de le faire le plus souvent; et il l'eût fait sans doute, s'il l'avait jugé convenable pour les fins qu'il se proposait.

la Société. On me demanda ce que je pensais des ouvrages lus dans la séance, question délicate dont je me tirai de mon mieux en disant que l'opinion d'un critique ne décidait point du mérite d'un ouvrage; mais que si l'on me donnait à choisir, de tous ceux que j'avais entendus, celui que j'aimerais à relire chez moi, *à tête reposée*, ce serait le charmant fragment sur Clément Marot. Alors un jeune homme qui se tenait hors du cercle s'avança d'un air modeste, et, dans la phrase ordinaire de la galanterie française, demanda la permission de mettre ce manuscrit à mes pieds. J'acceptai l'offre avec reconnaissance, et cet incident devint le fondement d'une bien agréable connaissance; parmi les plus obligeans et les plus aimables des jeunes Français qui nous ont été présentés en 1829, je me plais à compter l'ingénieux auteur de la Vie de Clément Marot[1].

Les premiers sons de l'orchestre nous ramenèrent à nos places: et tandis que nous écoutions les voix et les compositions délicieuses de M. et madame Romagnesi, je me rappelai mes soirées musicales de la rue du Helder, qui ont dû si souvent leur plus grand charme aux talens

[1] L'auteur de cette notice sur Clément Marot travaille en ce moment à une *Vie de Rabelais*.

de l'un et de l'autre. Le hautbois de M. Vogth, que j'entendais pour la première fois, est peut-être le meilleur qui existe au monde, quoique beaucoup d'artistes aient acquis une célébrité méritée sur ce simple mais indispensable instrument dans les concerts d'harmonie bien composés.

Des séances publiques telles que celles de la société Philotechnique sont fréquentes à Paris [1]. Leur inconvénient est qu'elles offrent à la

---

[1] L'esprit d'association et un désir vivement senti de contribuer à l'avancement des sciences et à la prospérité générale ont multiplié en France, depuis la révolution et surtout depuis le retour de la paix, un grand nombre de réunions libres dont plusieurs ont déjà rendu des services importans à la chose publique. Il suffit de nommer ici la Société d'Encouragement pour l'industrie nationale, la Société royale et centrale d'Agriculture, la Société des Antiquaires de France, la Société pour l'amélioration de l'Enseignement élémentaire, la Société pour l'amélioration des Prisons, la Société de la Morale chrétienne, les Sociétés Philotechnique, Philomatique, Philanthropique, Asiatique, de Géographie, des Sciences naturelles, de Médecine, d'Horticulture, Athénée des Arts, etc.

« Chacune de ces Sociétés, dans la sphère de ses attributions, donne une impulsion salutaire et une direction mieux entendue aux travaux de ses membres, et entretient dans nos départemens et dans les pays étrangers des relations avec des hommes instruits et zélés, que leur isolement laisserait dans l'impuissance de faire le bien, et qui, par médiocrité un théâtre pour se produire, et fournissent des moyens trop faciles pour un triomphe léger, mais prompt, qui détourne le talent de travaux plus importans. Mais cet inconvénient est plus que compensé par le service que ces associations rendent à la société en y répandant le goût des lettres et des arts, en réunissant des personnes qui sympathisent ensemble par leurs dispositions, et en les réunissant par le moyen le plus favorable à la civilisation. Les femmes trouvent aussi à satisfaire leur vanité, en donnant quelques momens d'attention à des objets au-dessus du commérage et des éternels et minutieux détails qui rapetissent l'esprit et sèment trop souvent l'amertume dans les rapports de la vie domestique.

Quand la séance fut levée, on nous proposa de visiter l'Hôtel-de-Ville, ce théâtre de tant de tragiques événemens du grand drame historique de France. Comme édifice portant le *cachet du temps*, il est peu de monumens plus dignes de l'attention à Paris. Il fut commencé sous le règne de François Ier, et la belle salle gothique est probablement de ce temps; car elle diffère essentiel-

la combinaison de leurs efforts individuels dirigés vers un but commun, contribuent à produire de bons résultats. » — *Revue Encyclopédique.*

lement du reste de l'édifice, qui fut érigé d'après les dessins de Cortona que Henri II fit venir d'Italie. L'hôtel-de-Ville ne fut achevé que sous Henri IV, dont la statue équestre en bas-relief occupe le fronton au-dessus de la grande porte d'entrée. Cette statue érigée pendant les années de la gloire de ce roi, abattue pendant les guerres de la Fronde, restaurée par Louis XIV, de nouveau arrachée pendant la révolution, a été replacée en 1815. Quel sera son sort futur, c'est *ce qu'il reste à savoir*.

Un perron avec des degrés qui ne finissent point conduit à l'intérieur de l'édifice et à une sombre cour ornée d'arcades jadis couvertes d'inscriptions en l'honneur de Louis XIV, qui sont maintenant effacées par le temps ou par le mépris. Sous l'une de ces arcades était une statue de ce *beau idéal* des despotes. Enlevée, mais non détruite, dans la révolution, elle parvint à un magasin du faubourg du Roule, où elle subit plusieurs mutilations peu cérémonieuses, et où elle resta oubliée ou négligée pendant trente ans. A la restauration des Bourbons, elle revit enfin le jour, et fut réparée et rétablie dans sa vieille niche.

Telle qu'on la voit à présent, elle est *à faire mourir de rire*; un très-singulier monument de l'état des arts pendant le siècle de l'Auguste de la France. Louis XIV n'est pas représenté là en Apollon français, mais en Mars français, cuirassé et armé à la grecque, avec une coiffure semblable à celle du juge Midas, une perruque flottante d'un volume immense, telle qu'on les portait en 1689. Entre cette coiffure et le reste du costume il n'y a qu'un petit anachronisme de quelques deux ou trois mille ans; et cela date cependant du temps des Poussin et des Lebrun !

Les appartemens d'honneur de l'Hôtel-de-Ville sont spacieux, mais sombres, tristes et lourds à un degré extraordinaire. Cependant tout inspire la curiosité, l'intérêt, dans ces lieux témoins de si terribles et de si étranges événemens. Dans la salle du Trône, il reste deux belles cheminées, précisément comme elles étaient au temps d'Henri IV, dont les monumens, de même que sa renommée, survivent à tout ce qui les a précédés. Deux portraits de Louis XV et de Louis XVIII, de grandeur naturelle, occupent les murs jadis couverts de tableaux représentant des naissances et des noces royales, qui ont disparu dans la révolution. De ces ouvrages de Porbus Rigaud, L'Argillière, Vien et d'autres, peints par des artistes oubliés du mauvais siècle de la peinture française, il ne reste aucune trace. Ce fut, je crois, dans cette pièce, que je remarquai un tableau d'Henri IV recevant les clefs de Paris; il y avait aussi un petit modèle de la statue de ce roi que l'on voit aujourd'hui sur le Pont-Neuf. On l'érigea en 1819, époque à laquelle on n'oubliait rien pour réveiller l'affection pour la famille royale, par des bustes, des gravures, des statues, des tableaux : on aurait pu employer des moyens plus efficaces. Mais la popularité d'Henri IV reste toujours le seul titre de ses descendans à la faveur nationale.

L'Hôtel-de-Ville, où siégeaient autrefois les échevins et le prévôt des marchands, est maintenant encore consacré à la première autorité municipale de Paris; le préfet du département de la Seine l'occupe avec ses bureaux. Pendant plusieurs siècles, il a été témoin, soit d'événemens politiques importans, soit de fêtes royales, civiques et impériales. Là, sous la république, la municipalité de Paris tenait ses orageuses séances, et là commencèrent ou s'exécutèrent plusieurs des plus tragiques scènes de la révolotion : chaque partie de ce palais rappelle des réjouissances ou des massacres; le seuil même a été souillé du sang des citoyens. D'un côté est la somptueuse salle où le moderne Charlemagne et son impériale épouse furent complimentés, flattés ; de l'autre, la fenêtre élevée d'où Robespierre le jeune s'élança sur les piques et les baïonnettes des meurtriers de son frère qui remplissaient les cours.

L'Hôtel-de-Ville, situé sur la triste place de Grève, avec sa gothique architecture, ses cours d'un aspect sombre et sévère, et ses salles splendides, est en même temps l'un des plus mélancoliques et des plus curieux édifices historiques de Paris, le monument de bien des changemens, le souvenir de bien des crimes : ses annales fourniraient un effrayant commentaire des maux que cause un gouvernement despotique, et de l'ignorance du peuple. Dans ses rapports avec la révolution, il donne aussi quelques leçons à la royauté, dont les rois de l'Europe devraient profiter ; ils apprendraient par elles quelle est la puissance des peuples poussés à bout par l'oppression ; et qu'au fond du cœur des esclaves les plus rampans il se conserve un germe de patriotisme et d'énergie qu'un seul instant peut développer pour la ruine de leurs oppresseurs ; enfin que, si les chemins de la tyrannie sont quelquefois des chemins agréables à suivre, ils ne sont pas tous des *chemins de paix*.

BÉRANGER.

VISITE A LA FORCE.

« Il n'exista jamais, il ne put jamais exister en France jusqu'à nos jours, un poète aussi populaire que Béranger, c'est-à-dire un poète en rapport entier, en harmonie parfaite avec les sentimens, les besoins et les vœux d'une grande nation. »

Cette sorte d'éloge contemporain, le plus glorieux fruit du génie et sa plus haute récompense, n'a pas besoin d'être confirmé par la postérité pour avoir toute sa valeur. Le mépris dans lequel s'est flétrie la couronne de Dryden, et qui anéantit la renommée de Waller, ne pourra jamais obscurcir la gloire de celui dont les talens sont dirigés vers les fins honorables du patriotisme et la défense de la cause de la liberté. Différentes générations pourront estimer d'après des principes divers le mérite littéraire; mais le génie qui travaille pour le bien de l'humanité est de tous les siècles; le vers qui éveilla une fois l'enthousiasme d'un peuple généreux trouvera toujours un écho dans le sein des hommes libres, et survivra à toutes les révolutions du goût, immortel comme le principe qui l'a inspiré.

« Les chansons de Béranger, » dit un critique contemporain, « sont des conversations avec la France, » et l'expression est singulièrement juste. Les coteries peuvent avoir leurs Trissotin, les boudoirs leurs Sapho; mais la pensée et l'originalité, un grand sentiment à exciter, une grande vérité à dire, répondent seuls aux besoins intellectuels, et peuvent attirer l'attention permanente du public européen, surtout de ses représentans *quintessentiels* les Français. Les académies, les corporations, sages par acte du parlement et spirituelles *de par le roi*, se contentent de leurs Delisle, de leurs La Harpe; mais le monde de l'intelligence, de la passion, demande ses Byron, ses Béranger.

Les deux poètes qui se trouvent ainsi unis dans

la même phrase par leur commune renommée sont toutefois, dans tous leurs rapports personnels et privés, aux deux extrémités de l'échelle de la vie sociale. On connaît la noble et ancienne origine du barde anglais; et dans aucun pays l'on ne prise cet avantage accidentel aussi haut que dans le sien, le dernier rempart de l'aristocratie. Mais Béranger, qui n'a aucune addition semblable à ajouter au poids de sa réputation, a pour lui l'opinion générale du peuple parmi lequel son sort l'a jeté. Comptant sur ce sentiment national qui maintenant en France fait considérer un homme pour ce qu'il est, non pour ce qu'ont été ses aïeux, il a établi franchement son humble généalogie dans ces vers :

« Dans ce Paris plein d'or et de misère,
En l'an du Christ mil sept cent quatre-vingt,
Chez un tailleur mon pauvre et vieux grand-père,
Moi, nouveau-né, sachez ce qui m'advint[1]. »

Quand on a dit que Béranger est le poète de

[1] A Paris, il en coûte peu d'avouer pour son grand-père un tailleur. A Londres, il y aurait au moins autant de simplicité, dans le sens défavorable de ce mot, que de candeur à faire un tel aveu. Mais s'il n'était pas inconvenant de les citer, on pourrait trouver de vivans exemples dans lesquels l'absence de noblesse a été très-nuisible à la réputation et aux intérêts de gens d'un mérite incontestable.

son siècle et de son pays, il n'est pas nécessaire d'ajouter qu'il est libéral, et libéral d'une espèce si franche, si décidée, si indiscrète, que depuis la restauration,

« Certaines gens qui pardonnent trop peu »

l'ont particulièrement pris pour but de leurs persécutions, lesquelles ont tourné à l'avantage littéraire de leur victime. Elles ont quadruplé la vente de ses ouvrages, et servi par conséquent les intérêts pécuniaires de l'homme et la gloire de l'auteur. A la première époque du rétablissement de *l'ordre social*, Béranger fut poursuivi juridiquement pour la publication d'une collection qui contenait plus de vérités que de fictions poétiques. Il fut jugé, condamné, enfermé à Sainte-Pélagie[1], et privé d'une petite place qu'il remplissait honorablement depuis plus de douze ans. Un événement aussi terrifiant ne fit cepen-

---

Écrire dans un grenier est une preuve directe que l'on doit mal écrire, et l'on ne peut la réfuter que par des témoignages ultérieurs de la dernière évidence.

[1] M. de Laborde, en parlant de cette prison, dit que ses chambres, éclairées par des trous dans le toit, n'ont point de cheminées, et sont assujetties aux deux extrêmes du froid et du chaud.

dant que l'exciter davantage à résister à la tyrannie sous laquelle il souffrait. Dans les donjons même de Sainte-Pélagie, il produisit quelques-uns de ses couplets les plus hardis. Sa captivité pour l'amour de la précieuse liberté attira l'attention de tous les Français sur lui et sur ses ouvrages; et des témoignages de respect, d'admiration, sous les formes les plus aimables, les plus gracieuses, vinrent le consoler dans sa prison et adoucir ses souffrances. Sa seconde condamnation et son emprisonnement à la Force, en 1829, a prouvé que son pays prenait toujours le même intérêt à son sort. « La France, » dit un écrit du moment, « pleure sur Béranger et voudrait lui offrir les consolations du cœur, les seules dont un caractère tel que le sien puisse avoir besoin. »

Nous avions fait la connaissance de ce grand écrivain, de cet honnête homme, en 1818, époque où nous le laissâmes au milieu de cercles brillans dont il faisait les délices, et l'objet de l'amitié dévouée de plusieurs personnes marquantes. Nous le trouvions à notre retour prisonnier à la Force; c'était une raison de plus pour désirer renouveler notre connaissance; et par l'intermédiaire d'amis communs, M. Béranger ayant fait dire qu'il désirait beaucoup recevoir notre visite; nous nous empressâmes d'autant plus de la faire.

On nous dit que certains préliminaires étaient nécessaires, et que pour avoir une entrevue avec le prisonnier nous devions nous présenter à la Préfecture de police pour remplir quelques formalités indispensables. Nous partîmes donc pour la Préfecture, accompagnés de deux amis distingués et intimes du prisonnier, MM. David le sculpteur, et Alexandre Dumas, l'auteur de *Henri III*. On ne pouvait choisir de plus dignes associés pour une telle visite. Le génie et l'amitié étaient les qualifications convenables pour approcher de la prison du poète de la liberté et de la France.

La course que nous allions faire dans l'espoir de voir Béranger, avait pour nous un intérêt distinct de celui qu'il excitait lui-même. Toutes nos relations avec les sites même les plus historiques de Paris, avaient été jusque-là consacrées par des associations intellectuelles et par le coloris de l'imagination. Même le Palais de Justice, avec tous ses sombres souvenirs des temps les plus mauvais, nous l'avions vu à travers le prestige de l'antiquité, ou sous ses rapports avec les perfectionnemens du temps présent. Mais les prisons de la France moderne, ces repaires du crime et du malheur, ne nous étaient connus que de nom. Nous savions que dans les temps féodaux, les supérieurs des ordres religieux avaient le droit d'avoir une prison dans leur monastère¹; nous avions lu l'histoire des *oubliettes* des *vade in pace*, des cages de fer, de tous ces instrumens de tyrannie employés depuis le règne de Louis XI jusqu'à celui de Louis XVI; des antiques terreurs de la Bastille, du Temple, de Vincennes, de la Conciergerie, du grand et du petit Châtelet : mais nous ne savions rien de l'état actuel de ces maisons de souffrance, sinon que plusieurs d'entre elles avaient été abolies à la révolution.

Napoléon, qui pendant ses dernières années hâta l'accomplissement des destinées de la France et des siennes, par toutes les erreurs que le retour à l'ancien régime pouvait amener, créa, en 1810, huit places illégales de détention sous le nom de *prisons d'État;* tandis qu'il fit à peine une seule amélioration dans les prisons légales. Ce fut un des mauvais côtés de son adminis-

---

¹ L'Abbaye, si horriblement célèbre dans le temps de la terreur, était la prison de l'abbé de Saint-Germain. Les cachots de ce donjon monastique sont affreux. Un prisonnier ne peut s'y tenir debout ni survivre long-temps dans leur atmosphère malsaine. Ils ne sont plus d'aucun usage.

tration; il tenait à l'absence de cette sympathie avec son espèce, sur laquelle la vraie sagesse des hommes d'État se fonde en grande partie; car celui qui sent les peines de ses semblables doit tâcher de les prévenir. Napoléon ne songeait qu'aux exigences de l'État.

Nous ne pouvions penser à visiter pour la première fois une prison française sans émotion; et la curiosité et la compassion entraient pour beaucoup dans les sentimens avec lesquels nous recherchions un site intéressant par les souffrances d'un homme de génie, et peut-être plus intéressant encore par ses rapports avec l'humanité en général.

La Préfecture de police est non-seulement le siège de cette administration, mais l'une des prisons de la ville. C'est un vaste et sombre édifice, qui fait partie du Palais, et dans lequel on entre par la rue de Jérusalem, une des plus laides du vieux quartier de la Cité, et sans doute nommée du temps des croisades. Le bâtiment entoure une vaste cour, et ses murs sont couverts de peintures à fresque représentant les grands hommes de l'ancienne France. On retrouve encore dans ces peintures effacées par le temps, les traits du fameux connétable de Bourbon, de Duguesclin et de quelques autres.

Nous entrâmes dans le bureau de police par un petit guichet. Un portier auquel nous fîmes connaître où nous avions affaire, nous donna l'un des familiers du lieu pour nous y conduire. A notre arrivée dans une salle obscure, hermétiquement fermée, et sentant le vieux papier, nous aperçûmes un homme d'un aspect peu avenant, en bonnet noir, assis, et écrivant sur un pupitre élevé. Après quelques momens de silence solennel, il leva les yeux, et s'adressant à nos conducteurs (car il paraît qu'il ne me comptait pour rien), dit, « *Que veulent ces Messieurs ?* » — « Ils veulent aller *voir M. Béranger prisonnier à la Force*, » répondit-on. « Passez, s'il vous plaît, » dit-il, et nous passâmes dans un autre bureau où un autre commis de rang supérieur était assis de la même manière, et nous fit la même question. On nous demanda ensuite à voir nos passe-ports et les permissions que nos amis avaient déjà obtenues pour voir Béranger, et qu'il fallait renouveler. On nous pria fort civilement de nous asseoir, tandis qu'on remplissait les formalités nécessaires. Ce fut pendant cet intervalle de silence que je m'aventurai à jeter les yeux autour de moi, et à examiner les ouvrages extérieurs des prisons d'État. Les murs du bureau étaient couverts du haut en bas de petites cases formées par des tablettes chargées de papiers. Chaque compartiment portait une étiquette sur laquelle était inscrit le nom de la prison à laquelle les papiers appartenaient. Je lus successivement, *Bicêtre*, *la Force*, etc., etc. Mais je fus interrompue dans mon examen par notre inquisiteur qui avait fini de noter dans notre permis les traits, la taille, l'âge, le pays, la profession de mon mari, et qui nous invitait à passer dans un autre bureau, où l'acte fut contresigné par un autre employé. De là nous fûmes reconduits au guichet, et nous nous rendîmes à notre destination.

Chaque pas pour arriver à la Force était approprié à un tel but. Nous passâmes par le Palais de Justice, la place de Grève, et devant le poteau de cette lanterne horriblement célèbre, où tant d'exécutions furent faites, après la courte et sommaire sentence *à la lanterne*; exclamation terrible à laquelle l'abbé Maury osa un jour répondre si plaisamment, *Et quand vous m'aurez mis à la lanterne en verrez-vous plus clair?* L'entrée de *l'hôtel de la Force* est dans une étroite et vieille rue nommée la rue *du Roi de Sicile*; il se divise en deux prisons distinctes qui sont contiguës, mais sans communication; l'une est la *grande*, l'autre la *petite Force*. Cet hôtel tire son nom, si bien approprié à sa destination, de son érection sur l'emplacement de l'ancien hôtel de La Force, qui existait déjà le treizième siècle, et qui, après avoir servi de palais à Charles, roi de Naples, frère de saint Louis, devint par la suite la propriété du duc de La Force, de la maison de celui qui fut massacré avec ses enfans à la Saint-Barthélemi. Sur une partie du site de cet édifice l'hôtel de Brienne fut aussi élevé. Le gouvernement les acheta l'un et l'autre en 1754; mais ce ne fut que sous le ministère Necker que cette forteresse domestique des rois et des feudataires fut convertie en une prison la plus vaste du royaume.

Nous arrivâmes devant une grande porte, et comme nous passâmes devant la loge du portier ou guichetier, occupée par quelques sombres et tristes créatures chargées de recevoir les prisonniers, nous fûmes invités à montrer nos *permis;* et conduits ensuite par un porte-clefs, armé d'un trousseau formidable, à travers un long et étroit passage ou ruelle bornée de part et d'autre par de hautes et sombres murailles. Cette ruelle menait à ce qu'on appelle le Bâtiment Neuf où l'on met les prisonniers qui, suivant l'*argot*, peuvent *prendre la pistole*, c'est-à-dire payer pour leur chambre et leur nourriture. Ce bâtiment, situé entre deux cours plantées d'arbres, est construit en pierre de taille, et consiste en quatre étages voûtés avec des fenêtres grillées; au-dessous se trouvent les antres obscurs et humides où l'on enferme les prisonniers que l'on croit nécessaire de tenir plus resserrés [1].

En sortant de ces noirs passages qui conduisent à la première des cours, où nous laissâmes nos permis à une seconde loge, je fus frappée de son aspect comparativement agréable. Les arbres en pleine verdure et des bordures de fleurs contrastaient étrangement avec les bâtimens et les visages effrayans qui se montraient

[1] A la Grande Force sont encombrés, dans une salle basse tenant lieu de chauffoir, 150 ou 200 malheureux, la plupart sans bas, sans souliers, couverts de haillons, ne recevant pour nourriture que du pain et de l'eau et une cuillerée de soupe à la Rumfort, appelée communément *pitance d'oisifs*. Il en est à peu près de même du troisième corps de logis du bâtiment neuf, où sont 200 détenus qu'on entasse la nuit soixante ensemble sur un lit de bois, sur des paillasses puantes et dans des salles qui n'ont pas été blanchies depuis qu'elles existent; l'administration, au lieu de réparer leur triste demeure, a élevé devant eux des chapelles somptueuses. » (*Mémoires sur les Prisons*, par M. Alex. de Laborde.)

à travers les barreaux de leurs fenêtres, sans châssis. Ces prisonniers se foulaient près de chacune d'elles; on en voyait quelques-uns jouant aux cartes, d'autres raccommodant leurs habits; presque tous montraient une gaieté bruyante. De loin en loin un visage hâve, appuyé contre les grilles, offrait les symptômes de la maladie et de ce degré de maladie, qui triomphe et de l'insouciance brutale du vicieux et de la douce sérénité de l'innocent. On appelle, je crois, cette cour la Cour de Charlemagne, la suivante était la Cour de Saint-Louis. Là un autre parterre brillant de fleurs, éclairé par un beau soleil, s'offrit à nos yeux; cependant je trouvai que le soleil et les fleurs ne faisaient qu'augmenter la tristesse de la scène. Après avoir traversé une autre salle, on nous fit monter un étroit escalier de pierre à la cime duquel était la prison de Béranger.

M. Béranger nous attendait, et nous reçut avec toute l'aimable cordialité qui le caractérisait quand nous l'avions vu dans le salon de l'Ermite de la Chaussée-d'Antin. Nous le trouvâmes dans la compagnie de l'auteur de *Clara Gazul* et d'une dame. Il nous fallut quelques instans pour nous remettre des impressions qui avaient précédé notre arrivée dans cette chambre, petite pièce fort propre et meublée avec une sorte d'élégance. Le petit lit dans l'alcôve était drapé en mousseline; des vases de fleurs étaient sur la cheminée, au-dessus de laquelle on voyait un portrait de cet excellent député Manuel. La table était couverte de livres et des matériaux nécessaires pour écrire.

La position de cet homme célèbre, notre ancienne connaissance et notre visite actuelle firent les sujets de notre conversation. En répondant à quelques expressions de sympathie, il nous dit : « Je ne suis pas aussi mal que vous le croyez ici, je vous assure. Je suis l'*animal le moins remuant du monde*; et de plus, ma situation fait que je ne puis voir que des amis. Il faut ajouter à cela que je suis l'objet des attentions perpétuelles de gens qui, sans les circonstances où je me trouve, n'auraient jamais songé à moi. Vous voyez, j'ai les fleurs les plus fraîches, les plus beaux fruits de la saison. »

Cela me fit penser aux vers charmans que de semblables offrandes lui avaient inspirés dans la prison encore plus horrible de Sainte-Pélagie, et j'exprimai le désir que la Force ne fût pas privée de la même distinction. Il dit : « Oui, si j'en ai le temps; mais je n'écris ni facilement, ni rapidement. Il est rare que je compose plus de seize chansons dans l'année. Et depuis dix heures jusqu'à quatre, où l'on ferme les portes de la prison, j'ai toujours quelques bons amis qui viennent babiller avec moi[1]. »

Dans le cours de la conversation il nous dit que la chambre au-dessous de la sienne allait être occupée par un nouveau prisonnier que l'on attendait le soir. « C'est, » dit Béranger, « un honnête propriétaire de campagne qui a jugé à propos d'écrire une brochure sur la justice et la nécessité de rétablir la garde nationale. » — « Quelle triste transition, » dis-je, « de ses bois et de ses vignes à la Force ! » — « Oui, » reprit-il en haussant les épaules, « pauvre diable ! Il sera plus sensible à cela que je ne l'ai été. » Dans le lieu même où Béranger était enfermé, on avait logé l'infortunée princesse de Lamballe; et ce fut sous le guichet que nous avions passé, qu'elle fut massacrée. Là aussi le duc de Rovigo fut renfermé pendant la courte durée du plus extraordinaire et du plus mélodramatique des événemens politiques, la conspiration de Mallet; mais

MA GUÉRISON.

J'espère
Que le vin opère,
Oui, tout est bien, même en prison ;
Le vin m'a rendu la raison, etc.

toutes les anecdotes d'un pareil local sont des histoires tragiques.

Quelqu'un que nous entendîmes chanter dans la cour nous attira à la fenêtre. C'était un prisonnier, les mains liées, qui se promenait sous les arbres. Cette vue avait quelque chose qui déchirait le cœur. Béranger nous dit « qu'il ne descendait jamais pour prendre le frais dans la cour, que lorsqu'on avait renfermé les autres prisonniers dans leur antre, » disait-il en me montrant la grille qui s'ouvrait sur la cour. « J'avais d'abord l'habitude de descendre et de me promener avec eux ; mais cela finit par être trop pénible. Leurs appels à ma bourse et à ma sensibilité devenaient exorbitans. »

Avant de le quitter, sa sérénité, sa philosophie et la conversation du cercle qui l'entourait avaient banni de notre esprit toute fâcheuse impression ; et quand nous prîmes congé, ce fut en répétant son vers,

« Oui, tout est bien, même en prison. »

Une visite à un tel homme, dans un tel lieu, ne produit assurément pas un effet favorable à ceux qui regardent les souffrances des êtres les plus nobles, comme des moyens d'assurer leur pouvoir illégal et destructeur. Il faudrait avoir l'ame réellement basse et pusillanime pour sortir d'une telle scène sans être plus profondément touché des maux que le despotisme inflige à l'humanité, plus déterminé à tout endurer pour la cause de la liberté, plus indigné contre les mesures employées contre elle. A quelles fins tendent tous ces appareils de tyrannie, ces entraves de la pensée, les prisons, les gibets, les armées mercenaires, les censeurs, les espions, les violateurs du secret des lettres, les cours prévotales, les bourreaux? — A obtenir la puissance de faire le mal. Pour faire le bien, les prérogatives les plus circonscrites de la monarchie constitutionnelle suffisent amplement.

COLLECTIONS PARTICULIÈRES.

Nous avons passé une matinée aussi intéressante qu'amusante. Les premières heures en ont été employées à parcourir cet ancien cabinet de curiosités nationales, le faubourg Saint-Germain. Nous avons d'abord visité le petit musée de M. de Villenave; car l'on peut nommer ainsi son appartement. Sa bibliothèque, bien que fort petite, est très-curieuse, remplie de choses rares, un véritable petit Vatican. Nous trouvâmes M. de Villenave assis dans le fauteuil de madame d'Houdetot, sur lequel si souvent elle avait écrit ses sentimentales héroïdes à Saint-Lambert, et devant lequel Rousseau s'était souvent prosterné pour recevoir les inspirations de son Héloïse. Sur la cheminée étaient une pendule et une petite statue de Voltaire qui avaient également appartenu à cette dame; elle avait écrit au-dessous de la statue ce vers :

« Qui que tu sois, voilà ton maître. »

M. de Villenave avait acheté tous les meubles du boudoir de madame d'Houdetot.

Parmi les livres curieux de sa collection était une horrible relique des temps les plus horribles, la constitution de 1793, reliée en peau humaine. Ce livre avait appartenu à un terroriste qui paya ses forfaits sur l'échafaud. Un caractère qui se prête à un oubli semblable de tout sentiment humain, est, dans tous les temps, une monstruosité de la nature tout-à-fait inexplicable. Mais son développement audacieux dans le sein de la société est la conséquence des institutions; et les terroristes étaient les enfans de l'ancienne monarchie. Quel retour! Pour effacer l'impression révoltante excitée par ce souvenir atroce, nous tournâmes les yeux sur un beau portrait original de La Vallière, par Mignard; de cette femme dont les défauts et les torts appartenaient tous à la faiblesse. C'est La Vallière dans toute sa beauté et sa douceur, et à la première époque de son trop fatal empire sur les passions capricieuses du roi. Elle fut la première maîtresse en titre depuis madame d'Entrague, qui succéda à la belle Gabrielle ; et la publicité, la pompe avec lesquelles elle fut installée dans sa dégradante élévation, ainsi que les titres accordés à ses enfans illégitimes et à elle-même, portèrent à la morale publique le coup le plus funeste que lui ait jamais infligé l'exemple du plus haut personnage de l'État. Depuis ce moment, jusqu'à la mort de Louis XV, une maîtresse en titre fit partie des établissemens civils de France.

Le visage de La Vallière avec toute sa douceur et sa beauté manque d'ame et d'expression. C'est bien la figure d'une femme qui a commencé par être une concubine, et qui a fini par devenir une dévote ; d'une femme aussi bien placée dans la cellule d'un couvent qu'au harem d'un sultan, d'une duchesse de La Vallière et d'une sœur Louise de la Miséricorde.

Il n'en est pas ainsi du charmant portrait en face d'elle. C'est le visage d'une honnête femme que l'on reconnaîtra pour telle par tout le monde. Il ne présente rien de cette mollesse, de cette volupté, qui se lisent sur les traits des beautés de la cour de Louis XIV ou de celle de Charles II, dont les fautes étaient excusées en disant qu'elles avaient aimé « non pas sagement, mais trop bien, » et qui furent néanmoins en général les moins sensibles, les moins aimantes de leur sexe. Ce visage est celui d'une excellente personne, susceptible des plus douces affections. Sa physionomie montre les sympathies d'une épouse, d'une mère, d'une amie, par un regard, des lignes, qui marquent une tendre sollicitude. Les yeux pleins d'esprit semblent avoir perdu un peu de leur éclat à force de pleurer et de lire. De plus une teinte de douce mélancolie répandue sur les traits, exprime le désappointement dans les affections, ce sentiment le plus poignant de tous quand le cœur perd l'appui sur lequel il avait toujours compté. Les cheveux sont remarquables : ils sont abondans et disposés avec art en une profusion de boucles tombant de chaque côté de la tête comme dans les portraits de Vandick; mais ils sont d'un gris argenté. Tout le costume a cette coquetterie de toilette d'une personne qui ne peut oublier l'habitude de plaire. C'est le portrait de madame de Sévigné dans ses dernières années : sans doute il a été fait peu de temps avant qu'elle quittât Paris pour aller à Grignan où elle mourut véritablement sous le harnais, fidèle à sa vocation maternelle, par les fatigues et les inquiétudes qu'elle éprouva en soignant sa petite-fille dans une longue maladie. C'est le seul portrait que j'aie vu de madame de Sévigné dans sa vieillesse : il ne donnait aucune idée de son esprit vif et brillant, de l'énergie de son caractère : c'était le portrait d'une bonne femme qui avait été jolie.

Au-dessous de cette peinture était une petite carte fort curieuse du château de Grignan, faite par madame de Sévigné elle-même, et un petit recueil de ses lettres, que je baisai avec toute la dévotion d'une pèlerine. Toutes les femmes du grand monde de son temps écrivaient de la même manière. Le caractère italien, allongé, maigre, de madame de Sévigné, ressemblait extrêmement à celui de madame de La Vallière, que j'avais vu deux jours auparavant [1]. Les lettres de toutes deux étaient écrites d'abord sur la première page, puis sur la troisième, de là sur la seconde, comme s'il n'existait alors ni poussière ni papier à sécher l'encre.

[1] A la bibliothèque particulière du roi au Louvre, où, parmi d'autres choses extraordinaires, je vis l'ouvrage sur la Sicile de notre excellent et ancien ami le général Cockburn. La bibliothèque particulière du roi était le dernier endroit où l'on aurait cru trouver de ses écrits; et tous ceux qui connaissent le général partageront notre étonnement.

Les lettres de madame de Grignan sont d'une meilleure écriture; sa main ferme annonce ce caractère décidé, ces manières un peu sèches qui si souvent blessèrent le cœur d'une mère dévouée, et attirèrent de sa part des plaintes que la tradition conserva, mais non ses charmantes lettres. Celles de madame de Grignan étaient adressées à M. de Lamoignon pour des affaires; et on les avait trouvées dans les intéressans papiers de son descendant, le martyr Malesherbes.

Parmi d'autres autographes je remarquai une lettre de Louis XIII, d'un caractère fort lisible; et une autre fort mal écrite, adressée par Louis XIV à madame de Lamoignon, de son camp à Gand : elle commence comme la lettre d'un capucin et finit comme celle d'un despote, en attribuant d'abord ses victoires aux prières de cette dame et à celles d'autres saintes personnes; et en menaçant, à la fin, de la destruction tout ce qui s'opposerait dans l'avenir à ses volontés. Il y avait encore là une lettre de Marie-Antoinette, dont l'écriture et l'orthographe étaient dignes d'une bourgeoise de la rue Saint-Denis de son temps : le sujet était le déplacement ou le placement d'un valet de garde-robe.

Parmi les tableaux d'un grand intérêt, soit par

leur exécution, soit par les originaux qu'ils représentaient, les plus frappans étaient Rabelais riant et montrant les plus belles dents du monde; une belle tête d'Arnaud le janséniste, et un tableau très-curieux de Rigaud, dans lequel on voit J.-B. Rousseau, Chaulieu et Lafare soupant ensemble, et sur le second plan, dans l'ombre, Rigaud lui-même esquissant ce groupe singulier et alors célèbre. Quelques tableaux de grande valeur, comme ouvrages d'anciens maîtres, quoique moins intéressans pour moi dans ma chasse aux antiquités modernes, attirèrent cependant mon attention, mais ne sont point restés dans ma mémoire.

M. de Villenave, en faisant les honneurs de sa collection, se montra digne de posséder de si précieuses reliques. Beaucoup de lecture, un long usage du monde, l'éloquence de la conversation familière, et ce talent enchanteur et si véritablement français, celui de *bien conter*, se combinaient pour en faire le plus agréable *cicerone:* les anecdotes et les observations par lesquelles il expliquait les divers objets de son musée, ajoutaient infiniment à leur valeur, et nous faisaient oublier la fatigue d'un long examen oculaire, qui, à vrai dire, fait trop souvent chèrement acheter le plaisir et l'instruction qu'elle fournit.

En sortant de chez M. de Villenave, nous allâmes chez M. Ladvocat, l'éditeur, qui nous conduisit dans un boudoir propre à faire mourir d'envie la plus élégante petite-maîtresse de la Chaussée-d'Antin. Il nous montra quelques-uns des plus curieux manuscrits autographes que la France possède; des lettres de Lucien Bonaparte à M. de Bourienne, écrites à de longs intervalles : la première, dans le style d'une intime confiance, était écrite pour emprunter quelque argent; la seconde était du frère de l'empereur, elle commençait par le monsieur en védette, et finissait par la vieille formule royale, *«que Dieu vous ait en sa sainte et digne garde.»*

La lettre de Bonaparte à Louis XVIII, commençant par «Monsieur,» est un monument extraordinaire. On nous montra successivement des manuscrits de Delille, Chénier, Denon, Talma, Manuel, Lanjuinais, Camille Jourdan, Foy, etc.; tous ayant leur intérêt spécial, et notre curiosité autographique avait été enflammée à tel point par nos amusemens de la matinée, que nous apprîmes avec grand plaisir, de notre jeune ami M. de Montrol, qu'on pouvait acheter dans le magasin de madame Delpech, quai Voltaire, assez d'autographes lithographiés pour en remplir un gros in-folio. Nous prîmes congé de M. Ladvocat avec la reconnaissance due à sa politesse, et la considération que méritent sa vaste propriété littéraire et la beauté de son boudoir, que nous recommandons comme un modèle à imiter à tous les éditeurs anglais envieux de montrer leur vocation à son plus grand avantage.

La collection de M. Sommerard, rue Mesnars, est un trésor de vraies curiosités d'antiquaire. Elle consiste en une suite de pièces, garnies de tous les objets possibles d'usage domestique, du temps où Charles VIII revint de son expédition d'Italie, ramenant avec lui des artistes italiens, qui introduisirent des formes nouvelles dans l'ameublement français. Pendant la révolution, M. de Sommerard, ainsi que Denon, acheta dans les ventes des grandes maisons des choses très-curieuses presque pour rien. Il acheta le lit de François Ier à un marchand qui étalait dans la rue. Il l'a placé dans une chambre où il est entouré d'autres meubles contemporains.

Dans la salle à manger, un chevalier tout armé est placé devant une table sous un *dais*. Le *dressoir* est parfait, et les couteaux, les cuillers, la vaisselle, sont tous de la même date. Toutes les variétés d'armes, des épées, des dagues, des piques, sont accumulées dans cette pièce. La chambre à coucher est tendue en cuir doré. Les sièges sont bas et commodes, en cuir blanc verni, avec des fleurs d'or. Sur la table est un miroir de six pouces carrés environ, encadré en ivoire sculpté, orné de pierres précieuses, sur le haut duquel est une Vénus portant une guirlande également sculptée en ivoire : derrière la glace un autel et une croix sont représentés, et contrastent curieusement avec la Vénus. Dans ce Pompéï du moyen âge, l'on conserve une épinette ou virginale du temps de Marie de Médicis, et une profusion de cabinets d'une grande beauté; quelques ouvrages coulés, plaqués ou gravés sur métaux, peuvent être attribués à Benvenuto, Cellini ou à Jean de Bologne. La collection unique et complète dans son genre est admirable comme résultat de l'industrie et des recherches individuelles. Elle est bien digne de l'attention des antiquaires, et peut offrir même à ceux qui ne sont pas imbus de leur science et animés de leur passion, un spectacle aussi amusant qu'instructif.

Nous achevâmes cette journée en visitant la curieuse collection de peintures nommée la *Collection Dioclétienne*, et en jetant un coup d'œil sur le Cosmorama de notre ami le commandeur de Gazzera.

SOCIÉTÉ. — EXCLUSIFS.

En roulant en voiture à travers Paris, l'autre jour, avec un officier des *gardes-du-corps*, lequel, bien qu'*entiché* d'honneur militaire, n'en est pas moins un enfant de la révolution « portant l'empreinte de son siècle, » je lui demandai s'il n'existait pas à Paris un noyau de gens à la mode, qui prétendent donner le ton à la société et ouvrir et fermer, selon leur bon plaisir, les portes du paradis des fous; en un mot une société semblable à celle dans laquelle il avait vécu à Londres, l'*élite* du rang, de la fortune, de la célébrité fashionable. Il répliqua : « Nous n'avons rien de pareil. Toutes les tentatives pour former une coterie d'exclusifs de ce genre (et elles ont été souvent réitérées depuis la restauration) n'ont eu heureusement aucun succès. Quelques-unes de vos grandes dames anglaises, qui se sont fixées ici pour des raisons qu'il serait peu poli de scruter, et quelques femmes d'ambassadeurs, avec un petit nombre de belles émigrées, fières de leurs noms et du favoritisme de leurs mères à la cour de Marie-Antoinette, ont tâché d'établir un petit cercle d'exclusifs, fondé sur des prétentions à la supériorité, que la France ne reconnaît plus. Mais quoiqu'une coterie puisse se réunir dans les entre-sols des Tuileries, et, d'après son admission dans les assemblées de la duchesse de Berri, se donner le titre de la *société du château*, quoique un satellite inférieur de cette planète puisse tourner dans le même orbite, en jetant une lumière moins éclatante, sous la dénomination de *société du petit château*, l'existence de l'une et de l'autre est parfaitement inconnue à la grande société, active, éclairée de Paris. Dans la vie privée comme en public, les plus hautes distinctions sont accordées au génie, au mérite, à la vertu, au patriotisme, à la gloire militaire, quand la trahison ne l'a point souillée, et à celle qu'on acquiert par des écrits tendant à perfectionner ou à charmer les hommes. D'ailleurs la *haute noblesse*, et ses amis les Anglais du bon ton, et les diplomates étrangers, ne pourraient lutter avec l'opulence excessive de la classe industrielle et des grandes dynasties de la Bourse. Qui pourrait, en effet, surpasser la magnifique hospitalité des Perrier, des Laffitte, des Ternaux, des Rothschild, etc., dont les réceptions sont caractérisées par une parfaite égalité; et où les préférences, si l'on y en remarque, sont en faveur des talens amusans, de la noblesse du génie, d'une célébrité bien méritée. Mais vous en jugerez par vous-même. Je dois ajouter cependant que le même principe paraît s'étendre jusque dans vos cercles exclusifs de Londres, où la plus agréable prend quelquefois le pas sur la plus noble, où la jeunesse, l'esprit, la beauté, ont un avantage décidé sur la morgue aristocratique d'une duchesse douairière. »

FROMOND.

INSTITUTION D'HORTICULTURE.

« *Des fleurs et des livres, voilà tout ce qu'il faut à ma vie!* » disait l'héroïque madame Roland, dont les goûts étaient aussi simples que son esprit était sublime. Je crois que Paris est le lieu du monde où de tels goûts peuvent être le plus facilement satisfaits, car nulle autre part les livres et les fleurs ne sont aussi abondans, aussi peu coûteux. Un livre et un bouquet comptent parmi les nécessités de la vie; et les plaisirs les plus doux et les plus purs de l'intelligence et des sens, sont à la portée des plus humbles classes. Toutes les rues sont pleines d'étalages de fleurs et d'éditions à bon marché, où l'on peut avoir des violettes et du Voltaire à un prix avec lequel on pourrait à peine se procurer à Londres une primevère ou un Primrose.

Je suis presque persuadée que la nature a inventé de nouvelles fleurs depuis mon dernier voyage en France, afin de satisfaire aux nouvelles demandes d'une passion croissante pour ces productions aimables. Et si elle n'a rien créé de neuf, elle a peut-être copié les guirlandes de Bâton, les fleurs détachées de Nattier[1]. Quoi qu'il en soit, je vois maintenant des fleurs que je n'avais jamais vues; et soit indigènes, soit exotiques, ce sont de délicieuses découvertes. Dans l'ancienne France, dit le savant président de la Société d'Horticulture, on ne cultivait les jardins que « *pour nous fournir les plantes nourricières dont nous avons besoin, en réparant par une prompte et abondante reproduction la consommation de chaque jour,* » et le nom domestique du *potager* exprimait sa destination. Henri IV, dont l'éducation rustique et dure avait mis plus de connaissances utiles dans son esprit, qu'il n'a

[1] Les meilleurs fabricans de fleurs artificielles de Paris, qui sont parvenus à un tel point de perfection dans leurs imitations de la nature, que leur métier est devenu un art.

jamais été permis à Fénélon ou à César Moreau d'en inculquer aux ducs de Bourgogne et de Bordeaux, Henri IV aimait l'agriculture, sentait son importance et prenait grand plaisir à parler avec son vieux jardinier Claude Mollet, *de la plantation des arbres et de la culture des hortolages*. Il fit plus que de parler, il donna une direction utile à son goût personnel, il fonda *une école de jardinage*, le jardin botanique de Montpellier, et fit planter de pruniers les jardins des Tuileries : souvent il discutait sur les intérêts agricoles de la France et sur le *mesnage des champs*, avec le plus savant agronome du temps, Olivier de Serres.

Louis XIV multiplia les jardins royaux avec des dépenses énormes, et mit ses bocages et ses quinconces de Versailles sous la superintendance de Le Nôtre, et ses vastes orangeries sous celle de La Quintinie. Plumier, Tournefort et Fernel, qui furent envoyés en Amérique et dans le Levant pour en apporter des plantes exotiques, ne rapportèrent point de leurs voyages l'art de les cultiver ni le goût du jardinage. Diverses institutions, grandes et belles, consacrées à l'avancement de cette science, se sont succédé l'une à l'autre, pendant les règnes différens; mais dans aucun temps, elle n'a été cultivée avec autant de zèle par les particuliers qu'elle l'est présentement, de même que tout ce qui est bon et utile. Les excellens ouvrages de Morel, de Thouin, de Bosc, sont dans toutes les mains; et d'autres écrivains de marque sur cette branche de connaissances l'ont universellement répandue et ont provoqué de superbes établissemens privés.

Parmi ceux-ci, les magnifiques jardins de MM. Boursault, Vilmorin, Fulchiron, Soulange Bodin, etc., montrent les immenses acquisitions faites par l'horticulture pendant les douze dernières années en France, et l'avantage que ce pays a tiré à cet égard de la science de Jussieu, de Desfontaines et de tant de savans botanistes et horticulteurs[1]. Nous avions déjà visité les célèbres jardins de M. Boursault, dans le voisinage de la Chaussée d'Antin, quand nous reçûmes une invitation de M. et de madame Soulange Bodin à dîner et à passer un jour d'été au milieu des beaux sites qu'ils ont si heureusement embellis, les jardins de Fromond, si favorablement placés pour l'horticulture.

M. Soulange Bodin, que l'on regarde comme

---

[1] Bonaparte a plus fait pour cette science, que tous les rois ses prédécesseurs des *trois races*. Les amateurs de l'horticulture ne pourront jamais oublier non plus ce qu'ils doivent au goût et à la libéralité de la charmante femme qui

l'un des premiers agronomes de France [1], animé de l'amour du bien public qui se combine si généralement en France avec toutes les spéculations particulières, a récemment fondé un magnifique établissement pour servir d'école d'horticulture; là, aidé des lumières de plusieurs savans, il a fondé une chaire et une sorte d'académie de cette science, sous les auspices du directeur général de l'agriculture. Cette société a été inaugurée, le 14 mai 1829, par une cérémonie d'un intérêt vif et nouveau. Elle commença par la célébration d'une messe dans l'église de Ris, à laquelle assistèrent tous les élèves, les jardiniers et ouvriers de toute espèce employés dans l'établissement, et un grand nombre de propriétaires et d'habitans du voisinage. La première séance eut lieu le jour suivant; elle fut nombreuse et brillante, et composée, outre une partie de la compagnie de la veille, de la plupart des savans et des professeurs de Paris. Des discours analogues à la circonstance furent prononcés par M. Héricart de Thury, président de la Société horticulturale de Paris; par le profes-

fut, sous tous les rapports, la meilleure des épouses de l'empereur, l'impératrice Joséphine.

[1] M. Soulange Bodin était directeur des jardins de la Malmaison.

seur Poitou, l'abbé Puy, et M. Boisbertrand, député, directeur-général de l'agriculture.

Les avantages que doivent produire de telles écoles pratiques de jardinage sur les premières et sur les dernières classes de la société, sont évidens et incalculables. Une bibliothèque est attachée à l'établissement, ainsi qu'un cabinet rempli d'instrumens aratoires de toutes sortes, et de modèles des inventions nouvelles qui ont été adoptées pour la culture, avec un herbier que les jeunes jardiniers peuvent consulter pour les recherches. En un mot, cette institution privée est conduite d'après les vues exprimées par le directeur général, à l'ouverture de la première séance.

Instruire les hommes, c'est leur donner le moyen d'être heureux et de concourir au bonheur de ceux qui les entourent. — L'instruction fait aimer le travail; et le travail crée des vertus aussi-bien que des richesses.

Parmi les jours les plus instructifs et les plus agréables que nous ayons passés à Paris, nous comptons celui qui s'écoula pour nous dans les jardins et les terres du délicieux Fromond, avec la famille aussi aimable qu'éclairée du chevalier Soulange Bodin.

FABRIQUES LITTÉRAIRES.

Quiconque n'a pas lu *les Soirées de Neuilly* peut se promettre une des plus amusantes lectures que la littérature moderne française puisse offrir. C'est une peinture philosophique, bien que légère, gaie et non satirique, des mœurs du jour. *Les Soirées de Neuilly* sont dans cette forme dramatique si bien assortie à l'esprit français; car quelle nation a le dialogue piquant des Français? La conversation ordinaire en ce pays a une briéveté, un brillant, des tours épigrammatiques, des mots heureux qui n'exigent que bien peu d'arrangement pour être appropriés à la scène; c'est pourquoi sa littérature légère fourmille de ces écrivains que M. Duval appelle, du haut de son classique génie, les *fabricans de vaudevilles*.

A l'occasion d'un dîner que l'on nous donna à Paris[1], pour nous faire connaître quelques jeunes auteurs de mérite qui avaient paru sur la scène littéraire depuis notre dernier séjour en cette ville, j'entendis nommer MM. Cavé et Dittmer, auteurs des *Soirées de Neuilly*, dans la liste des invités, avec le vif plaisir qu'il est naturel de sentir quand on trouve l'occasion de connaître personnellement ceux que l'on connaît intellectuellement d'une manière agréable. La conversation de M. Dittmer tient tout ce que ses ou-

---

[1] Chez M. Prosper D. de H..., fils d'un des membres les plus remarquables de la Chambre des Députés, et lui-même plein de talens. Je notai ce dîner parmi les plus agréables auxquels nous ayons pris part; et je ne puis m'empêcher de rappeler aussi que nous eûmes l'honneur d'être invités à celui que donnent tous les mois les rédacteurs de la *Revue Encyclopédique*. Près de cent personnes, de tous les pays et des deux hémisphères, se réunissent ainsi pour échanger des connaissances, des idées utiles, et propager des sentimens bienveillans. Rien de plus intéressant, de plus touchant que cet assemblage de talens et de vertus; et la bonté, l'hospitalité de notre excellent hôte, *le rédacteur en chef*, et ses flatteuses attentions pour nous, ajoutèrent infiniment à notre satisfaction.

vrages promettent; mais nous eûmes à regretter l'absence de son collaborateur M. Cavé, qui s'était fait excuser.

Ce genre de société de commerce littéraire est une chose que je n'ai jamais pu comprendre. A l'égard des perfectionnemens de détails qui peuvent être obtenus par les conseils d'un jugement supérieur, j'en ai moi-même éprouvé trop souvent l'avantage, pour nier leur possibilité. Mais quand il s'agit de former un plan, d'en distribuer les parties, d'en composer ensuite un ensemble, ces associations de plusieurs personnes (à l'exception toutefois des ouvrages purement scientifiques), m'ont toujours paru, depuis celle de Beaumont et Fletcher, jusqu'à celle de ces messieurs ci-dessus nommés, d'une difficulté que mon esprit ne pouvait résoudre. Quand on entend cependant des hommes tels que MM. Méry et Barthélemi[1], dire qu'ils vont travailler con-

---

[1] « Célèbres à leur adolescence par une rare fraternité de gloire et de talent; célèbres aussi par le courage avec lequel ils avaient attaqué, au fort de la puissance, des ministres qui se sont long-temps joués de la bonté du monarque. *Napoléon en Égypte*, poëme étincelant de sublimes beautés, est un noble monument élevé à l'honneur d'une époque que les étrangers apprécient mieux que nous. »

stamment ensemble, pour mettre la dernière main à leur ouvrage, et qu'ils espèrent que leurs efforts obtiendront du public les mêmes encouragemens qui ont été donnés à leurs premiers ouvrages, cela sonne tout-à-fait comme l'annonce d'une association de commerce ou de manufacture; et je ne puis réellement me faire une idée claire de cette façon de composer. Une communauté d'efforts intellectuels pour le même objet me semble tout-à-fait opposée à la nature de la capacité littéraire, qui consiste surtout dans une concentration de puissance : Shakspeare, Milton, Molière, Voltaire, n'auraient probablement ni pu ni voulu écrire ainsi. Il est vrai que la plupart des actionnaires de ces entreprises littéraires ne peuvent être rangés à côté de ces êtres supérieurs, qui ne paraissent qu'à de longs intervalles pour illustrer une nation. Des talens inférieurs peuvent réunir leur petit trésor et l'aventurer dans la même spéculation, en se laissant aller au courant de l'inspiration du moment et confiant leur barque légère au caprice momentané du public. Ils ne visent qu'à l'amusement ou au profit direct, et n'ambitionnent point ces grandes renommées qui mènent à l'immortalité. Tels sont peut-être les aventuriers littéraires que M. Duval désigne comme *fabricans de vaude-*

villes, et que M. Scribe a honorés du titre de *mes collaborateurs*.

A propos de cet écrivain fécond et populaire, si l'on veut connaître un mot capable de faire tomber un classique en convulsion, c'est le nom de Scribe. La fortune de cet auteur, le nombre de ses ouvrages, la faveur avec laquelle ils sont reçus, joints à son mépris pour les anciennes lois du théâtre, et à sa réputation croissant tous les jours, ont accru dans une proportion correspondante la rage, l'indignation des disciples constans d'Aristote et de Boileau. Le chef des modernes classiques dramatiques, M. Duval, a donné une description curieuse et fort plaisante de cette école de Scribe et de son fondateur, mais le jugement du public diffère néanmoins de celui de cet académicien.

Il termine en disant : « Ainsi, dans mon opinion, cet homme remarquable qui compte ses productions par centaines, a causé la chute du grand Théâtre Français. »

On peut répondre à cette diatribe que s'il existait maintenant un Corneille, un Molière, ils feraient ce qu'ils ont fait dans leur temps, et ce que font dans le leur MM. Scribe et compagnie. S'ils agissaient d'autre sorte, les théâtres qu'ils ont enrichis auraient fait banqueroute comme le grand théâtre, où l'on joue *le Misanthrope* dévant les banquettes vides, où *le Tartuffe* n'est accueilli que pour montrer l'indignation publique contre les abus qui affligent spécialement la société.

Quelle que soit l'influence que ces associations littéraires peuvent avoir sur la précipitation, la négligence, la cupidité des jeunes auteurs, elles ne touchent en rien à la fortune bonne ou mauvaise du grand théâtre. Avec des talens tels que ceux que l'on possède, si le goût des drames classiques existait, les demandes seraient suffisamment remplies. M. Duval accuse du même crime, de conspiration anti-classique, les rédacteurs du *Globe*, les acteurs des Français, M. Taylor, le commissaire royal près de leur théâtre, le dernier ministre de l'intérieur, le goût universel de la politique, les journaux, les *maîtres claqueurs*, enfin *l'odieuse, l'infame censure*. Mais la vérité est que le seul conspirateur contre le Théâtre Français est le public de 1829, qui n'est plus le public de 1789. Depuis ce temps, la société a été détruite et reconstruite d'après de nouveaux principes. Le factum très-spirituel et très-amusant que M. Duval a mis à la tête de son œuvre romantique, car telle est, quoi qu'il en puisse dire, son *Charles II*, montre donc seulement ce qu'était la littérature dramatique avant la révolution [1].

Les grands sujets épiques, soit dans la tragédie soit dans la comédie, autrefois si admirés, sont remplacés maintenant par des tableaux de genre, qui répondent mieux aux besoins d'un public trop occupé pour accorder l'attention suffisante à des tableaux d'un style plus élevé.

Dans cette classe de productions à la mode, nous avons distingué : *les Trois Quartiers*, par Picard et Mazères ; *le plus Beau Jour de ma vie*, par Scribe et Warner ; *la Demoiselle et la Dame*, par Scribe, Dupin et de Courcy ; *Vatel, ou le Petit Fils d'un grand homme*, par Scribe et Mazères ; *Tony*, par Brazier, Melesville et Carmouche ; *Paris et Londres*, par Brissot et Joli. Même les vaudevilles de *la Contemporaine* et de *Marino Faliero*, nous ont paru excessivement risibles et de très-agréables compensations à *Nostradamus* et au *Dernier jour d'un condamné*, farces tragiques du faux romantisme.

Le succès de ces pièces et d'autres de la même école n'est pas borné à la France ; les traductions que l'on en fait alimentent le théâtre anglais, et sont jouées dans toute l'Europe. Ainsi

[1] Préface de *Charles II* d'Alexandre Duval.

la décadence de *M. Scribe et de ses collaborateurs* ne peut arriver que par quelque grand événement qui désorganiserait la société pour la réédifier d'après des lois différentes, et laisserait ces écrivains dans le même abandon où les changemens récens ont jeté leurs prédécesseurs.

On se plaint généralement de la dégradation du théâtre anglais, qui ne vit maintenant que sur les imitations des pièces françaises; les causes de cette dégradation sont palpables : ce sont les *désagrémens* attachés à la profession d'auteur dramatique et la faible rémunération qu'elle offre, comparée à celle des autres branches de la littérature. En France, les auteurs ont un droit de tant pour cent sur la recette que produit leur pièce à chaque représentation : ce bénéfice est calculé d'après le nombre d'actes. La même loi est suivie pour les compositeurs de musique et de ballets. Les théâtres de provinces paient aussi les droits d'auteur, suivant un tarif établi d'après la population de chaque ville. Un écrivain populaire peut ainsi avoir à toucher des émolumens de vingt ou trente théâtres, le même soir. Les opéras comiques, les vaudevilles rendent beaucoup de cette manière. Une tragédie ou une comédie qui reste au théâtre peut, dans le cours de trois ou quatre ans, produire, par le seul *Théâtre*

Français, dix ou quinze mille francs à l'auteur, somme considérable en France, et cependant bien au-dessous de ce que rapportent la plupart des pièces de Scribe [1]. La propriété des ouvrages reste aux familles des auteurs, dix ans après leur mort; et l'on fait actuellement des efforts pour l'étendre à quarante années.

---

[1] Scribe, ayant écrit pour les Français, l'Opéra-Comique, l'Opéra, les petits théâtres, jouit maintenant, dit-on, de plus de soixante mille livres de rente.

FIN DU TOME PREMIER.

TABLE.

	Pages.
Avis de l'Éditeur.	
Dédicace.	
Préface.	i
Notre-Dame-de-Calais.	1
L'Auberge.	10
Pas-de-Calais.	13
Barrière de la Villette.	19
La rue de Rivoli.	26
Nos premiers jours à Paris. Anciens amis.	34
Ancien et nouveau Paris.	39
Le général Lafayette.	54
Anglomanie.	86
Royalisme en 1829.	96
La Congrégation.	102
Parfumerie. Magasin de Félix Houbigant Chardin.	107

	Pages.
Le comte de Tracy.	113
Bal de l'ambassadeur d'Angleterre.	125
Le comte de Ségur.	130
Romantiques et Classiques.	140
Littérature moderne.	191
Philosophie en France.	229
Sculpture française.	253
Matinées à Paris.	266
Robert Lefèvre.	290
Le Pape protestant.	300
Madame Jacotot.	309
Ameublement.	315
Au grand Voltaire.	320
Des Lecteurs et des Auteurs.	325
Dandies français.	332
Tortoni.	340
Opinion publique en 1829.	349
La Girafe.	394
Gérard. Sacre de Charles X.	399
Société philotechnique.	406
Béranger. Visite à la Force.	417
Collections particulières.	431
Société, les exclusifs.	446
Jardin de Fromont.	449
Fabriques littéraires.	455

FIN DE LA TABLE DU TOME PREMIER.

www.ingramcontent.com/pod-product-compliance
Lightning Source LLC
Chambersburg PA
CBHW072112220426
43664CB00013B/2086